高等院校旅游管理专业大专教材

旅游实用礼貌礼仪

（第三版）

主 编 舒伯阳

副主编 徐 静 刘 娟

南开大学出版社

天 津

图书在版编目(CIP)数据

旅游实用礼貌礼仪/舒伯阳主编.—3版.天津：
南开大学出版社,2014.4
高等院校旅游管理专业大专教材
ISBN 978-7-310-04421-4

Ⅰ.旅… Ⅱ.①舒… Ⅲ.旅游服务－礼仪－高等学校－教材 Ⅳ.F590.63

中国版本图书馆 CIP 数据核字(2014)第 028267 号

版权所有　侵权必究

南开大学出版社出版发行
出版人：孙克强
地址：天津市南开区卫津路 94 号　邮政编码：300071
营销部电话：(022)23508339　23500755
营销部传真：(022)23508542　邮购部电话：(022)23502200

＊

河北昌黎太阳红彩色印刷有限责任公司印刷
全国各地新华书店经销

＊

2014 年 4 月第 3 版　　2014 年 4 月第 15 次印刷
210×148 毫米　32 开本　9.625 印张　272 千字
定价:25.00 元

如遇图书印装质量问题,请与本社营销部联系调换,电话:(022)23507125

第三版前言

在人类文明经过演进跨入21世纪的今天,礼貌礼仪已成为一个国家、一个民族文明程度的重要标志,同时也是衡量社会公众素质和道德水准的尺度。

中国素以"文明古国"、"礼仪之邦"著称于世。在其五千年的历史进程中,不仅形成了一整套完整的礼仪思想和礼仪规范,而且重礼仪、守礼法、讲礼信、遵礼义已内化为民众的一种自觉意识而贯穿于社会活动的各个方面,成为中华民族的传统文化特征,中华民族的真正复兴离不开全民族文明素质的提升。

从孔子的"非礼勿视、非礼勿听、非礼勿言、非礼勿动",到今天人们普遍倡导的"相敬如宾"、"礼尚往来"、"温良恭俭让"的社会风尚,礼不仅是中国人的行为规范和思想准则,而且对形成人们良好的处世态度、人际关系和生活习惯,对凝聚民族力量和稳定社会秩序起到了极其重要的作用。孔子的"不学礼无以立",更道出了礼是个人立身之本的真谛。

今天,人与人之间的交际应酬,不仅是一种出自本能的需要,而且也是适应社会发展、实现个人进步的一种必不可少的沟通手段。具有较强的交际能力,是现代青年立足于社会并求得个人成功发展的重要条件。目前,旅游业被确立为我国的支柱产业,已成为国民经济新的增长点。在此背景之下,作为交际艺术的现代礼貌礼仪越来越受人们的青睐,并首先在具有涉外性质的旅游行业中普遍应用。作为旅游从业人员,学礼、知礼、用礼已经成为旅游业实现优质服务,面向世界与国际接轨的大势所趋。

为适应高等旅游教育,尤其是新时期旅游院校的教学需要,切实提高新型、实用型旅游从业人员的素质,现根据国家教育部与国家旅游局人教司的旅游服务与管理专业教学计划和教学大纲，以及中国旅游饭店业协会的行业礼仪规范的要求，我们对2008年《旅游实用礼貌礼仪》(第二版)进行了完善和修正。本教材充分综合了旅游业中礼貌礼仪所涉及各方面的知识，突出实用性、操作性与通俗性，并进一步与国际惯例接轨，充分反映了时代特色。本教材除可供旅游院校的旅游相关专业教学使用外，还可用于旅游企业礼貌礼仪方面的员工培训和自学读物。

《旅游实用礼貌礼仪》(第三版)由中南财经政法大学舒伯阳主持，徐静、刘娟参与编写，全书由舒伯阳统稿。本教材在编写过程中，曾多次听取有关专家、教师的意见，并得到一些旅游企业的支持和帮助。同时，我们还参阅并引用了相关著述和报刊资料，其中有些资料，我们未能及时与原作者取得联系，谨向原作者致以诚挚的谢意。限于时间和知识水平，本教材编写中的缺陷在所难免，敬请同行先知及读者不吝赐教指正，以使本教材臻于完善。

编　者
2013年8月

目 录

第三版前言…………………………………………………（1）

第一编　基础知识

第一章　旅游礼貌礼仪概述………………………………（3）
 第一节　礼貌礼仪的起源与本质…………………………（3）
 第二节　礼貌礼仪的概念与内涵…………………………（6）
 第三节　旅游礼貌礼仪的功能与实践……………………（8）
第二章　旅游从业人员的职业形象塑造…………………（12）
 第一节　旅游从业人员的仪容与仪表……………………（12）
 第二节　旅游从业人员的着装与服饰……………………（23）
 第三节　旅游从业人员的体态与身姿……………………（31）
第三章　旅游从业人员礼貌语言规范……………………（55）
 第一节　旅游从业人员的礼貌用语………………………（55）
 第二节　旅游从业人员的文明用语………………………（62）
 第三节　旅游从业人员的行业用语………………………（65）
 第四节　旅游从业人员的书面用语………………………（68）
 第五节　旅游从业人员的电话用语………………………（70）
第四章　旅游业涉外礼仪常识……………………………（76）
 第一节　涉外礼仪惯例与通则……………………………（76）
 第二节　涉外交往常用的见面礼…………………………（84）
 第三节　涉外交往中的馈赠礼仪…………………………（87）

1

第二编 酒店应用

第五章 酒店礼貌礼仪核心——礼貌服务 （95）
第一节 酒店礼貌服务的概念与内涵 （95）
第二节 酒店礼貌服务的内容 （102）

第六章 前厅接待服务礼貌礼仪 （105）
第一节 前厅接待服务流程中的礼貌礼仪要点 （105）
第二节 前厅接待服务常用敬语 （110）
第三节 前厅接待服务礼仪规范 （112）

第七章 餐饮接待服务礼貌礼仪 （127）
第一节 餐饮接待服务流程中的礼貌礼仪要点 （127）
第二节 餐饮接待服务常用敬语 （136）
第三节 餐饮宴会服务礼仪规范 （139）

第八章 客房接待服务礼貌礼仪 （157）
第一节 客房接待服务流程中的礼貌礼仪要点 （157）
第二节 客房接待常用服务敬语 （162）
第三节 客房接待服务礼仪规范 （165）

第九章 酒店公务商务礼貌礼仪 （173）
第一节 酒店行政公务礼貌礼仪 （173）
第二节 酒店对外商务礼貌礼仪 （176）

第三编 旅行社应用

第十章 旅行社接待礼貌礼仪核心——公关沟通服务
 （195）
第一节 旅行社接待与公关沟通中的礼貌礼仪 （195）
第二节 旅行社接待服务礼仪的要求与形式 （201）

第十一章 导游服务礼貌礼仪 （206）
第一节 服务流程中的礼貌礼仪要点 （206）
第二节 导游服务常用礼仪语言 （208）
第三节 导游接待服务礼仪规范 （213）

第十二章	旅行社商务活动礼仪	(229)
第一节	旅游展览会上的相关礼貌礼仪	(229)
第二节	旅行社商务洽谈中的礼貌礼仪	(233)

第四编　综合提高

第十三章	旅游业顾客关系中的礼貌礼仪技巧	(243)
第一节	服务礼貌礼仪与顾客关系的平衡	(243)
第二节	礼貌礼仪与旅游优质服务的衔接	(256)
第十四章	旅游投诉处理中的礼貌礼仪运用	(262)
第一节	预防旅游投诉的礼貌意识与心理准备	(262)
第二节	旅游投诉的原因分析与处理对策	(269)

附录：《中国饭店行业服务礼仪规范》(试行) ……………… (275)

参考文献 ………………………………………………………… (293)

第一编　基础知识

第一章 旅游礼貌礼仪概述

学习目的

- 了解现代礼貌礼仪的起源与本质
- 了解礼在现代社会及旅游业中的巨大作用
- 掌握礼貌、礼节、礼仪的概念
- 了解旅游礼貌礼仪实践与培养的途径

基本内容

- 礼貌礼仪的起源、演化与本质
- 礼貌礼仪的概念与内涵
- 礼、礼貌、礼节、礼仪的联系与区别
- 旅游礼貌、礼仪的功能与实践：礼貌礼仪的综合功能、实践与培养途径

第一节 礼貌礼仪的起源与本质

荀子曰："人无礼则不生，事无礼则不成，国无礼则不宁。"人类社会的活动都必须有一套相应的规范来制约才能实现有序发展，从而促进整个社会的和谐。

在人类文明经过演进而跨入21世纪的今天，礼貌礼仪已成为一个国家、一个民族文明程度的重要标志，成为衡量社会公众教养和道德水

准的尺度。

中华民族素以"文明古国"、"礼仪之邦"著称于世。从孔子的"非礼勿视、非礼勿听、非礼勿言、非礼勿动",到今天人们普遍倡导的"相敬如宾"、"礼尚往来"、"温良恭俭让",礼不仅是中国人的行为规范和思想准则,而且对形成人们良好的处世态度、人际关系和具有民族特色的生活习惯,对凝聚民族力量和稳定社会秩序起到了极其重要的作用。孔子的"不学礼无以立",更道出了礼是个人立身之本的真谛。

随着社会经济的飞速发展和国际交流的日益频繁,作为交际艺术的现代礼仪越来越受到人们的重视,人们学习礼仪、践行礼仪的需求也越来越迫切。人与人之间的交际应酬,不仅是一种出自本能的需要,而且也是适应社会发展、实现个人进步的一种必不可少的沟通手段。较强的交际能力,是现代青年提高自身、求得个人发展的必备能力。作为旅游从业人员,学礼、知礼、用礼已经成为旅游业提高服务质量从而实现优质服务,与国际接轨的大势所趋。

一、礼貌礼仪的起源

礼之产生,可以追溯到远古时代。自从有了人,有了人与自然的关系,有了人与人之间的交往,礼便产生和发展起来。从理论上讲,礼首先起源于人类为协调主客观矛盾的需要。从仪式上说,礼起源于原始的宗教祭祀活动。

《说文解字》中释,"礼,履也,所以事神致福也",表示对神的尊敬。孔子主张"为国以礼",将礼提到治国安邦的高度。孟子将仁、义、礼、智、信视为基本道德规范。荀子则认为"礼者,人道之极也",把礼看成是为人处世成功与否的根本。

(一)礼起源于原始的宗教祭祀活动

远古时期,由于社会生产力水平低下,原始人类认识自然的能力很低,面对变幻莫测的自然现象和无法驾驭的自然力量,原始人类往往迷惑不解,从而对自然界产生出神秘莫测感和恐惧敬畏感。

原始人类狭隘的实践活动范围使他们不可能产生理性思维,因此原始人类只能用最简单的类比推理和判断由已知去推断未知,用幻想去尝试解释自然现象与尝试征服自然力。于是原始人类产生了"万物有灵"的原始宗教观念。在这种观念的影响下,原始人类开始一厢情愿地用原始宗教仪式等手段来影响神灵,为自己的功利目的服务,如用祭祀、崇拜、祈祷、赞颂等方式企图讨好神灵,并期望以人们的虔诚来感化和影响自然神灵,以使其多赐福少降灾。祭祀活动中,参加的人把内心对神、对祖先的信仰观念,以及崇拜、祈祷、赞颂等态度,通过一定程式加以外在化、客观化和具体化。于是原始人类虔诚地向这些"神"和"祖"打恭跪拜,表示崇拜,祈求致福,原始的"礼"便产生了。

(二)从祭祀之礼扩展而为各种礼仪

随着社会生产力水平的提高,人们的认识能力得以提升,对复杂的社会关系有了一定的认识。诸如由血缘引申出的宗族关系,由生产引起的生产、消费、交换等关系,由地缘引起的人与人之间的亲疏、敌友关系等。于是,人们就将祭神祈福活动中的一系列行为,从内容和形式扩展到了各种人际交往活动,从最初的祭祀之礼扩展到社会生活中各种类型的礼仪。

(三)礼起源于人类为协调主客观矛盾的需要

1. 为维持自然"人伦秩序"而产生礼

人就其自然力量而言,不如牛、马等动物,而人类却能以群体的力量战胜和驾驭牛、马等动物及其他自然力量;同时,人类的社会群体性又使得人与人之间相互依赖又相互制约。在群体生活中,男女有别,老少有异,既是一种天然的人伦秩序,又是一种需要被所有成员共同认定、保证和维护的社会秩序。例如,原始人类在狩猎时代就已知道应有礼貌。那时,人类的祖先以打猎为主,世界对他们来说充满着危险。在打猎时,狩猎者相互间必须保持适当的距离。当不同部落里的人相遇时,如果双方都怀有善意,便各自伸出手掌,手心朝前,向对方表示自己手中没有石头或其他武器;走近之后,两人互相摸摸右手,以示友好。这一源于交往安全需要的动作沿袭下来,便成为今天人们常用的表示友好的握手礼。

2. 为"止欲制乱"而制礼

人类为了满足自身对欲望的需求会不断地追寻,在这种追寻和实践过程中,难免会发生人与人之间的矛盾和冲突。被人们普遍称道和尊崇的"圣贤之人"黄帝、尧、舜、禹等,不仅为"止欲制乱"而制礼,而且身体力行,成为典范。也正因为如此,人们才更加遵礼尚礼。

二、礼的本质

当礼从神事扩展到人事,礼的本质就脱离了原始朴素的敬天敬神内涵,而演化为维护人与人之间社会等级、社会分工的作用等。

在现代社会,人人平等的现实社会制度使人们能以平等的心态进行社会交往。礼已摒弃了维护等级制度的本质,而成为协调人际关系的润滑剂。礼为人们灵活处理各种复杂的人际关系、避免摩擦、减少冲突、化解纠纷和矛盾,提供了手段和方法。同时,礼也为人们提供了表现个人价值和树立自身良好形象的最直接的方式。

作为旅游工作者,我们目前亟须完成以下工作:一是继承和发扬中华民族在礼仪方面的优良传统,以及具有时代特色的社会主义礼仪规范;二是在一个新的高度上使旅游服务与国际礼仪接轨,使旅游交往的对外服务活动更符合国际通行的礼仪规范,使我国旅游业的整体礼仪水平更上一层楼。旅游从业人员工作在涉外活动窗口行业,在学习和应用礼仪的过程中,更要知礼,即不仅要知其然,更要知其所以然,认真了解礼的本质。

第二节 礼貌礼仪的概念与内涵

一、礼貌礼仪的概念与内涵

(一)礼、礼貌、礼节、礼仪的概念

从概念上讲,礼是表示敬意的通称,是表示尊敬的言语或动作,是在长期的生活实践中由风俗习惯而形成的为大家共同遵守的仪式。其本质是"诚",有敬重、友好、谦恭、关心、体贴之意。礼是一个非常宽泛的概念,但在一般意义上,可作为礼仪、礼节、礼貌的统称,指人际间乃至国际交往过程中,应具有的表示相互敬重、亲善和友好的行为规范。

礼貌,一般是指在人际交往中,通过言语、动作向交往对象表示谦虚和恭敬的规范,它侧重于表现人的品质与素养。礼貌是待人接物时的外在表现,它通过言谈、表情、姿势等来表示对人的尊重。礼貌可以分为礼貌语言和礼貌行为两个部分。礼貌语言是一种有声的行动,在交往时讲究语言礼貌,不仅有助于建立相互尊重或友好合作的新型关系,而且能调节公共场所的人际关系,缓解或避免冲突;礼貌行为是一种无声的语言,如微笑、点头、欠身、鞠躬、握手、合十、拥抱、鼓掌等。旅游服务人员对宾客开展礼貌服务可以让身处异国他乡的宾客仍有在家一般的亲切、温暖之感。

礼节,通常是指人们在日常生活特别是在交际场合,相互表示尊重、友好的问候、祝福、慰问以及给予必要的协助与照料的惯用形式,它实际上是礼貌的具体表现方式。如酒店餐厅的引位员接待客人时,要主动微笑问候:"小姐(先生),您好!"在服务时,值台员送茶、上菜、斟酒、送毛巾等应按照先宾客后主人、先女宾后男宾等礼遇顺序进行。礼节与礼貌之间的相互关系是:没有礼节,就无所谓礼貌;有了礼貌,就必须伴有具体的礼节。

礼仪,则是对礼节、仪式的统称,是指在人际交往之中,自始至终以一定的、约定俗成的程序方式来表现的律己、敬人的完整行为。礼仪是表示礼节的仪式,如迎接外国元首或政府首脑时检阅仪仗队和鸣放礼炮、展览会开幕或大厦落成的剪彩、大型工程的奠基仪式等。在礼的系统中,礼仪是有形的,其基本形态既受到礼的基本原则的制约,也受到物质水平、历史传统、文化心态、民族习俗等的影响。

(二)礼貌、礼节、礼仪的区别与联系

礼貌、礼节、礼仪都体现一个"礼"字,都是人们在交往中,相互表示敬重和友好,其本质都是尊重人、体贴人。礼节是礼貌的具体表现,礼貌是礼节的规范,礼仪则通过礼貌、礼节得到体现。三者相辅相成,密不可分。其区别在于,礼貌是表示尊重的言行规范,礼节是表示尊重的惯用形式和具体要求,礼仪则是表示敬意而举行的隆重仪式和程序。

礼貌是礼仪的基础,礼节是礼仪的基本组成部分。礼是仪的本质,而仪则是礼的外在表现。礼仪在层次上要高于礼貌、礼节,其内涵更深、更广,它是由一系列具体的礼貌礼节所构成的。礼节只是一种做法,而礼仪则是一个表示礼貌的系统、完整的过程。

二、旅游活动中的礼貌礼仪

旅游业是我国的"窗口"服务行业,要体现旅游业的"窗口"作用并提高其服务质量,首先必须牢固树立"宾客至上"的服务意识,以礼相待,即讲究礼貌礼节。讲究礼貌礼节是旅游优质服务的重要组成部分,是从业人员必备的行为规范和素质条件。同时,旅游从业人员的礼貌礼仪整体水平对于改善国际交往现状、增进各国人民之间的了解和友谊、展示中华民族的精神风貌和维护我国的声誉、传播社会主义精神文明等有着重要的现实意义。

第三节 旅游礼貌礼仪的功能与实践

一、旅游礼貌礼仪的综合功能

(一)优质服务功能

当前,旅游业激烈的市场竞争,实质体现的是旅游服务质量的竞争。一个旅游企业的生存与发展、市场与客源,靠的是向宾客提供全方位的优质服务。研究表明,在旅游企业硬件设施相同的情况下,影响旅游服务的主要因素是服务意识与态度。"宾客至上"的服务意识与热情友好、真诚和蔼的服务态度,可使客人在感官上、精神上产生被尊重感、亲切感。所以说,讲究礼貌礼节是优良服务的关键,而旅游服务质量的高低,将直接关系到我国旅游业在国际上的声誉。

(二)人际沟通功能

古人曾说,"世事洞明皆学问,人情练达即文章",其实讲的就是交际的重要性。"礼"不仅有着协调各类人际关系的作用,而且还定位了人们的社会角色,并通过道德关系,以礼貌礼仪规范明确了人们的社会义务与责任。运用礼仪,除了可以使个人在交际活动中充满自信、胸有成竹、处变不惊之外,还能够帮助人们规范彼此的交际活动,更有效、更好地向交往对象表达自己的尊重、敬佩、友好与善意,增进彼此之间的了解与信任。旅游服务人员必须做到礼貌待客、热情服务。礼貌待客,是要求服务人员对客人尊重与友好,在服务中注重仪表、仪容、仪态和语言操作的规范;热情服务则要求服务人员发自内心、满腔热忱地向客人提供主动、周到的服务,从而表现出服务人员良好的风度与素养。

二、旅游服务中礼貌礼仪实践

(一)旅游礼貌礼仪的实践原则

1. 自律原则、从俗原则——"以我为主,尊重他人"

学习、应用礼仪,最重要的就是要自我要求、自我约束。礼以我为主,即在旅游服务过程中,从自我约束入手,从我做起,同时以我国的礼貌语言、礼貌行动、礼宾规程为行为准则,去接待宾客特别是外宾。在此前提下,还要充分考虑到国情、民族、文化背景的不同,在旅游对外交往中存在的"十里不同风,百里不同俗"的情况,要正确认识,充分尊重对方的个别要求。

2. 适度原则——"不卑不亢,自尊自爱"

就是要求应用旅游礼貌礼仪时,必须注意合乎规范,并讲究运用技巧,特别是注意把握分寸,适度得体。旅游业员工在接待外宾时,要以"民间外交家"的姿态出现,特别要注意维护国格与人格。既不盛气凌人,也不妄自菲薄。

3. 平等原则——"一视同仁,真诚关心"

在旅游活动中具体运用礼仪时,允许因人而异,根据不同的交往对象,采取不同的具体方法。但是,在旅游礼貌礼仪的核心,即尊重交往对象、以礼相待这一点上,对任何交往对象都必须一视同仁,给予同等程度的礼遇。具体来说,不论服务的对象是外宾,还是内宾,都要满腔热情地接待,绝不能看客施礼、厚此薄彼,更不能以貌取人、以财取人。

4. 宽容原则——"得理也得让人"

在旅游服务与交际活动中运用礼仪时,既要严于律己,更要宽以待人。要多宽容他人不同于己、不同于众的行为,要多体谅、多理解他人,切不可求全责备、过分苛求。例如,在旅游服务工作中,宾客有时会提出一些无理的甚至是失礼的要求,我们旅游工作人员应冷静而耐心地解释,绝不要穷追不放,把宾客逼至窘地;否则,会使宾客产生逆反心理形成对抗,引起纠纷。当客人有过错时,我们"得理也得让人",学会宽容对方,让宾客体面地下台阶,以保全客人的面子。

(二)旅游礼貌礼仪的践行要求

旅游礼貌礼仪本身是一门实践艺术。因此学习礼仪,务必要坚持知行统一,要注重实践,将知识运用于实践。

1. 循序渐进

学习礼仪不可贪多求全,而应当有主有次,抓住重点。从与自己生活最密切的环节开始,从自己工作岗位的服务做起,往往可以事半功倍。学习旅游礼貌礼仪还是一个渐进的过程,对一些规范、要求,只有反复运用和体验,才能真正掌握其精髓。

2. 自我监督

古人强调"吾日三省吾身",说明提高个人修养必须注意反躬自省。同样,学习礼貌礼仪,也应时时处处注意自我检查。这样,将有助于发现缺点、找出不足,不断总结技巧,提高自我。

3. 实践性

礼貌修养关键在于实践,见诸于行动。修养修养,既要修炼又要培养,离开实践,修养就成为无源之水、无本之木。在礼貌修养时,要以主动积极的态度,坚持理论联系实际,将自己学到的礼貌礼节知识积极地应用于社会生活实践的各个方面。要在旅游职业岗位、家庭、社会等场合中,时时处处自觉地从大处着眼,小处着手,以礼仪的准则来规范自己的言谈举止。多实践,不要怕出"洋相",通过各种人际交往的接触强化,不断锻炼提高。

另外,若想长期地从本质上提高自己的文明礼貌修养,还必须有意识地广泛涉猎较多的科学文化知识,使自己具备见多识广的综合知识素养。一般而言,有修养的人思考问题周密透彻,处理问题得当,欣赏力强,能更好地打理个人的仪表仪容,正如古人所说"腹有诗书气自华"。相反,科学文化知识贫乏的人,则往往在交往时给人以浅薄的印象。

最后,卓有成效的礼貌礼仪修养的提高,还要擅于抓住重点。礼仪的重点,就是那些对交际活动具有普遍指导意义的主要原则。可分为两大类:其一,是适用于整个交际活动的原则,如"以右为尊原则";其二,是适用于局部交际活动的原则,如在正式场合着装必须遵守的"TPO原则"。对这两类礼仪的主要原则,都要尽可能地加以掌握,这样才能举一返三,掌握精华,以点带面。

【复习思考题】

1. 礼的本质是什么?礼在人类社会具有什么深远作用?
2. 礼在我国经历了哪几个阶段的演变?
3. 简述礼、礼貌、礼节、礼仪的概念,以及它们之间的联系与区别。
4. 旅游从业人员为什么要注重自己的礼貌礼仪修养?
5. 在旅游礼貌礼仪实践中应注意哪些基本问题?

第二章 旅游从业人员的职业形象塑造

学习目的

- 了解旅游从业人员应具备的一般仪容仪表修养及具体规范
- 着装要求及具体规范
- 掌握旅游从业人员的行为仪态规范及手势、表情

基本内容

- 掌握旅游从业人员仪容、仪表、仪态的基本要求
- 熟悉旅游从业人员在着装与服饰、美容与化妆时应注意的事项与禁忌
- 旅游从业人员的站姿、坐姿、走姿、蹲姿、手势、面部表情的仪态规范

第一节 旅游从业人员的仪容与仪表

在旅游服务中,旅游从业人员的个人仪容是顾客首先感知到的,因此仪容修饰十分重要。服务实践证明,当顾客选择服务单位时,服务人员的个人容貌会对其产生重要的心理影响。旅游业虽然不可能要求每一位服务人员都是俊男靓女,但至少应当要求服务人员五官端正,没有明显的缺陷。如果服务人员容貌端庄、秀丽,看上去赏心悦目,即"面

善",往往就会挽留住客人,甚至有可能增进其进一步消费的欲望。相反,服务人员"面恶",则很可能令其望而却步。

因此,作为具有涉外性质的旅游企业,有必要将服务人员的容貌端正与否,上升到维护企业整体形象的高度来加以充分关注。

一、面部修饰

(一)面部修饰的基本要求

1. 洁净

即要求优先考虑个人面容洁净。面部干净清爽的标准应是无灰尘、没有污垢及其他一切不洁之物。要做好这一点须养成平时勤于洗脸的良好习惯,依照一般常规,外出归来、午休完毕、流汗流泪、接触灰尘之后,服务人员均应自觉地及时洗脸。在洗脸时,要注意耐心细致,清洁彻底。

2. 健康

要求在进行个人面部修饰时,注意面部的健康状况。面部的健康状况不佳,极易导致消费者产生抵触情绪。避免面部出现一些过敏性症状,如长疖子、疱疹等。时刻以健康的仪容呈现在消费者的面前。

3. 自然

服务人员在进行个人面部修饰时要注意保持清新自然,不过分做作。面部修饰既要讲究美观,更要合乎职业身份和礼貌常情。要做到"秀于外"与"慧于中"二者并举。若是过分强调个人面部的美化,刻意改变自己天生的容貌,甚至去绣眉、隆鼻、垫腮、文唇线、割双眼皮等,不仅没有必要,而且也会因此而显得过于做作而失去自然之美。

(二)面容修饰的细部

1. 眉部修饰

(1)眉形的美观。美观的眉形不仅应形态自然优美,而且还应又黑又浓,即常人所赞美的"浓眉大眼"。对于那些不够美观的眉形,诸如残眉、断眉、竖眉、"八字"眉,或是过淡、过稀的眉毛,必要时应采取措施进行适当的美化修饰。

(2)眉毛的梳理。美观的眉形,只有平时经过认真梳理,才能真正体现出美感。所以,服务人员应养成习惯:每天上班前梳理一下眉毛,令其纹理有序,眉清目秀。

(3)眉部的清洁。在洗脸、化妆及其他可能的情况下,服务人员要特别留意一下自己的眉部是否清洁,以防止在眉部出现诸如灰尘、死皮或是脱落的眉毛等异物。

2.眼部的修饰

(1)眼部的保洁。人们常说"眼睛是心灵的窗户",既然服务人员的眼部最为他人所注意,那么首先就应重视它的保洁问题。在这方面最重要的是要及时去除眼角出现的分泌物。

(2)眼病的防治。眼部卫生还要特别注意眼病的预防和治疗。服务人员如患有传染性眼病,如"红眼病""沙眼"等,都必须及时治疗、休息,绝不可直接与顾客接触。

(3)眼镜的佩戴。一般来讲,服务人员不宜戴眼镜,但其他旅游从业人员如导游、管理人员等若因矫正视力或追求时尚美,戴与不戴并不需要作严格要求。若工作时允许佩戴眼镜,应注意三点:一是眼镜的选择。眼镜除了实用之外,还须注意其质量是否精良、款式是否适合于本人;二是眼镜的清洁,一定要坚持每天揩拭眼镜以保持镜片清洁,如有必要还应定期对镜架进行清洗;三是墨镜的戴法,墨镜即太阳镜,它主要适合在室外活动时佩戴,若在室内工作时佩戴墨镜面对客人,会令客人产生不受尊重感。

3.耳部的修饰

(1)耳部的除垢。耳孔里的分泌物及落入的灰尘映入对方的视野会显得极不雅观。因此,服务人员务必每天进行耳部除垢。但一定要注意,此举不宜在工作岗位上进行。

(2)耳毛的修剪。有的人由于个人生理原因,耳孔周围会长出一些浓密的耳毛,服务人员一旦发现自己有此类情况应及时进行修剪。

4.鼻部的修饰

(1)鼻涕的清理。在清理鼻涕时,宜在无人场合以手帕或纸巾辅助轻声进行,切不要将此举搞得响声大作,令人反感。

(2)"黑头"的清理。鼻部的周围,往往毛孔较为粗大。内分泌旺盛的人若清洁面部时对此不加注意,此处便会积存油脂或污垢,即"黑头"。在清理这些有损个人形象的"黑头"时,一是平时对此处要认真进行清洗,二是可用专门的"鼻贴",将其处理掉,切勿乱挤乱抠,以免造成局部感染。

5. 口部的清洁

(1)刷牙。刷牙既要采用正确的刷牙方式,更要贵在坚持。正确有效的刷牙要做到"三个三":每天刷三次牙,每次刷牙宜在餐后三分钟进行,每次刷牙的时间不应少于三分钟。

(2)洗牙。维护牙齿,除了做到无异物、无异味之外,还要注意保持洁白,并且及时去除有碍口腔卫生和美观的牙石(斑)。最佳的办法就是定期去口腔医院洗牙,一般情况下,成人半年左右即应洗牙一次。

(3)禁食。服务人员在工作岗位上,为防止因为饮食的原因而产生的口腔异味,应避免食用一些气味过于刺鼻的食物,主要包括葱、蒜、韭菜、腐乳、虾酱、烈酒以及香烟。

(4)护唇。服务人员平时应有意识地呵护自己的嘴唇,要想方设法不使自己的唇部干裂、爆皮。另外,还应避免嘴边残留食物。

(5)剃须。男性服务人员应坚持每日上班之前剃须,切忌胡子拉碴地在工作岗位上抛头露面。个别女服务员,若因内分泌失调而在唇上生出过于浓密而有损于女性美观的汗毛,也应及时除去。

二、旅游从业人员的肢体修饰

不同工作岗位上的旅游服务人员,平时对于肢体的运用有着不同的要求。下面从旅游服务礼仪的角度出发,分别介绍服务人员应遵守的基本规范。

(一)上肢的修饰

上肢即手臂,是工作中运用最为频繁的身体部位。在旅游服务中,手臂通常被视为服务人员的"第二脸面"。保养良好、干净秀美的手臂,往往会给服务操作增添美感与协调,所以,对于在服务过程中自始至终处于醒目位置的手臂,服务人员应悉心加以保养和修饰。

1. 手臂保养

由于服务人员平日用手较多,有些特殊的工作岗位甚至还会在一定程度上对手臂造成某种伤害,所以服务人员一定要高度重视保养自己的手臂。手臂保养,一是方法得当,以干净、雅观为其要旨;二是贵在坚持,只有持之以恒,效果才会显现。

2. 手臂保洁

手臂的保洁首先是手臂的清洗。清洗手臂,要真正保持无泥垢、无污痕,除了手部的烟迹必须根除之外,其他一切碍眼的痕迹,如手上所沾的墨水、印油、酱汁、油渍等污垢,均应清洗干净。在工作岗位上,每一位服务人员都要谨记双手务必做到"六洗":一是上岗之前要洗手,二是弄脏之后要洗手,三是接触精密物品或入口之物前要洗手,四是规定洗手之时要洗手,五是上过卫生间之后要洗手,六是下班之前要洗手。

服务人员还须注意在工作岗位上不可乱用双手,例如揉眼睛、掏耳孔、抠鼻、剔牙、搔头发、抓痒痒、脱鞋,或是四处乱摸、抓捡地上的物品,都是极不卫生的。在一些特殊的工作岗位上服务时,还应按规定戴专用的手套。

3. 手臂妆饰

旅游服务人员在工作岗位上的妆饰,应以朴素庄重为美,而不应艳丽、怪诞,否则就与自身特定的社会角色不相称。

(1)不蓄长指甲。服务人员的手指甲,通常不宜长过其指尖,修剪手指甲,要养成"三天一修剪、每天一检查"的良好习惯,并且要做到坚持不懈。此外,还应注意及时剪除指甲周围的死皮。

(2)不涂画艳妆。若非酒店美容沙龙的专业化妆品推销人员和美容师,服务人员不允许在工作岗位上涂抹彩色指甲油,或者进行艺术美甲,在手臂上刺字、绘画就更不适宜。

(3)腋毛不外露。一般而言,服务人员大都不会以肩部外露的服装作为工作装。若因工作特殊需要,必须穿着肩部外露的服装上岗服务时,上班前最好剃去腋毛。另外,个别人手臂上长有较为浓密的汗毛,此种现象不符合我国传统的审美标准,必要时也应采取有效方法将其去除。

(二)下肢的修饰

下肢即腿脚部。在人际交往中,人们常有"远看头,近看脚"的观察习惯。平时除了要慎重地对待下肢服饰的选择与搭配外,注重适当的修饰也是重要的一环。

1.下肢的清洁

下肢的清洁若掉以轻心,就会出现被人戏称为"凤凰头,扫帚脚"的不雅现象。下肢的清洁,应特别注意三个方面:首先要勤洗脚;其次要勤换袜子,最好做到每天换洗一双袜子,注意不要穿不易透气、易生异味的袜子;另外还要定期交替更换自己的鞋子,在穿鞋前,务必细心清洁鞋面、鞋跟、鞋底等处,使其一尘不染,定期擦油,使其锃亮光洁。

2.下肢的遮掩

(1)不要光腿。若因气候过于炎热或工作性质比较特殊而光腿,则必须注意选择长过膝盖的短裤或裙子。

(2)不要光脚露趾。服务人员,在直接面对顾客工作时,绝不允许光脚穿鞋和穿露趾的凉鞋或拖鞋,即使是导游人员也不例外。

(3)不要露脚跟。服务人员在工作岗位上暴露自己的脚后跟,会显得过于散漫,令客人产生反感。

三、旅游从业人员的头发修饰

头发是一个人形象的重中之重。头发修饰,特指人们依据自己的审美习惯、工作性质和自身特点而对头发所进行的清洁、修剪、保养和美化。旅游服务人员的头发修饰,不仅要恪守一般的美发要求,而且还应遵守本行业、本部门的特殊要求。

(一)确保整洁

1.清洗头发

每周至少清洗头发两次。

2.修剪头发

在正常情况下,服务人员通常应当每半个月左右修剪一次头发。至少,也要保证每月修剪一次。

3.梳理头发

服务人员应注意在下述情况下自觉梳理头发：一是出门上班前，二是换装上岗前，三是摘下帽子时，四是下班回家时。梳发时还应注意三点：一是梳头不宜当众进行，应避开外人；二是梳头不宜直接用手，最好随身携带一把梳子；三是梳理的断发、头屑不可随手乱扔。

(二)慎选发型

发型即头发经过一定修饰之后所呈现出来的形状。对旅游从业人员而言，在选择发型时必须考虑的因素，首先是自己的职业特点，即应以工作为重，做到发型与工作性质相称。

1.长短适当

对服务人员发型总的要求是：长度适中，以短为主。

(1)男性服务人员。其头发不能过长，绝不允许为追求时尚在工作时留长发或梳起发辫。在修饰头发时，必须做到：前发不覆额，侧发不掩耳，后发不触领。

(2)女性服务人员。头发长度不宜长于肩部，不宜挡住眼睛。长发过肩者最好采取一定的措施，在上岗之前，将长发盘起来、束起来、编起来，或是置于工作帽之内，不可披头散发。总之，女性服务人员在平时应有意识地留短发，这样做既方便梳理，符合时尚，又会给人以干净利落之感。

2.风格庄重

旅游服务人员在选择发型时，还应当有意识地使之体现适合旅游工作性质的庄重、端庄的整体风格，从而赢得顾客的信任。若非从事专业发型设计或美发工作，服务人员通常不宜使自己的发型过分时髦，尤其是不要为了标新立异而有意选择过于新潮前卫的发型。

(三)适当美发

1.护发

要正确地护发，一是要长期坚持，二是要选择合适的护发用品，三是要采用正确的护发方法。

2.染发

中国人历来以黑发为美，假若自己的头发不够油黑，特别是早生白发或长有杂色的头发,将其染黑通常是必要的。但若是为了追随时尚,有意将黑发染成其他的颜色,甚至将其染得五颜六色,则是不适合服务人员的,户外导游人员也不例外。

3. 烫发

选择具体发型时,切记不要将头发烫得过于繁乱、华丽、美艳,以免在顾客面前造成"喧宾夺主"的不良影响。

4. 假发

只有在头发出现掉发、秃发之时,才适于佩戴假发以弥补自己的缺陷。服务人员若为了妆饰而佩戴假发,通常是不提倡的。

5. 帽子

在人际交往中,有"脱帽为礼"的讲究,室内服务人员在上班时若戴着时装帽去接待顾客是不妥的。服务人员在工作中允许戴帽主要基于以下理由:一是为了美观,二是为了防晒,三是为了卫生,四是为了安全。在戴后两类工作帽时,一般要求不应外露头发。户外导游人员戴帽子的规定可根据具体情况需要而放宽。

6. 发饰

女性服务人员在工作中以不戴或少戴发饰为宜。即使允许戴发饰,也仅仅是用以"管束"头发,而不是意在装扮。

四、旅游从业人员的化妆修饰

旅游行业"窗口部门"的女性服务人员,一般都应当进行适当的化妆,这一基本的要求,被归纳为"化妆上岗,淡妆上岗"。所谓"化妆上岗",即要求服务人员在上岗服务之前,应当根据岗位及服务礼仪要求进行化妆;所谓"淡妆上岗",则是要求服务人员在上岗之前的妆容,应以淡雅为主要风格,而不应浓妆艳抹。要求旅游服务人员在上岗前化妆,从本质上来讲是与旅游业的服务接待性质直接相关联的,它有助于体现服务人员的自尊自爱;有助于体现服务人员的爱岗敬业精神;有助于体现服务人员训练有素的精神面貌。

(一)化妆原则

服务人员的化妆,从本质上讲应该是一种工作妆,与一般人平时所化的生活妆有着不同的要求。

1. 淡雅

即服务人员在工作时一般只化淡妆,亦即自然妆。重要的是要自然大方,朴实无华,素净雅致,这样才与自己的工作性质相称,才会被顾客所认可。

2. 简洁

工作妆应以简单明了为本。一般情况下,服务人员化妆修饰的重点,主要是嘴唇、面颊和眼部,对于其他部位可不予考虑。

3. 适度

即服务人员应根据具体的工作性质,来决定化不化妆和如何化妆。例如,在某些对气味有特殊要求的餐饮工作岗位上,服务人员通常不宜采用芳香类的化妆品,如香水、香粉、香脂等。

4. 庄重

即服务人员要注意在化妆时对本人进行正确的角色定位,社会各界所希望看到的服务人员的妆容应以庄重为主要特征。服务人员若在上班时采用一些社会上正在流行的化妆方式,诸如金粉妆、日晒妆、印花妆、舞台妆、宴会妆,等等,则会使人觉得轻浮随便、不务正业。

5. 避短

服务人员在化妆时美化自身形象,既要扬长,即适当地显示自己的优点,更要避短,即巧妙地掩饰自己的缺点。工作妆重在避短,而不在于扬长,因为过分强调扬长,则有自我炫耀之嫌,易引起顾客反感。

(二)化妆方法

服务人员只有学会正确的化妆方法,才能使自己的化妆达到预期效果。就一般情况而言,女性服务人员上岗前的化妆,大体上可分为七个步骤(见表2-1)。

应当说明的是,服务人员在具体的化妆操作时,还应当注意以下两点。

1. 男女有别

具体化妆时,男性服务人员与女性服务人员是有一定区别的。这一区别,既体现在化妆品的选择方面,也体现在化妆的具体部位、具体手法的选择方面。

表 2-1　女性服务人员面部化妆的操作程序与要求

步骤	目　的	操 作 要 点	注 意 事 项
1.打粉底	调整面部肤色，使之柔和美化	①选择粉底霜 ②用海绵沾取适量粉底，涂抹细致均匀	①粉底霜与肤色反差不宜过大 ②切记在脖颈部打粉底，以免面部与颈部"泾渭分明"
2.画眼线	使眼睛生动有神，并且富有光泽	①笔法先粗后细，由浓而淡 ②上眼线从内眼角向外眼角画 ③下眼线从外眼角向内眼角画	①一气呵成，生动而不呆板 ②上下眼线不可在外眼角处交会
3.施眼影	强化面部立体感，使双眼明亮传神	①选择适宜个人肤色的眼影 ②由浅而深，施出眼影的层次感	①眼影色彩不宜过分鲜艳 ②工作妆应选用浅咖啡色眼影
4.描眉形	突出或改善个人眉形以烘托容貌	①修眉，拔除杂乱无序的眉毛 ②对眉毛逐根进行修饰	①使眉形具有立体感 ②注意两头淡，中间浓；上边浅，下边深
5.上腮红	使面颊更加红润，轮廓更加优美，显示健康活力	①选择适宜腮红 ②延展晕染腮红 ③扑粉定妆	①使腮红与唇膏或眼影属于同一色系 ②注意腮红与面部肤色过渡自然
6.涂唇彩	改变不理想唇形，使双唇更加娇媚	①以唇线笔描好唇线 ②涂好唇膏 ③用纸巾吸去多余的唇膏	①先描上唇，后描下唇，从左右两侧沿唇部轮廓向中间画 ②描完后检查一下牙齿上有无唇膏的痕迹
7.喷香水	掩盖不雅体味，使之清新怡人	①选择适宜的香水类型 ②喷涂于腕部、耳后、颌下、膝后等适当之处	①香水切勿使用过量 ②香水类型应气味淡雅清新

2. 繁简有别

在不同的工作岗位上,对服务人员化妆会有不同的具体要求。有时可能会要求上述七个步骤缺一不可,有时则会要求只选择其中几个主要步骤,甚至还会要求不化妆。

(三)化妆禁忌

1. 另类哗众

即服务人员在化妆时有意脱离自己的角色定位,专门追求所谓的荒诞、怪异、神秘的妆容,或者是有意使自己的妆容以另类风格出现。

2. 用错技法

在化妆时,若技法出现了明显的差错,将会暴露出自己在美容素质方面的不足,从而贻笑大方。因此,服务人员若不熟悉化妆之道,宁可不化妆也不要贸然化妆。

3. 残妆示人

残妆,指出汗之后、休息之后或用餐之后妆容出现了残缺。长时间的脸部残妆会给人懒散、邋遢之感;所以,在上班时工作人员不但要注意坚持化妆,而且要注意及时进行检查和补妆。

4. 岗上化妆

服务人员工作妆一般应在上岗之前完成,不允许在工作岗位上进行,否则,显得工作三心二意,对顾客不尊重。

5. 指教他人

除美容工作人员外,其他服务人员一般不应在自己工作时,对自己或顾客的妆容关注过多,尤其不要对客人的妆容私下议论、说三道四,而且也不应当冒冒失失地打听对方所使用的化妆品的品牌、价格以及化妆的技巧等。

第二节　旅游从业人员的着装与服饰

一、旅游从业人员的正装服饰规范

服饰是对人们衣着及其装饰品的一种统称。整洁、大方、美观的服饰有一种无形的魅力。服饰美讲究与自己的职业、身份、年龄、性别、体型相称，与周围环境场合相协调，讲究和谐的整体效果。而旅游从业人员的服饰礼仪是在服务交往过程中为了表示对客人的尊重与友好，达到和谐交往而体现在服饰上的一种行为规范。

在工作岗位上，旅游服务人员要求身着正装。正装一般是指人们在正式场合的着装，它是相对便装而言的。

正式场合，泛指人际交往的正式场合。通常，它又分为公务场合与社交场合两类。公务场合，主要是指人们在工作单位上班办公的时间。在这一场合，正统、庄重、保守，是着装的基本要求，制服是标志其职业特征的服装。旅游从业人员穿上醒目的制服不仅使从业者有一种职业自豪感和责任感，而且是敬业乐业在服饰上的具体表现；同时，服饰美也是尊重客人的表现，可增加客人对员工及公司的可信度。

社交场合，广义上指的是一切人际交往场合。从狭义上讲，它指的则是在工作之余进行应酬活动的时间。像旅游从业人员在工作之余经常有机会出席舞会、观看演出、应邀赴宴、拜访他人等业余活动，这些都属于典型的社交活动。社交场合里，着装的基本要求是时尚、典雅和别致。许多不宜在公务场合穿着的服装，如礼服、时装、民族服装等，改在社交场合穿着，则显得适得其所。

(一)制服的作用与穿着规范

对服务人员而言，按规定在工作时应穿着与本人职业相称的正式服装。制服、套服正是符合这一要求的服装，所以成为公务场合的首选着装。

1. 工作制服的作用

(1)标识作用。因为制服具有本行业、本单位的醒目的、独一无二的标志,所以使着装者与其他行业、其他单位的从业人员区分开来。例如,酒店制服的这一标志作用,通常是通过它独特的式样、色彩、图案以及配套的帽子、证章、徽记等具体表现出来。

(2)激励作用。服务人员统一身着制服将进一步强化其职业特点,着装者在内心形成与职业紧密相连的特殊使命感、责任感和荣誉感。身着制服同时佩戴标明其姓名、职称、部门的标牌,则更能充分促使其更积极、主动地服务,并且时刻约束自己。另外,制服也保证了全体员工着装的整齐划一,增强其归属感、向心力和凝聚力。

(3)保护作用。服务人员在工作中统一身着制服,对其本身往往具有一定的保护作用。这种保护作用,体现于以下三个方面。

一是可以保护身体。许多制服大都对身体具有防护功能,在工作中按规定穿着,可减少身体受伤害的可能。

二是可以维护尊严。身着制服往往可使人增加权威感,服务人员身着制服上岗,既有助于维护自尊,又易于受人尊敬。

三是可以区别身份。制服通常都有岗位和职级之分,在工作之中不同岗位和职级者身穿不同种类及款式的制服,既易于区别身份又便于管理。例如,星级酒店中的管理人员一般着条纹西裤,俗称"斑马裤"。

(4)宣传作用。服务人员所穿的制服具有视觉上的宣传作用。身着整齐而美观的制服的旅游从业人员,都会自觉或不自觉地宣传自己所在的旅游企业,使之受到社会的关注。

2. 制服的基本要求

一般的星级酒店规定,每天上岗前,各工种的员工应身着制服,做到整齐、清洁、挺括、大方美观、讲究文明。

(1)整齐。制服必须合身,注意四长(袖长至手腕、衣长至虎口、裤长至脚面、裙长至膝盖)、四围(领围以能插入一指大小为宜,上衣的胸围、腰围及裤裙的臀围以穿一套羊毛衣裤的松紧为宜);尤其内衣不能外露;不挽袖卷裤;不漏扣、掉扣;领带、领结、飘带与衬衫领口的吻合要紧凑且不歪斜;工号或标志牌要佩戴在左胸的正上方。

(2)清洁。衣裤无污垢、油渍、异味。领口与袖口要保持干净。

(3)挺括。不起皱,穿前烫平,穿后挂好,做到上衣平整、裤线笔挺。

(4)大方、美观。制服不论是西装套装(裙)还是旗袍、连衣裙,款式均应简练、高雅,线条亦应自然流畅,便于员工从事服务接待工作。

(5)讲究文明。主要是指衣着文明,既雅致令人赏心悦目,而又不落俗套,不失自己的身份。根据服务礼仪的基本规定,服务人员在身着制服上岗时要显示自己文明高雅的气质,主要是避免下述三个方面的禁忌。

①过分裸露。胸部、腹部、腋下、大腿,是公认的身着正装时不准外露的四大禁区。

②过分透薄。制服若是过于单薄或透亮,弄不好就会让内衣甚至身体的敏感部位"公之于众",使人十分难堪。

③过分瘦小。服务人员所穿着的工作制服,大小必须合身。制服若是过分肥大,会显得松松垮垮无精打采;若是过分瘦小,则又束手束脚,致使工作不便。目前,一些服务人员其中尤其是一些年轻的女性,在挑选制服时往往爱挑过于瘦小的型号,结果穿上后显得凹凸毕现,线条极不雅观。

(二)西装的穿着规范

1. 西装的基本常识

西装是目前世界上最流行和通行的正统服装,已成为现代社交活动中最得体的服装。西装分西装套装与西装两种。西装套装既有两件套和三件套之分,又有单排扣和双排扣之别。

作为一种世界通用服装,西装之所以受到各国人民的欢迎,首先在于它造型设计的科学性,符合人的体型特征及活动要求。西服线条刚柔结合、简洁流畅、立体感强,既有上下色彩的统一美,又能利用衬衣、毛衣、领带、领结装饰点缀,统一中求变化。

2. 穿西装的基本要领

人们常说"西装七分在做,三分在穿",可见穿着西装是很有讲究的。穿西服的正常程序是梳理头发—换上衬衫—换上西裤—穿着皮鞋—系领带—穿上装。具体而言,应符合下述基本礼仪。

(1)上下装颜色一致。这是穿着西装套装的最基本要求。另外,要配好衬衫,衬衫的领子要有领座,领头要挺括。衬衫的下摆要塞进裤子里。衬衫领口和袖口分别高于和长于西装领袖口 1.5～2 公分。

(2)内衣要单薄。衬衫里面一般不穿棉毛衫,如果穿着的话,不宜把领圈和袖口露在外面。如果天气较冷,衬衫外面可穿羊毛衫,但以一件为宜,不要穿得过分臃肿,以免破坏西装的线条美。打领带之前应先扣好领扣和袖扣。衬衫的领口应露出上装领口外 1～2 公分。领子必须平整且不外翘,衬衣下摆不可露在裤子外面。

(3)双排扣的上装应全部扣好纽扣,但也可以不扣下面的一颗;单排扣的上装可不扣扣子或仅系一颗"风度扣"。

(4)凡是正规场合,穿西装都应系领带。领带的色彩、图纹,可以根据西装的色彩配置,以达到相映生辉的效果。领带的长度,以到皮带扣处为宜。穿羊毛衫时,领带应放在羊毛衫内。系领带时,衬衫的第一个纽扣要扣好。领带夹一般夹在第三颗和第四颗纽扣之间。

(5)在正式场合,三件套西装应避免用毛背心或毛衣代替西装背心。背心一般不扣最下面的一颗纽扣。西装背心应贴身合体。

(6)穿西装一定要穿皮鞋,而不能穿旅游鞋、轻便鞋或布鞋,皮鞋的颜色要与西装颜色一致或协调,要略有鞋跟。女士着西装时,也不宜穿高跟皮鞋,而应穿中跟皮鞋。此外,皮带的颜色也应与皮鞋颜色一致。穿着西装时腰带不宜露出。

(7)西装在穿着时可以敞开,也可以扣上第一粒纽扣或"风度扣",但不能两粒纽扣全都扣上。西装的袖口和裤边都不能卷起。

(8)上装左上外侧衣袋专门用于插装饰性手帕,手帕应插入口袋三分之一。

(9)上衣内袋用于存放证件等物。左胸袋可装记事本,右胸袋放名片、香烟等物。上装其余口袋一般不应存放物品,若确须存放物品,则应是轻软薄物品而不易觉察。

(10)背心的四个口袋用于存放珍贵的小物件。左胸口袋可用于插放钢笔。

(11)西装的衣袋和裤袋里,不宜放太多的东西。把两手随意插在衣袋里,也是有失风度的。

(12)上衣胸前口袋中放置装饰性手帕,领襟上的纽孔为"花孔",只能用于插别花束。

(13)西装裤兜用作插手。后裤袋左边用于放置手帕,右边用于存放零钱或轻薄之物。左边裤腰有一小袋,用于存放怀表。

(14)裤腿管应盖在鞋面上,并使其后面略长一些。裤线应熨烫挺直。大衣不应过长,最长到膝下三公分为止。

(15)新西装第一次穿着前,要取下袖口上的西装商标。

二、旅游从业人员的个人饰品规范

(一)饰品的选择

饰品,亦称首饰、饰物。它指的是人们在穿着打扮时所使用的装饰物,它可在服饰中起到烘托主题和画龙点睛的作用。服装饰物包括两大类:第一类是实用性附件,比如帽子、鞋子、眼镜等;第二类是装饰性饰物,有领带、项链、手镯、耳环等。

1. 符合身份

服务人员的工作内容,主要是向旅游者提供服务,因此,一切要以服务对象为中心。工作岗位上佩戴的饰品,要使之符合服务者特定的工作身份。必须摆正自己与顾客之间服务者与被服务者的关系,切不可本末倒置将自己凌驾于顾客之上,在饰物佩戴上与顾客进行攀比。

2. 以少为佳

服务人员在工作岗位上佩戴饰品应当少而精。一味地贪多求全,很可能直接影响饰品的装饰效果,不但没有增添任何美感,反而显得杂乱无章,给人以"显摆"之嫌。

3. 区分品种

服务人员在工作岗位上选戴饰品时,因职业身份的缘故,对饰品的选择有其局限性。所以,应当对不同的具体品种,分别予以不同的对待。

(1)胸花。胸花又叫胸针,是人们佩戴在上衣左侧胸前或衣领上的一种饰品。工作中服务人员大多允许佩戴胸针,但若在佩戴身份牌或本单位证章、徽记上岗时,则一般不宜同时佩戴胸针。

(2)领带。领带的花色品种很多,面料主要是丝绸、缎类和化纤品。通常所说的领带是指直式领带,还有一种横式领带,即通常所称的领结,领结分为小领花和蝴蝶结。

目前,西装以中灰、深灰、蓝、黑、咖啡色为主,配戴的领带则适宜以深红、紫红、咖啡色等暖色调为主。肤色偏黑的人选用领带应以中浅色为主,而不适宜使用深色,深浅搭配具有层次。浅色西装配深色领带或深色西装配浅色领带,一般来说效果都不错。领带与衬衫领宽和上装的领子宽度也应协调。领带与西服的搭配有一定的规格。斜条图案的领带分为英式和美式两种,斜条图案如由右上斜向左下属英式,从左上斜向右下则属美式。一般英、法式西服必须配英式领带,美、意式西服必须配美式领带。

小领花分为黑白两色,一般白领花只适于燕尾服;黑领花则适用于小晚礼服及一些礼服变种。蝴蝶结一般配用于大礼服、小礼服,也用于大宾馆饭店的男女服务员的工作服。

(3)手袋。女性导游因工作和个人生活的需要,常常要携带手袋。手袋的颜色应与服装色彩相协调,但选用对比色也不失为一种好的点缀方法。体型矮胖者应选择一些体型小、造型不过于秀巧的手袋;体型高胖者则应选体型稍大的手袋;苗条纤瘦者应选用小巧玲珑的手袋。

(4)戒指。戒指又称指环,它是一种戴在手指上的环状饰品。除个别特殊的部门,如医疗、餐饮、食品销售部门外,一般的旅游服务部门的从业人员皆可佩戴戒指。

(5)项链。在工作中,一般允许女性服务人员佩戴项链,可将其戴于衣内或是戴在衣外。男性服务人员通常不宜佩戴项链。

(6)耳环。通常耳环被视为最能显示女性魅力的饰品,它只为女性所专用。但是,女性服务人员在工作岗位上时,不宜佩戴耳环。

(7)耳钉。耳钉指的是戴在耳垂上的钉状饰品。与耳环相比,耳钉小巧而含蓄,所以,在一般情况下,女性服务人员可在工作中佩戴。

(8)手链。手链一般指戴在手腕上的链状饰品。由于服务人员在工作中动手的机会较多,在手上佩戴手链,既可能使其受损,又可能妨碍工作,因此工作中最好不佩戴手链。

(9)手镯。手镯指的是佩戴在手腕上的环状饰品。出于与手链佩戴相似的原因,服务人员在工作岗位上不宜佩戴手镯。

(10)发饰。常见的有头花、发带、发箍、发卡等。女性服务人员在工作时,选择发饰宜强调其实用性,而不宜偏重其装饰性。头花以及色彩鲜艳的发带、发箍、发卡,都不宜在上班时选用。

(11)脚链。它是指佩戴在脚腕上的一种链状饰品,它可吸引他人注意佩戴者的腿部及行走形态不提倡女性服务人员在工作中佩戴脚链。

4.佩戴有方

(1)穿制服的要求。制服不仅表示正在工作,而且代表着正统、保守,基本风格是追求共性,不强调个性。从本质上讲,制服不需要刻意装饰。因此,在穿制服尤其是劳动制服时,服务人员以不佩戴任何饰品为好。

(2)工作的要求。在工作中,不宜佩戴珠宝饰品。珠宝饰品价格昂贵,身价往往尤为他人所关注,它更适合在社交场合佩戴。

(3)协调的要求。即使工作中允许佩戴饰品,也要力求少而精。要使同时佩戴的饰品在质地上大体相同,在色彩、款式上相互协调。

(二)个人用品的选择

旅游服务人员的个人用品,通常被称为服务人员的必备品。在服务工作中往往是不可缺少的,唯有随身携带,方可有备无患。

1.工作用品

工作用品是指服务人员在从事服务时,不可缺少的日常用品。

(1)身份牌。又称姓名牌、姓名卡,简称名牌。它指的是服务人员在工作岗位上佩戴在身,用以说明本人具体身份的、统一制作、有一定规格的专门标志牌。

(2)书写笔。在工作时,往往需要借助笔进行书写。在工作岗位上服务人员最好是同时携带两支笔(钢笔、圆珠笔),以方便不同用途的实际需要。随身携带的笔具,最好别在上衣左侧衣袋上,或是别在上衣内侧衣袋上,但不宜放在裤袋中。有时,为方便使用,可将圆珠笔以绳带缚住,挂在脖子后,垂于胸前,但切忌这样携带钢笔。

(3)记事簿。在工作中需要记忆的重要信息难以胜数,诸如资料、数据、人名、地址、电话、线索、建议,等等,随时随地将需要记忆的重要信息记录下来,对服务人员来讲是十分重要的良好习惯。所以服务人员应准备一本可随身携带的小记事簿,并特别要注意书写清晰与妥善保存,千万不要随手乱丢。事后最好分门别类,并且定期归纳小结。

2. 形象用品

形象用品,又称生活用品。它指的是服务人员用以维护、修饰自我形象所使用的一些日常用品。

(1)纸巾。在日常生活里,人们在用餐、如厕之后洗过手,总要将其揩干;在公众场合咳嗽、吐痰、打喷嚏时,免不了需要回避掩饰……凡此种种,纸巾便显得不可或缺,因此旅游从业人员应随身携带一包袋装纸巾。一方面,纸巾适用面甚广,不论擦手、擦汗还是清除污物,皆可以使用;另一方面,袋装且使用是一次性的,较为卫生。但切勿以卫生纸或其他纸张替代纸巾使用。

(2)梳子。在维护个人形象方面,头发的整洁与否备受关注。服务人员外出时,最好带上一把小梳子以供必要时之用,以免出现没有梳子只能用手梳理头发应急的难堪场面。

(3)化妆盒。随身携带化妆盒,是对经常有必要化彩妆的女性服务人员的一项基本规定。旅游业女性从业人员养成出门之际尤其是上班时随身携带一只小型化妆盒的习惯十分必要。随身携带的化妆盒应置于本人所带的手包或提袋之内,一般不宜装入衣袋中。

(4)擦鞋用具。在工作岗位上,身着制服的服务人员同时要配穿皮鞋。穿皮鞋最讲究"油光可鉴"。服务人员在穿皮鞋时若自备擦鞋用具或随身携带擦鞋纸,并在必要时使用,即可保持皮鞋油光锃亮。

第三节　旅游从业人员的体态与身姿

一、旅游从业人员的静止仪态规范

仪态是指一个人行为的姿态和风度;姿态是指身体呈现的样子;风度是人际交往中个人素质修养的一种外在表现,是气质的表露。

(一)站立姿势

站立姿势又称站姿或立姿,它是人们平时所经常采用的一种静态的身体造型。站姿是一个人的全部仪态的根本,采用标准的站立姿势服务又是旅游服务人员尤为重要的基本功之一。

1. 基本站姿

(1)要求与标准。站姿的基本要求是:站得端正、自然、亲切、稳重,即"站如松"。其标准是:头部抬起,面部朝向正前方,双眼平视,下颌微微内收,颈部挺直,双肩放松,呼吸自然,腰部直立。双臂自然下垂,处于身体两侧,手部虎口向前,手指稍许弯曲,指尖朝下。两腿立正并拢,双膝内侧与双脚的跟部紧靠在一起。两脚呈"V"形分开,二者相距约一个拳头的宽度。注意提起髋部,身体重量应平均分布在两条腿上。

采取基本站姿后,从正面来看,主要特点是头正、肩平、身直;从侧面看,其主要轮廓线则为含颌、挺胸、收腹、直腿。总之,采取这种站姿,会使人看起来稳重、大方、俊美、挺拔。它的优点还有:可以帮助呼吸、改善血液循环,并且在一定程度上减缓身体疲劳。

(2)站姿种类。在旅游服务中站姿主要有以下几种:侧放式——双手放在腿部两侧,手指稍弯曲(如图 2-1,①);前腹式——双手相交在小腹部(如图 2-1,②);后背式——双手背后轻握(如图 2-1,③)。站得太累时,可自行调节,两腿微微分开,将身体重心移向左脚或右脚。但无论采用哪一种站姿,切忌双手抱胸或叉腰,也不可将手插在衣裤袋内,因为这些动作都是傲慢和懒散的表现。礼貌的站姿,给人舒展俊美、精神饱满、信心十足、积极向上的印象。因此,在接待服务中,必须养成良好的站姿习惯。

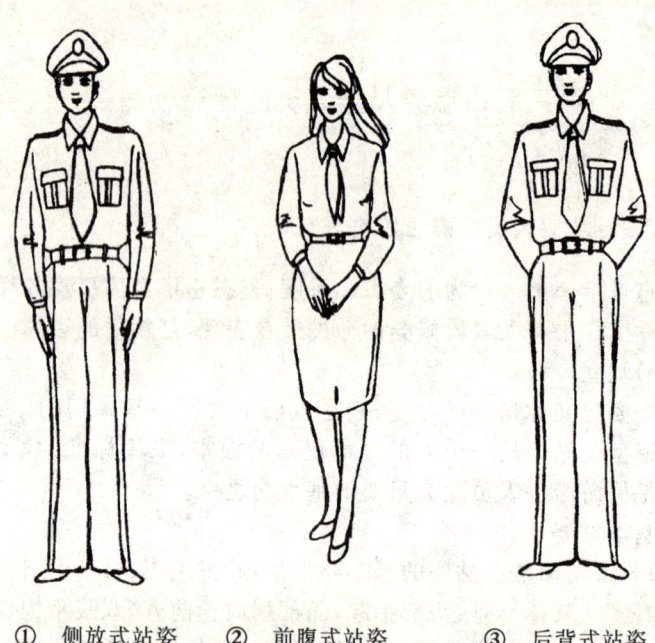

① 侧放式站姿　② 前腹式站姿　③ 后背式站姿
图 2-1　基本站姿

(3)男女差别。男性服务人员在站立时,要注意表现出男性刚健、潇洒、英武的风采,力求给人一种"阳刚"之美。具体来讲,在站立时,男性服务人员可以将双手置于身体两侧,或者相握置于身后。双脚可以叉开,两脚之间相距的极限,大致与肩部同宽。

女性服务人员在站立时,则要注意表现出女性轻盈、妩媚、娴静、典雅的韵味,要给人一种"宁静"之美。具体来讲,在站立时,女性服务人员可将双手相握或叠放于腹前。双脚可在以一条腿为重心的前提下稍许叉开。

2. 不良站姿

(1)身躯歪斜。古人对站姿曾经提出过"站如松"的基本要求。它说明站立姿势以身躯直正为美。服务人员在站立时,若是身躯出现明显的歪斜,将直接破坏人体的线条美,而且还会给人颓废消沉、委靡不振、自由放纵的直观感受。

(2)弯腰驼背。其实是身躯歪斜的一种特殊表现。除腰部弯曲、背部弓起之外,它大都会伴有颈部弯缩、胸部凹陷、腹部挺出、臀部撅起等其他不雅体态。凡此种种,都会显得一个人健康欠佳,无精打采。

(3)趴伏倚靠。在工作岗位上,服务人员要确保自己"站有站相"。站立时,随随便便地趴在一个地方,伏在某处左顾右盼,倚着墙壁、货架,靠在台桌边,或者前趴而后靠,都会显得自由散漫,是极不雅观的。

(4)双腿大叉。服务人员应切记:双腿在站立时分开的幅度,在一般情况下越小越好。在可能之时,双腿并拢最好,即使是分开,也要注意不可使二者间的距离超过本人的肩宽。

(5)脚位不当。在正常情况下,双脚站立时可呈现出"V"字式、"丁"字式、平行式等脚位,采用"人"字式、蹬踏式等脚位则是不允许的。所谓"人"字式脚位,指的是站立时两脚脚尖靠在一处,而脚后跟却大幅度地分开来,这一脚位又叫"内八字"。所谓蹬踏式,是指站立时为图舒服,在一只脚站在地上的同时,将另一只脚踩在鞋帮上、踏在椅面上、蹬在窗台上、跨在桌面上等。

(6)手位不当。站立时不当的手位主要有:一是将手插在衣服口袋或裤袋内,二是将双手抱在胸前,三是将两手抱在脑后,四是将双手支于某处,五是两手托住下巴,六是手持私人物品。

(7)半坐半立。在工作岗位上,服务人员必须严守岗位规范,该站就站,该坐就坐,而绝对不允许在需要站立时,为了贪图安逸而擅自采取半坐半立之姿。当一个人半坐半立时,既不像站,也不像坐,让别人觉得过分随便,缺乏教养。

(8)全身乱动。站立乃是一种相对静止的体态,因此不宜在站立时频繁地变动体位,甚至浑身不住地上下乱动。手臂挥来挥去,身体扭来扭去,腿脚抖来抖去,都会使站姿变得十分难看。

(二)坐的姿势

1.要求与标准

标准坐姿是指人在就座以后身体所保持的一种姿势。具体的方法是:将自己的臀部置于椅子、凳子、沙发或其他物体之上,以支持身体的重量,单脚或双脚则放在地上。正确的坐姿要求是"坐如钟",即坐相要像钟一样端正。旅游业从业人员还要注意坐姿的文雅自如,其要求是:坐得端正、稳重、自然、亲切,给人以一种舒适感。

2. 几种典型坐姿

坐姿要根据凳面的高低及有无扶手与靠背来调整,并注意两手、两腿、两脚的正确摆法,典型坐姿有如下三种。

(1)两手摆法。有扶手时,双手轻搭或一搭一放;无扶手时,两手相交或轻握或呈"八"字形置于腿上,也可以右手搭在右腿上、左手搭在右手背上。(如图2-2)

(2)两腿摆法。凳面高度适中时,两腿相靠或稍分,但不能超过肩宽;凳面低时,两腿并拢,自然倾斜于一方。凳面高时,一腿略搁于另一腿上,脚尖向下。

(3)两脚摆法。腿跟脚尖全靠或一靠一分;也可一前一后(可靠拢也可稍分),或右腿放在左腿外侧。

图2-2 优美的坐姿

除上述坐姿外,还有"S"形坐姿,即上体与腿同时转向一侧,面向对方,形成一个优美的"S"形坐姿;叠膝式坐姿;两腿膝部交叉,一脚内收

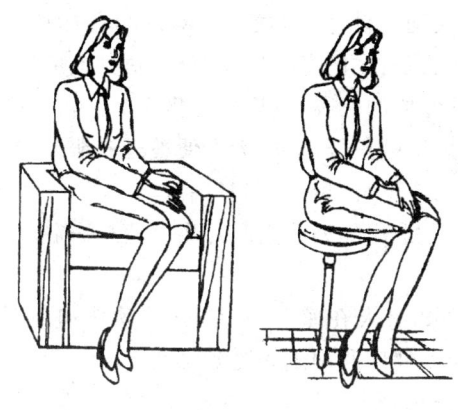

图 2-3　坐姿

与前腿膝下交叉,两脚一前一后着地,双手稍微交叉于腿上。(如图 2-3 所示)起立时,右脚向后收半步,而后站起。离开时,再向前走一步,自然转身退出房间。

3. 入座与离座要求

(1)入座的要求。入座,又叫就座或落座,其基本要求如下。

①在他人之后入座。出于礼貌可与对方同时入座,而当双方是顾客时,一定要先让对方入座,切勿自己抢先入座。

②在适当之处就座。在大庭广众之前就座时,一定要坐在椅、凳等常规位置,坐在桌子上、窗台上、地板上等,往往是失礼的。

③在合"礼"之处就座。与他人同时就座时,应当注意座位的尊卑,主动将上座让于来宾或客人。

④从座位左侧就座。条件若允许,在就座时最好从座椅的左侧接近它,这样做既是一种礼貌,而且也易于就座。

⑤向周围之人致意。在就座时,若附近坐着熟人,应主动跟对方打招呼。若不认识身边的人,亦应向其点头示意。在公共场合若要想坐在别人身旁,则须先征求对方同意。

⑥轻手轻脚就座。就座时要减慢速度,放轻动作,尽量不要弄得座

椅乱响,噪声扰人。

⑦以背部接近座椅。在他人面前就座时,最好背对着自己的座椅入座,这样不会背对着对方。做法是:先侧身走近座椅,背对其站立,再使腿后退一点,以小腿确认一下座椅的位置,然后随势坐下。

⑧坐下后调整体位。为使坐得端正舒适,或为方便整理衣服,可在坐下后调整一下体位。但这一动作不可与就座同时进行。

(2)离座的要求。离座指的是采用坐姿的人起身离开座椅,离座时应遵循以下规范。

①先有表示。离座时,身旁如有人在座,须以语言或动作向其示意,随后方可起身。一蹦而起会令邻座和周围人受到惊扰。

②注意次序。与他人同时离座,须注意起身的先后次序。地位低于对方时,应稍后离座。地位高于对方时,则可首先离座。双方身份相当时,允许同时起身离座。

③起身缓慢。起身离座时,最好动作轻缓,无声无息,尤其要避免"拖泥带水",弄响座椅,或将椅垫、椅罩弄得掉在地上。

④站好再走。离开座椅后,先要采用"基本的站姿"。站定之后,方可离去。若是起身便跑,或是离座与走开同时进行,则会显得过于匆忙有失稳重。

⑤从左离开。在尽可能的情况下,坐下后起身,宜从左侧离去。与"左入"一样,"左出"也是一种礼节。

4. 不雅的坐姿

(1)不雅的腿姿。

①双腿叉开过大。面对外人时,双腿如果叉开过大,不论是大腿叉开还是小腿叉开,都极其不雅。

②架腿方式欠妥。将一条小腿架在另一条大腿上,两者之间还留出大大的空隙,成为所谓的"架二郎腿",甚至将腿搁在桌椅上,就更显得过于放肆了。

③双腿过分伸张。坐下后,将双腿直挺挺地伸向前方,这样不仅会妨碍他人,而且也有碍观瞻。因此身前若有桌子,双腿尽量不要伸出桌底。

④腿部抖动摇晃。为求放松,坐下后抖动摇晃双腿。这样极为不雅。

(2)不安分的脚姿。坐下后脚跟接触地面,而且将脚尖翘起,使鞋底在别人眼前"一览无余";另外,以脚蹬踏其他物体,以脚自脱鞋袜,都是不文明的陋习。

(3)不知所措的手姿。

①以手触摸脚部。就座以后用手抚摸小腿或脚部,都是极不文明、不卫生的不良习惯。

②手置于桌下。若身前有桌子时,就座后,双手都应置于桌上。单手或双手放于桌下,都是不妥的。

③手支于桌上。用双肘支在面前的桌子上,对于同座之人是不礼貌的做法。

④双手抱在腿上。在工作中这样做感到惬意放松,但在接待客人时就不可取。

⑤将手夹在腿间。坐下后将双手夹在两腿之间,这样会显得胆怯害羞、自信心不足,也不雅观。

(三)蹲的姿势

蹲姿与坐姿都是由站立姿势变化而来的相对静止的体态。蹲是由站立的姿势转变为两腿弯曲和身体高度下降的姿势。在一般情况下,服务人员采用蹲姿,不宜时间过久。蹲姿其实只是人们在比较特殊的情况下所采取的一种暂时性体态。

1. 适用情况

旅游服务礼仪规定,只有遇到下述几种比较特殊的情况,才允许服务人员在其工作中酌情采用蹲的姿势。

(1)整理工作环境。在需要对自己的工作岗位进行收拾、清理时,可采取蹲的姿势。

(2)给予客人帮助。需要以下蹲姿势帮助客人时,如与一位迷路的儿童进行交谈时,可以这样做。

(3)提供必要服务。当服务人员为客人服务,而又必须采用下蹲姿势时。例如,当客人坐处较低,以站立姿势为其服务既不方便,又显得高高在上、不礼貌,此时可改用蹲的姿势。

(4)捡拾地面物品。当本人或他人的物品落到地上,或需要从低处拿起来时,不宜弯身捡拾拿取,面向或背对着他人时这么做,则更为失仪,此刻采用蹲的姿势最为恰当。

(5)自己照顾自己。有时,服务人员需要照顾一下自己,如整理鞋袜时,亦可采用蹲的姿势。

2. 标准蹲姿

(1)高低式蹲姿。基本特征是双膝一高一低。其要求是:下蹲时,双腿不并排在一起,而是左脚在前,右脚稍后。左脚应完全着地,小腿基本上垂直于地面;右脚则应脚掌着地,脚跟提起。此刻右膝须低于左膝,右膝内侧可靠于左小腿的内侧,形成左膝高右膝低的姿态,如图2-4,①所示。女性应靠紧两腿,男性则可适度地将其分开。臀部向下,基本上以右腿支撑身体。男性服务人员在工作时选用这一方式,往往更为方便。

(2)交叉式蹲姿。通常适用于女性服务人员,尤其是身穿短裙的服务人员。它的优点是造型优美典雅,基本特征是蹲下后双腿交叉在一起。其要求为:下蹲时,左脚在前,右脚在后,左小腿垂直于地面,全脚着地。左腿在上、右腿在下,二者交叉重叠。右膝由后下方伸向右侧,右脚跟抬起,并且脚掌着地。两腿前后靠近,合力支撑身体。上身略向前倾,臀部朝下,如图2-4,②所示。

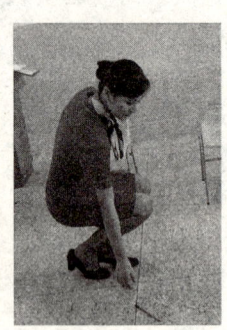

①高低式蹲姿 ②交叉式蹲姿

图2-4　服务中的蹲姿

(3)半蹲式蹲姿。多于行进之中临时采用,基本特征是身体半立半蹲。其要求是:在下蹲时,上身稍许弯下,但不宜与下肢构成直角或锐角;臀部向下而不是撅起;双膝略为弯曲,其角度根据需要可大可小,但一般均应为钝角;身体的重心应放在一条腿上。

(4)半跪式蹲姿。该姿势又叫做单跪式蹲姿,它是一种非正式蹲姿,多用于下蹲时间较长,或为了用力方便之时。它的基本特征,是双腿一蹲一跪。其要求为:下蹲之后,改为一腿单膝点地,臀部坐在脚后跟上,而以其脚尖着地;另外一条腿则全脚着地,小腿垂直于地面;双膝同时向外,双腿尽力靠拢。

3.注意事项

(1)不要突然下蹲。蹲下来的时候,速度切勿过快。当自己在行进中需要下蹲时,尤须牢记这一点。

(2)不要距人过近。在下蹲时,应与他人保持一定的距离。与他人同时下蹲时,更不能忽略双方之间的距离,以防彼此迎头相撞。

(3)不要方位失当。在他人身边下蹲,尤其是在服务对象身旁下蹲时,最好是与之侧身相向。正面面对他人或者背部对着他人下蹲,通常都是不礼貌的。

(4)不要毫无遮掩。在公众场合下蹲时,身着裙装的女性服务人员,一定要避免走光。

(5)不要随意滥用。服务时,若在毫无必要的情况下采用蹲姿,只会给人虚假造作之感。另外,不可蹲在椅子上,不可蹲着休息。

二、旅游从业人员的行进仪态规范

行进姿势,指的是一个人在行走时所采取的具体姿势,行进姿势又称为行姿或走姿。从总体上讲,行进姿势是人体的一种动态。它以站立姿势为基础,实际上属于站立姿势的延续动作。服务人员在工作中行走时,既要做到优雅稳重,又要保持正确的节奏,这样才可体现服务过程的动态之美。

(一)基本行进姿态

1. 要求与标准

正确的步姿要求是"行如风"。其具体要领:上身正直不动,两肩相平不摇,两臂摆动自然,两腿直而不僵,步伐从容,步态平稳,步幅适中均匀,两脚落地一线。

2. 注意要点

服务人员在行进时,应当特别关注以下六个方面。

(1)方向明确。在行走时,必须保持明确的行进方向,尽可能地在一条直线上行走,做到此点,往往会给人以稳重之感。具体的方法是,行走时以脚尖正对前方,所走的路线形成一条虚拟的直线。

(2)步幅适度。步幅指的是人们每走一步时两脚之间的正常距离。通俗地讲,步幅就是人们在行进时脚步的大小。虽说步幅的大小会因人而异,但就一般规范而言,在行进时迈出的步幅应与本人一只脚的长度相近。即男子每步约 40 厘米,女子每步约 36 厘米。

(3)速度均匀。在一定的场合,一般应当保持相对稳定的速度。在正常情况下,服务人员每分钟走 60~100 步。

(4)重心放准。正确的做法是:行进时身体向前微倾,重心落在前脚掌上。在行进过程中,应注意使身体的重心随着脚步的移动不断地向前过渡,而切勿让身体的重心停留在自己的后脚上。

(5)身体协调。行进时保持身体的和谐需注意:走动时要以脚跟先着地,膝盖在脚部落地时应当伸直,腰部要成为重心移动的轴线,双臂在身体两侧一前一后地自然摆动。

(6)造型优美。做到昂首挺胸,步伐轻松而矫健。其中最为重要的是行走时应面向前方,两眼平视,挺胸收腹,直起腰背,伸直腿部,使自己的全身从正面看上去如直线一般。

3. 男女差别

男性服务人员与女性服务人员在行进时,具有不同的风格。男性服务人员在行进时,两脚跟交替前进在一条线上,两脚尖稍外展,通常速度稍快,脚步稍大,步伐奔放有力,充分展示男性的阳刚之美(如图 2-5,①所示)。女性服务人员在行进时,两脚尖稍外,两脚交替走在一条直线上,称"一字步",以显优美(如图 2-5,②所示)。

① 男士的走姿　　　　② 女士的走姿

图 2-5　走姿

(二)行进姿态特例

1. 陪同引导

陪同,指的是陪伴别人一同行进。引导,则是指在行进中带领别人,有时又叫引领、引路或带路,见图 2-6。服务人员在陪同引导时,应注意以下四点。

图 2-6　正确的引领行进姿态

(1) 本人所处方位。若双方并排行进时,服务人员应处于左侧。若双方单行行进时,则服务人员应居于客人左前方1米左右的位置。当顾客不熟悉行进方向时,一般不应请其先行,同时也不应让其走在外侧。

(2) 协调行进速度。在陪同引导客人时,本人行进的速度须与对方相协调,切勿我行我素,走得太快或太慢。

(3) 及时关照提醒。陪同引导时,一定要处处以对方为中心。经过拐角、楼梯或道路坎坷、昏暗之处时,须关照提醒对方留意。

(4) 采用正确的体态。陪同引导客人时,有必要采取一些特殊的体态。如请对方开始行进时,应面向对方,稍许欠身;在行进中与对方交谈或答复其提问时,头部和上身应转向对方。

2. 上下楼梯

作为旅游服务人员,尤其是饭店员工一定要走指定的楼梯通道,而且要减少在楼梯上的停留,坚持"右上右下"原则,以方便对面上下楼梯的他人。另外还要注意礼让顾客,上下楼梯时,出于礼貌,可请对方先行。陪同引导客人时,则应上楼梯时行在后,下楼梯时行在前。

3. 进出电梯

(1) 使用专用的电梯。服务人员不要与顾客混用同一部电梯。

(2) 牢记"先出后进"。一般的乘电梯规矩是:里面的人都出来之后,外面的人方可进去。

(3) 照顾好服务对象。若乘的是无值班员的电梯,服务人员须自己先进后出,以便为顾客控制电梯。乘的若是有值班员的电梯,则服务人员应当后进后出。进出电梯时,应侧身而行,以免碰撞、踩踏别人,进入电梯后,应尽量站在里边。

4. 出入房门

(1) 先通报。在进入房门时,尤其是在进入饭店客房门之前,一定要先叩门、按铃向房内之人进行通报。

(2) 以手开关。出入房门时,要用手轻轻开门或关门,而不可用身体其他部位,如用肘部顶、用膝盖拱、用臀部撞、用脚尖踢、用脚跟蹬等方式开门。

(3)面向他人。出入房门，特别是在出入一个较小的房间，而房内又有自己熟悉的人时，最好是反手关门、反手开门，并且始终注意面向对方，而不可背对他人。

(4)要"后入后出"。与他人一起出入房门时，礼貌的做法是：服务人员一般应自己后进门、后出门，而请对方先进门、先出门。

(5)为他人开门。尤其是在陪同引导他人时，服务人员有义务在出入房门时替对方开门。

5.搀扶帮助

在工作时，服务人员往往要主动搀扶一些老、弱、病、残、孕等顾客，以示体贴与特殊照顾。搀扶指的是在行进之中，用自己的一只手或双手，轻轻架着不方便的客人。在为客人提供搀扶帮助时应注意：

(1)选择对象。若是不分对象，对任何人都主动搀扶，则难免会令人觉得滑稽，效果适得其反。

(2)两厢情愿。即使发现确有需要搀扶帮助的客人，在搀扶之前，也要首先征得其同意，照顾对方的自尊心。

(3)留意速度。步速不宜过快，应主动与对方保持一致。

(4)略事休息。考虑到被搀扶者的身体状况，在搀扶对方行进的过程中，应适当地"暂停几次"，以便对方稍作休息。

6.变向行走

(1)后退。先面向对方后退几步，再转体离去。通常面向他人至少后退两三步，对交往对象越尊重，后退的步子则越多。后退时步幅宜小，脚宜轻擦地面，转体时宜身先头后。

(2)侧行。当与同行者交谈之时，上身应正面转向交谈对象，身体与对方保持一定距离。与他人狭路相遇时，应两肩一前一后，胸部正面转向对方；而不可背向对方。

(3)前行转身。向前行进中转身而行有两种情况：一是前行右转，以左脚掌为轴心，在左脚落地时，向右转体90度，同时迈出右脚。二是前行左转，与前行右转相反，在前行中向左转身，应以右脚掌为轴心，在右脚落地时，向左转体90度，同时迈出左脚。

(4)后退转身。后退之中转身而行有两种情况：一是后退右转，先退行几步后,以左脚掌为轴心,向右转体90度,同时向右迈出右脚;二是后退左转,先退几步后,以右脚掌为轴心,向左转体90度,同时向左迈出左脚。

7. 与客人对面相遇

客人从对面走来时,员工应向客人行礼,同时应注意以下几点。

(1)放慢步伐。离客人约2米处,目视客人,面带微笑,轻轻点头致意,并且说"您好""您早"等礼貌用语。

(2)行鞠躬礼。应停步,躬身15～30度,眼往下看,并致问候,切忌边走边看边躬身,这是十分不雅观的。

(3)员工在工作中可以边工作,边致礼。如果能暂停手中的工作行礼,更会让客人感到满意。

(三)错误的行进姿态

1. 横冲直撞

行进时,爱往人多的地方行走,在人群之中乱冲乱闯,甚至碰撞到他人的身体,这是极其失礼的。

2. 抢道先行

行进时,要注意方便和照顾他人,通过人多路窄之处务必要讲究"先来后到",对他人"礼让三分",让人先行。

3. 阻挡道路

在道路狭窄之处,悠然自得地缓步而行,甚至走走停停,或者多人并排而行,显然都是不妥的。服务人员还须注意,一旦发现自己阻挡了他人的道路,要闪身让开,请对方先行。

4. 蹦蹦跳跳

服务人务必要注意保持自己的风度,不宜使自己的情绪过分地表面化。若一旦激动起来,走路便容易出现失态的情况。

5. 奔来跑去

有急事要办时,服务人员可以在行进中适当加快步伐。但若非碰上了紧急情况,则最好不要在工作时跑动,尤其是不要当着顾客的面突如其来地狂奔而去。那样通常会令其他人感到莫名其妙,产生猜测,甚至还有可能造成过度紧张的气氛。

6. 制造噪声

服务人员应有意识地使行走悄然无声。其做法是：一是走路时要轻手轻脚，不要在落脚时过分用力，走得"咚咚"直响；二是上班时不要穿带有金属鞋跟或钉有金属鞋掌的鞋子；三是上班时所穿的鞋子一定要合脚，否则走动时会发出"叭哒叭哒"的声音。

7. 步态不雅

步态不雅如走成"八"字步或"鸭子"步，步履蹒跚，腿伸不直，脚尖首先着地等不雅步态，要么使行进者显得老态龙钟、有气无力，要么给人以嚣张放肆、矫揉造作之感。

三、旅游从业人员的手臂姿态规范

手臂姿势，通常称为手势或手姿，指的是人们在运用手臂时所表现的具体动作与体位。

(一)基本原则

1. 使用规范化手势

使用规范化手势是指使用的手势应符合国际规范、国情规范、大众规范和服务规范，这样才不致引起服务对象的误解。

2. 注意区域性差异

在不同的地区，人们往往使用不同的"手语"。比如，伸出右臂，掌心向下，手臂反复向内侧挥动，其含义在中国主要是招呼别人；而在美国，这个手势则是用来招呼狗的。

3. 手势宜少不宜多

在正常情况下，服务人员的手势应尽量少而精。在毫无必要之时将手臂挥来舞去，既不能完整表达思想感情，也毫无美感可言。

(二)常用手势

1. 正常垂放

正常垂放，在此指站立服务时双手垂放的手势，是服务人员使用最多的手势之一，也称基本服务手势。具体做法有以下七种。

(1)双手指尖朝下，掌心向内，手臂伸直后分别紧贴两腿裤线处。

(2)双手伸直后自然相交于小腹处，掌心向内，一只手在上一只手在下叠放在一起。

(3)双手伸直后自然相交于小腹处,掌心向内,一只手在上一只手在下地相握。

(4)双手伸直后自然相交于背后,掌心向外,两只手相握。

(5)一只手紧贴裤线自然垂放,另一只手略弯曲,掌心向内搭在腹前。

(6)一只手掌心向外背在背后,另一只手略弯曲,掌心向内搭在腹前。

(7)一只手紧贴裤线自然垂放,另一只手掌心向外背在身后。

2. 自然搭放

(1)在站立服务时,身体应尽量靠近桌面或柜台,上身挺直;两臂稍弯曲,肘部朝外;两手以手指部分放在桌子或柜台上,指尖朝前,拇指与其他四指稍有分离,并轻搭在桌子或柜台边缘。应注意不要距离桌子或柜台过远,同时还要根据桌面高矮来调整手臂弯曲程度,尽量避免将上半身趴伏在桌子或柜台上,或将整个手掌支撑在桌子、柜台上。

(2)以坐姿服务时,将手部自然搭放在桌面上。身体趋近桌子或柜台,尽量挺直上身;除采取书写、计算、调试等必要动作时,手臂可摆放于桌子或柜台之上外,最好仅以双手手掌平放于其上。将双手放在桌子或柜台上时,双手可以分开、叠放或相握,但不要将胳膊支起来,或是将手放在桌子或柜台之下。

3. 手持物品

(1)稳妥。手持物品时,可根据物体重量、形状及易碎程度采取相应手势,切记确保物品的安全,尽量轻拿轻放,防止伤人或伤己。

(2)自然。手持物品时,服务人员可依据本人的能力与实际需要,酌情采用不同的姿势,但一定要避免在持物时手势夸张、"小题大作",失去自然美。

(3)到位。就是持物到位的含义。例如,箱子应当拎其提手,杯子应当握其杯耳,炒锅应当持其手柄。持物时若手不能到位,不但不方便,而且也很不自然。

(4)卫生。为客人取拿食品时,切忌直接下手。敬茶、斟酒、送汤、上菜时,千万不要把手指搭在杯、碗、碟、盘边沿,更不能使手指浸泡在其中。

4. 递接物品

(1) 双手为宜。有可能时,双手递物于他人最佳,不方便双手并用时,也应尽量采用右手。以左手递物,通常被视为失礼之举。

(2) 递到手中。递给他人的物品,应直接交到对方手中。不到万不得已,最好不要将所递的物品放在别处。

(3) 主动上前。若双方相距过远,递物者应主动走近接物者。假如自己坐着的话,还应尽量在递物时起身站立。

(4) 方便接拿。服务人员在递物时,应为对方留出便于接取物品的地方,不要让其感到接物时无从下手。将带有文字的物品递交他人时,还须使之正面朝向对方。

(5) 尖、刃向内。将带尖、带刃或其他易于伤人的物品递于他人时,切勿以尖、刃直指对方。合乎服务礼仪的做法是应使尖、刃朝向自己,或是朝向他处。

5. 展示物品

(1) 便于观看。展示物品时,一定要方便现场的观众观看。因此,一定要将被展示物品正面朝向观众,举到一定的高度,展示的时间以能让观众充分观看为宜。当四周皆有观众时,展示还须变换不同角度。

(2) 操作标准。服务人员在展示物品时,不论是口头介绍还是动手操作,均应符合有关标准。解说时应口齿清晰,语速舒缓;动手操作时,则应手法干净利索,速度适宜,并进行必要的重复。

(3) 手位正确。在展示物品时,应使物品在身体一侧展示,不宜挡住本人头部。具体而言,一是将物品举至高于双眼之处,这一手位适于被人围观时采用;二是双臂横伸将物品向前伸出,活动范围自肩至肘之处,其上不过眼部,下不过胸部,这一手位易给人以安定感。

6. 招呼别人

在招呼别人时,必须牢记两点:一是要使用手掌,而不能仅用手指;二是要掌心向上,而不宜掌心向下。

7. 举手致意

当服务人员忙于工作,而又看见面熟的顾客,且无暇分身时,向其举手致意可消除对方的被冷落感。正确做法如下。

(1)面向对方。举手致意时,应全身直立,面向对方,至少上身与头部要朝向对方,在目视对方的同时,应面带笑容。

(2)手臂上伸。致意时手臂自下而上向侧上方伸出,手臂既可略有弯曲,亦可全部伸直。

(3)掌心向外。致意时须掌心向外,即面对对方,指尖朝向上方,同时,切记伸开手掌。

8.与人握手

(1)注意先后顺序。握手时双方伸出手来的先后顺序应为"尊者在先"。即地位高者先伸手,地位低者后伸手。例如,在工作之中,服务人员通常不宜主动伸手与顾客相握。

(2)注意用力大小。握手时力量应当适中。用力过重与过轻,同样都是失礼的。

(3)注意时间长度。与人握手时,一般握3至5秒钟即可。没有特殊的情况,不宜长时间握手。

(4)注意相握方式。通常,应以右手与人相握。握手时,应首先走近对方,右手向侧下方伸出,双方互相握住对方的手掌。被握住的部分,应大体上包括自手指至虎口处(见图2-7)。双方手部相握后,应目视对方双眼。

图2-7 正确的握手姿势

9.挥手道别

(1)身体站直。尽量不要走动、乱跑,更不要摇晃身体。

(2)目视对方。目送对方远去直至离开。若不看道别对象,便会被对方理解为"目中无人"或敷衍了事。

(3)手臂前伸。道别时,可用右手,也可双手并用,但手臂应尽力向前伸出。注意手臂不要伸得太低,或过分弯曲。

(4)掌心朝外。挥手道别时要保持掌心向外,否则是不礼貌的。

(5)左右挥动。挥手道别时,要将手臂向左右两侧轻轻来回挥动,但尽量不要上下摆动。

(三)错误手势

1.指指点点

工作中绝不可随意用手指对客人指指点点,与人交谈时更不可这样做。

2.随意摆手

在接待客人时不可将一只手臂伸在胸前,指尖向上、掌心向外,左右摆动。这些动作的一般含义是拒绝别人,有时还有极不耐烦之意。

3.端起双臂

双臂抱起然后端在胸前的姿势,往往暗含孤芳自赏、自我放松,或是置身事外、袖手旁观、看他人笑话之意。

4.双手抱头

这一体态的本意是自我放松,但在服务时这么做,则会给人以目中无人之感。

5.摆弄手指

工作中无聊时反复摆弄自己的手指、活动关节,或将其捻响,或莫名其妙地攥拳松拳,或是手指动来动去,这往往会给人以歇斯底里之感。

6.手插口袋

这种表现会使客人觉得服务人员忙里偷闲,在工作方面并未尽心尽力。

7. 搔首弄姿

这种手势,会给人以矫揉造作、当众表演之感。

8. 抚摸身体

在工作时,有人习惯抚摸自己的身体,如摸脸、擦眼、搔头、抠鼻、剔牙、抓痒,这会给人留下缺乏公德意识、不讲究卫生、个人素质极其低下的印象。

四、旅游从业人员的表情神态规范

表情是指一个人通过面部形态变化所表达的内心的思想感情。神态则是指在人的面部所表现出来的神情态度。服务人员要注意,自己在工作中的表情神态,在服务对象看来,往往代表了对待对方的态度。

(一)主要原则

1. 表现谦恭

服务人员在工作中务必使自己的表情神态、做到于人恭敬、于己谦和。

2. 表现友好

在工作中,对待任何服务对象,皆应友好相待,正所谓"笑迎八方来客,广交四海朋友"。

3. 表现适时

不论采用何种表情神态,服务人员都要切记神态应与服务现场的氛围和实际需要相符合。

4. 表现真诚

工作中,服务人员要努力使本人的表情神态出自真心实意,给客人以表里如一、名副其实之感。

(二)面部表情重点

服务实践表明,在观察一个人的表情神态时,人们往往以其面部为重点,并且尤为关注其眼神与笑容的变化。

1. 眼神

眼神,指的是人们在注视时,眼部所进行的一系列活动以及所呈现的神态。眼睛能够传神,眼睛是心灵的窗户,旅游从业人员训练眼神时,应兼顾以下几点。

(1)注视的部位。在服务时,可以注视对方的常规部位如下。

一是对方的双眼。注视对方的双眼,既可表示自己对对方的全神贯注,又可表示对对方所讲内容感兴趣。问候对方、听取诉说、征求意见、强调要点、表示诚意、向人道贺或与人道别时,皆应注视对方双眼,但时间不宜过久。

二是对方的面部。与服务对象较长时间交谈时,可以对方的整个面部为注视区域。注视他人的面部时,最好是对方的眼鼻三角区,而不要聚集于一处,以散点柔视为宜。

三是对方的全身。同服务对象相距较远时,服务人员一般应当以对方的全身为注视点,在站立服务时,往往如此。

四是对方的局部。服务工作中,往往会因为实际需要,而对客人身体的某一部分多加注视。例如,在递接物品时,应注视对方手部。

(2)注视的角度。既能方便服务工作,又不至于引起服务对象误解的具体的视角,主要有三种。

一是正视对方。即在注视他人时,与之正面相向,同时还须将上身前部朝向对方。正视对方是交往中的一种基本礼貌,其含意表示重视对方。

二是平视对方。即在注视他人时,身体与对方处于相似的高度。在服务工作中平视服务对象,表现出双方地位平等与本人不卑不亢的态度。因此处于坐姿时,看见顾客到来,便要起身相迎以便平视。

三是仰视对方。即在注视他人时,本人所处位置比对方低,须抬头向上仰望对方。在仰视他人时,可给对方受重视和信任之感。

另外,还要指出,服务人员在注视顾客时,视角要保持相对稳定,即使需要有所变化,也要注意过渡自然,对客人上上下下反复进行打量扫视的做法,往往会使对方感到被侮辱、被挑衅。

(3)兼顾多方。服务人员在工作岗位上为多人进行服务时,通常有必要巧妙地运用自己的眼神,对每一位服务对象予以兼顾。

服务人员在为互不相识的多位客人服务时,既要按照先来后到的顺序对先来的客人多加注视,又要同时以略带歉意、安慰的眼神环视等候在身旁的其他人士。这样既表现出了善解人意与一视同仁，又可以让后到的客人感到宽慰，使其不至产生被疏忽、被冷落之感，稳定其躁动情绪。

2. 微笑

微笑服务是服务人员最基本的礼仪要求。微笑的核心在于笑。所谓笑，即人的面部呈现出愉快、欢乐的神情。由此可见，笑以愉快、欢乐为主要特征，所以正常的笑容常被人们称为欢笑。古人云"没有笑颜不开店"。世界上不少著名的企业家深晓微笑的作用，对微笑给予了很高的评价，奉其为企业的法宝与成功之道。美国某旅行社总裁曾衷心告诫东航的空姐们，要微笑，微笑等于成功。视微笑为效益和先导的"希尔顿式微笑"不仅挽救了经济大萧条时代的希尔顿饭店，而且造就了今天遍及世界五大洲近百家的五星级希尔顿饭店集团。希尔顿集团创始人康拉德·希尔顿曾经指出："酒店的第一流设备重要，而第一流的微笑更为重要。如果没有服务人员的微笑，就好比花园失去了春日的阳光和春风。"有鉴于此，在许多国家的旅游从业人员岗前培训中，微笑被列为重要的培训科目之一。

(1) 微笑的内涵。

一是可以感染对方。在服务岗位以微笑面对客人，可以创造出一种和谐融洽的现场气氛，感染对方，使其备感愉快和温暖。

二是可以消除隔阂。微笑是友谊的桥梁。"举手不打笑脸人"和"相逢一笑泯恩仇"讲的就是微笑所具有的化干戈为玉帛的作用。在一般情况下，当人与人之间产生纠葛时，一方若能以微笑面对另一方，往往不会进一步激化矛盾。在旅游服务中这样做有时还可以大事化小、小事化了，使双方的矛盾或误解冰消雪融。

三是可以获取回报。微笑是人际交往中的润滑剂。微笑是世界各民族领会得最快最好的一种情感，在国际惯例中，微笑普遍的含义是接纳对方，表达热情友善。旅游服务人员在工作中若能以微笑开始，以微笑结束，必然会赢得顾客的赏识，获得良好的服务效果。

四是有益身心健康。微笑不仅可以悦人，而且可以益己。俗话说"笑一笑，十年少；愁一愁，白了头"，笑口常开的人，往往会给自己一种积极的心理暗示,并使自己生活得健康快乐。

(2)笑与训练。

在工作中,正确地运用好微笑应注意以下几点。

一是必须掌握微笑要领。面含笑意,使嘴角微微向上翘起,嘴唇略呈弧形,最后,在不牵动鼻子、不发出笑声、不露出牙龈的前提下,轻轻一笑。

二是必须注意整体配合。除了要注意口型之外,还须注意面部其他部位的相互配合。微笑其实是面部各部位的一种综合运动。整体配合协调的微笑,应当目光柔和发亮,双眼略为眯大;眉头自然舒展,眉毛微微向上扬起。这就是人们通常所说的"眉开眼笑"。

三是必须力求表里如一。尽管人们常说"面含微笑",实际上微笑非仅挂在脸上,而是需要发自内心,做到表里如一,否则就成了"皮笑肉不笑"。必须强调指出,微笑一定要有一个良好的心境与情绪作为前提,否则,将会陷入勉强尴尬而笑的境地。

四是可以适当地借助技术上的辅助。我们默念一些词、字而形成的口型,正好是微笑最佳的口型。例如,默念英文单词"Cheese"、英文字母"G"或普通话"茄子"时均可收到一定的效果。

五是必须兼顾服务场合。微笑服务只是对服务人员的一种总体要求。在具体运用时,还必须注意服务对象的具体情况。例如在下列情况下,微笑是不允许的:进入气氛庄严的场所时,顾客满面哀愁时,顾客有某种先天的生理缺陷时,顾客出了洋相而感到极其尴尬时。在以上情况下如果面露笑意,往往会使自己陷于十分不利和被动的处境。

总之,笑应该是员工内心情感的自然流露。上岗前,要求员工全力排除一切心理障碍和外界的干扰,全身心地进入角色,从而把甜美真诚的微笑与友善热忱的目光、训练有素的举止、亲切动听的话语融为一体,以最完美的神韵出现在宾客面前。

【复习思考题】

1.服务人员的仪容修饰与维护重点体现在哪些方面?
2.服务人员的便装和正装有何区别?分别适用于什么场合?服务

人员穿着正装时应注意哪些禁忌?

3.服务人员在工作岗位上长时间站立时,可适当调整一下站姿,但应注意哪些要点?

4.服务人员在注视他人时,应采用何种视角?应注视对方的哪些部位?

第三章 旅游从业人员礼貌语言规范

学习目的

- ●掌握旅游从业人员的礼貌用语
- ●了解旅游从业人员的文明用语
- ●了解旅游从业人员的行业用语
- ●了解旅游从业人员的书面用语
- ●掌握旅游从业人员的电话用语

基本内容

- ●礼貌用语包括:问候语、迎送语、请托语、致谢语、征询语、应答语、赞赏语、祝贺语、推托语、道歉语
- ●文明用语规范:称呼恰当、口齿清晰、用词文雅
- ●行业用语规范:基本原则、具体应用
- ●书面用语规范:正确无误、工整清晰、内容完整、简明扼要
- ●电话用语规范:通话前准备、通话中及结束通话时的要求

第一节 旅游从业人员的礼貌用语

在人际交往过程中,恰到好处地使用礼貌用语,不仅可以表现出个人的亲切、友好与善意,还能够传递出对交往对象的尊重,因此有助于

双方产生好感,彼此接受。工作中的礼貌用语,主要是指服务人员在服务中表示自谦恭敬之意的一些约定俗成用语及特定表达形式。

一、礼貌用语的使用原则

(一)遵守目的性原则

在人际交往中使用语言是为了实现一定的交际目的。这种目的大致上有下述几项:一是传递信息,表达情感;二是引起注意,唤起兴趣;三是取得信任,增进了解;四是进行鼓励;五是予以说明,加以劝告。在运用礼貌用语时,服务人员必须目的明确,头脑清醒,力戒胡言乱语、信口开河。

(二)遵守对象性原则

服务存在着特定的对象。语言的实际效果不仅取决于如何运用,还取决于语言能否为对方所理解接受。因此,礼貌用语务必区分对象,因人而异,切忌呆板不变、千篇一律。

(三)遵守诚实性原则

服务语言的运用以诚为本,以实为要,以真为先。诚实性原则要求在运用服务语言时要努力做到两点:一是在语言的具体内容上,一定要力求"真、善、美",要说真话,讲实话,千万不可虚情假意,欺骗愚弄客人;二是在语言的表达形式上,要力求表里如一,力戒徒有其表,搞形式主义花架子。

(四)遵守适应性原则

服务语言的运用,通常都有其特定的环境和具体场景。遵守适应性原则,就是要求在运用礼貌用语时切记语随境迁,一定要兼顾和适应具体的语言环境和交往双方的情绪变化。

二、礼貌用语的主要特点

(一)主动性

工作中使用礼貌用语,应成为旅游服务人员主动而自觉的行动。唯有如此,礼貌用语的使用方能口到、心到、意到。

(二)约定性

在服务岗位上所常用的礼貌用语,往往都是约定俗成、沿用已久、人人皆知的,所以应尽量完全遵从,而不宜过分"另辟蹊径"。

(三)亲密性

运用礼貌用语时,还须做到亲切自然,让顾客听在耳中,暖在心里。但这种亲切必须是诚心所致,不落俗套,而非甜言蜜语、阿谀奉承。

三、常用的礼貌用语类型

(一)问候用语

问候,又叫问好或打招呼。主要适用于人们在公共场所相见之初时,彼此向对方询问安好,致以敬意,或者表达关切之意。适宜使用问候用语的主要时机有:一是主动为客人服务时;二是客人有求于自己时;三是客人进入本人的服务区域时;四是客人与自己相距过近或是四目相对时;五是自己主动与他人进行联络时。

在正常情况下,应当由身份较低者(如服务人员)首先向身份较高者(如顾客)进行问候。如果被问候者不止一人时,服务人员对其进行问候,有三种方法:一是统一对其进行问候,而不再一一具体到每个人,如"大家好""各位午安";二是采用"由尊而卑"的礼仪惯例,先问候身份高者,然后问候身份低者;三是以"由近至远"为先后顺序,首先问候与本人距离近者,然后依次问候其他人,当被问候者身份相似时,一般应采用这种方法。尤其是在营业高峰时,要注意"接一顾二招呼三",提高操作技艺,缩短接待时间。即手里接待着一个,嘴里招呼着另一个,通过眼神、表情等向第三个传递信息,从而使顾客感到被尊重。

在问候他人时,具体内容应当既简练又规范。通常,适用于服务人员采用的问候用语,主要分为下列两种。

1. 标准式问候用语

即直截了当地向对方问候。其常规做法:主要是在问好之前,加上适当的人称代词,或者其他尊称。例如,"您好""各位好""小姐好""××先生好""××主任好"。

2.时效式问候用语

即在一定的时间范围内才有作用的问候用语。常见做法是在问好、问安之前加上具体的时间,或是在二者之前再加以尊称。例如,"早上好""中午好""下午好""晚安""小姐早安""各位下午好""××经理早上好"。

(二)迎送用语

1.欢迎用语

欢迎用语又叫迎客用语,主要适用于客人光临自己的服务岗位时。服务人员在使用欢迎用语时,有三点应予注意。

一是欢迎用语往往离不开"欢迎"一词的使用。平时最常用的欢迎用语有"欢迎""欢迎光临""见到您很高兴""恭候光临"等。

二是在顾客再次到来时,应以欢迎用语表明自己记得对方,以使对方产生被重视之感。其做法是在欢迎用语前加上对方的尊称,或加上其他专用词,如"××先生,欢迎光临""××小姐,我们又见面了""欢迎再次光临""欢迎您又一次光临本店"。

三是在使用欢迎用语时,通常应一并使用问候语,必要时同时向被问候者施以其他见面礼,如点头、微笑、鞠躬、握手等。

2.送别用语

最为常用的送别用语,主要有"再见""慢走""欢迎再来""一路平安"等。当顾客因故没有消费时,服务人员仍要一如既往地保持送别的礼貌风度,千万不可在对方离去时默不作声。

(三)请托用语

1.标准式请托用语

当服务人员向客人提出某项具体要求时,须加上一个"请"字,如"请稍候""请让一下"等,这样容易为对方所接受。

2.求助式请托用语

最为常用的有"劳驾""拜托""打扰"以及"请关照"等。它们往往在向他人提出某一具体的要求时,比如请人让路、请人帮忙、打断对方的交谈或者要求对方照顾时使用。

3. 组合式请托用语

在请求或托付他人时,往往会将标准式与求助式请托用语混合在一起使用,这便是组合式请托用语。如"请您帮我一个忙""劳驾您替我看一下这件东西""拜托您为这位女士让一个座位"等,都是较为典型的组合式请托用语。

(四)致谢用语

致谢用语又称道谢用语、感谢用语。在人际交往中,使用致谢用语,意在表达自己的感激之情。适当地运用致谢用语,可使自己的心意为他人所领受,"礼多人不怪",从而拉近与顾客之间的关系。在下列情况下服务人员应及时使用致谢用语:一是获得他人帮助时,二是得到他人支持时,三是赢得他人理解时,四是感到他人善意时,五是婉言谢绝他人时,六是受到他人赞美时。

1. 标准式致谢用语

主要内容通常只包括一个词语——"谢谢"。

在任何需要致谢时,均可采用此形式。在许多情况下,如有必要,在采用标准式致谢用语向人道谢时,还可在其前后加上尊称或人称代词,如"××先生,谢谢""谢谢××小姐""谢谢大妈""谢谢您"等,这样做,可使其对象性更为明确。

2. 加强式致谢用语

为了强化感谢之意,可在标准式致谢用语之前,加上具有感情色彩的副词,若运用得当,往往会令人感动。最常见的加强式致谢用语有"十分感谢""万分感谢""非常感谢""多谢"。

3. 具体式的致谢用语

一般是因为某一具体事情而向人致谢。在致谢时,致谢的原因通常会被一并提及,如"有劳您了""让您替我们费心了""上次给您添了不少麻烦"等。

(五)征询用语

在服务过程中,服务人员往往需要以礼貌语言主动向顾客进行征询,以取得良好的反馈。这主要有五种情况:一是主动提供服务时,二是了解对方需求时,三是给予对方选择时,四是启发对方思路时,五是征求对方意见时。需要注意的是,在具体使用征询用语时务必把握好时机,并且还需兼顾对方,切勿使客人产生服务人员强买强卖之感。

1. 主动式征询用语

多适用于主动向服务对象提供帮助时。如"您需要帮助吗""我能为您做点儿什么""您需要点什么""您想要哪一种"。主动式征询用语的优点是节省时间、直截了当;缺点是一旦把握不好时机,便会令人感到有些唐突、生硬。

2. 封闭式征询用语

多用于向顾客征求意见或建议时,只给对方一个选择方案,以供对方决定是否采纳,如"您觉得这件工艺品怎么样""您不来上一杯咖啡吗""您喜欢这种样式吗""您是不是先试一试""您不介意我来帮助您吧"。

3. 开放式征询用语

也叫选择式征询用语,其做法是提出两种或两种以上的方案供对方选择。这样更意味着尊重对方,如"您打算预订雅座,还是预订散座""这里有三种颜色,您喜欢哪一种颜色的"。

(六)应答用语

应答用语指在工作岗位上,用来回应顾客的招唤,或是答复其询问时所使用的专门用语。基本要求是:随听随答、有问必答、灵活应变、热情周到。

1. 肯定式应答用语

主要用来答复顾客的请求。这一类的应答用语主要有"是的""好""很高兴能为您服务""好的,我明白您的意思"。

2. 谦恭式应答用语

当客人对提供的服务表示满意,或是直接对服务人员进行口头表扬、感谢时,服务人员一般可用此类用语进行应答。如"请不必客气""这是我们应该做的""请多多指教""过奖了"。

3. 谅解式应答用语

在客人因故向自己致以歉意时,服务人员应及时予以接受并表示必要的谅解。常用的谅解式应答用语主要有"不要紧""没有关系""不必,不必""我不会介意"。

(七)赞赏用语

及时而恰当的赞赏等于是欣然接受了对方,同时也是对对方行为的正面肯定,这既可以激励别人,也可以促进或改善双方之间的人际关系。使用赞赏用语时,讲究的是少而精和恰到好处。

1. 评价式赞赏用语

主要适用于服务人员对客人的所作所为予以正面评价之用。常用的评价式赞赏用语主要有"太好了""真不错""对极了""相当棒""非常出色""您真有眼光"等。

2. 认可式赞赏用语

当客人发表某些见解之后,往往需要由服务人员对其是非直接作出评判。在对方的见解正确时,一般应对其作出肯定,如"还是您懂行""您的观点非常正确""看来您一定是一位内行""没错,没错"等。

3. 回应式赞赏用语

主要适用于客人夸奖服务人员之后,服务人员回应对方之用,如"哪里,哪里,我做得还很不够""承蒙夸奖,真是不敢当""得到您的肯定,的确让我开心"等。

(八)祝贺用语

在服务过程中,向客人适时地使用一些祝贺用语,不但是一种礼貌,而且也是一种人之常情。一句真诚的祝贺通常能为"人逢喜事精神爽"的对方锦上添花。

1. 应酬式祝贺用语

因祝贺的具体内容各异,因此在使用祝贺语前要对对方的心思有所了解和揣摩。常见的有"祝您成功""一帆风顺""心想事成""身体健康""生意兴隆""全家平安"等。

2. 节庆式祝贺用语

主要在节日、庆典以及对方喜庆之日使用,时效性极强,视不同场合而用往往可为对方讨口彩,增添节庆喜庆气氛。常见的有"节日愉快""活动顺利""新年好""春节快乐""生日快乐""新婚快乐""百年好合""恭喜,恭喜""福如东海,寿比南山""旗开得胜,马到成功"等。

(九)推托用语

1. 道歉式推托用语

当对方的要求难以被立即满足时,不妨直接向对方表示自己的歉疚之意,以求得对方的谅解。

2. 转移式推托用语

即不纠缠于对方的某一具体细节问题,而是主动提及另外一件事情,以转移对方的注意力。例如,"您可以去对面的酒店看一看""我可以为您向其他航空公司询问一下"等。

3. 解释式推托用语

就是在推托对方时尽可能准确说明具体缘由,以使对方觉得推托合情合理、真实可信。例如,"国家民航总局××号文件已经通知,机票不得自行打折""下班后我们酒店还有其他安排,很抱歉不能接受您的邀请"等。

(十)道歉用语

在工作中,因某种原因而带给他人不便,或妨碍、打扰对方时,必须及时向对方表达自己的歉意。最常用的道歉用语主要有"抱歉""对不起""请原谅""失礼了""失言了""失陪了""失敬了""失迎了""不好意思""多多包涵""很惭愧""真的过意不去"等。

第二节 旅游从业人员的文明用语

文明用语是指在语言的选择、使用中,应既表现出使用者良好的文化素养、待人处世的礼貌态度,又能够令人产生高雅、脱俗之感。简言之,文明用语就是要求在使用语言时必须讲究文明。

一、称呼恰当

称呼是指在接待中对顾客所采用的称谓语。称呼是否恰当,不但直接反映了服务者的教养与心态,而且还反映出对客人的尊重程度。

(一)区分对象

服务人员平日所接触的客人往往包括了各界人士。由于对方身份、地位、民族、宗教、年纪、性别等存在着一定的差异,因此在具体称呼对方时,必须有所区别,因人而异。

1. 正式场合的称呼

一是泛尊称,如"同志""先生""小姐""夫人""女士"等。二是职业加以泛尊称,如"警察同志""司机先生""秘书小姐"等。三是姓氏加以职务或职称,如"××经理""××科长""××教授"等。服务中最好采用此类称呼。

2. 非正式场合的称呼

一是直接以姓名相称,二是直接称呼名字,三是称呼爱称或小名,四是称呼辈分,五是姓氏加上辈分,六是在姓氏之前加上"老"字或"小"字。

(二)照顾习惯

称呼他人时必须对交往对象的语言习惯、文化层次、地方风俗等各种因素加以考虑,切不可不加任何区分。例如,"先生""小姐""夫人"一类的称呼,在国际交往之中最为适用,在称呼海外华人或内地的白领时,可酌情采用。但若以此去称呼农民,则会使对方感到别扭。称呼熟人时,还可灵活采用一些非正式的称呼,诸如"大哥""李姐""周大伯""田奶奶"等,会使对方备感亲切。

(三)有主有次

1. 由尊而卑

即在进行称呼时,先长后幼,先女后男,先上后下。

2. 由近而远

即先对接近自己者进行称呼,然后依次称呼。

(四)严防犯忌

1. 不使用任何称呼

有些服务人员有时懒于使用称呼,直接代之以"喂""嘿""八号桌""那边的""506房的",甚至连这类本已非礼的称谓语也索性不用。

2.使用不雅的称呼

不雅的称呼,往往含有人身侮辱或歧视之意,例如,"眼镜""矮子""大头""胖子""瘦猴"等。

二、用词文雅

在与顾客交谈时,尤其是正式交谈时,用语要力求谦恭、尊敬、高雅、脱俗。在注意切实致用,避免咬文嚼字的前提下,可有意识地采用一些文雅的词语。例如,在正式场合欢迎顾客到来时,使用雅语说"欢迎光临",显然比说"您来了"要郑重得多。而对一位有文化的老人使用雅语"敬请赐教",自然也比直言"有什么意见请提"更为中听。在旅游服务中,应对中国传统的约定俗成的文明用语熟记于心,例如:

初次见面说"久仰",看望别人用"拜访";
请人勿送说"留步",请人帮忙说"劳驾";
求给方便说"借光",归还原物叫"奉还";
请人指点用"赐教",请人指导说"请教";
赞美见解用"高见",赠送作品用"斧正";
老人年龄叫"高寿",等候客人用"恭候";
欢迎购买称"光顾",客人到来用"光临";
麻烦别人说"打扰",求人原谅说"包涵";
托人办事用"拜托",表示感激用"多谢";
请人解答用"请问",赠送礼品用"笑纳";
好久不见说"久违",与人道别用"告辞"。

这段"顺口溜"说明我们平时须使用礼貌用语的场合很多,处处都能体现文明礼貌。另外,还应特别注意以下几种情况。

(一)不讲粗话

粗话是指那些意在侮辱他人人格的粗野或带有恶意的话语。服务人员在工作岗位上不管遇上何种情景,都不允许骂骂咧咧,在口语中夹杂粗话。

(二)不讲脏话

脏话是指庸俗、低级、下流的话语。在服务时,服务人员不论自己与对方是同性还是异性,是故旧还是初识,切不可在交谈中讲脏话、带脏字。有些具有双关性质或暗示的、易引起误会的话语,亦不可使用。

(三)不讲"黑话"

"黑话"通常泛指那些为帮会、地痞、流氓、盗匪等所专用的暗语,或者含意隐晦的话语。服务人员若是在服务时有意无意流露出一两句"黑话",不仅会使自己显得匪里匪气、身份叵测,而且也会惊扰对方,令其心生疑惑或戒备。

(四)不讲怪话

怪话在这里实际上主要指的是牢骚话。服务人员一定要做到不因为个人的委屈不满,而当着顾客的面阴阳怪气、指桑骂槐、乱讲怪话,以泄私愤。这些都有悖服务宗旨,应予禁止。

(五)不讲废话

服务人员在工作岗位上,不宜主动找顾客攀谈与工作无关的题外话,尤其是不宜没话找话,主动询问对方的个人隐私问题。

第三节 旅游从业人员的行业用语

行业用语又叫行业语、行话,是指某一行业所使用的专门用语,主要用以说明某些专业性、技术性问题。恰到好处地使用必要的行业用语,能更好地说明问题,显示个人业务能力,赢得顾客的理解与信任。

一、使用行业用语的基本原则

(一)机智

服务人员在使用行业用语时要表现机智,在面对各类顾客时,一定要注意察言观色,反应灵敏。在使用行业用语时,要抓住重点,讲究少而精,并且尽量为对方所理解。

(二)时间

因为行业用语的使用具有一定的时间限制,因此只有在工作中有必要时使用行业用语,才会使之发挥功效。

(三)体谅

服务人员要将心比心,待人如己,设身处地多为对方着想。假如发觉自己所使用的行业用语不为对方所理解,则应立即加以调整,直至完全把本人意思或对方的问题解释或回答清楚。千万不要表现得不耐烦,嘲弄对方"怎么这么笨""连这个都听不懂"。

(四)适度

运用行业用语要真正做到得体,关键是把握好分寸、适可而止、当用则用、尽量少用。应该使用时而不使用,往往会令人怀疑你的业务能力;不必使用时却连篇累牍地不停使用,则会给人以故弄玄虚之感。

二、行业用语的具体应用

(一)善用专业术语

在运用专业术语时,服务人员要注意使道理讲得通,同时还能够让对方听得明白。要真正做到这一点,就要在交谈之前善于对交谈对象进行必要的观察、了解,从而适当地有所区别,因人而异。另外,在具体运用过程中,还要把握好时机变化,善于随时根据具体情况的改变而加以调整应变。当深则深,当浅则浅;当多则多,当少则少。

(二)常用恭敬语

运用恭敬语重在落实,重在持久,重在言行一致。在服务岗位上人人都要常讲、多讲敬人之语,切不可搞形式主义走过场。若是有口无心,言不由衷,就很难打动对方。

(三)不用服务忌语

忌语指忌讳之语,亦即在服务时不宜使用,并应努力避免的某些词语。服务忌语的最大恶果在于它往往出口伤人。

1. 不尊重之语

不尊重之语多是触犯了顾客的个人忌讳,尤其是与其身体条件、健康条件方面相关的某些忌讳。

例如,对老年顾客,绝对不宜说"老家伙""老没用"。即便说的并不一定是对方,对方也会十分敏感或反感。

跟病人交谈时,尽量不要提"病号""病秧子"一类的话语。没有特殊的原因,也不要提什么身体好还是不好。

面对残疾人时,切忌使用"残废"一词。一些不尊重残疾人的提法诸如"傻子""侏儒""瞎子""聋子""瘸子"之类,更是不宜使用。接待身体不甚理想的人士时,对其身体的不满意的地方,例如丰满之人的"肥"、瘦小之人的"矮",都应回避。

2.不友好之语

例如,在顾客要求服务人员提供服务时,后者以鄙视的语气询问"你买得起吗";当顾客表示不喜欢推荐的商品,或者是在经过了一番挑选感到不甚合意,准备离开时,服务人员在顾客身后小声嘀咕"没钱还来干什么""一看就是穷光蛋"等,都是不友好之语,服务人员应尽量避免。

有时,当顾客对服务感到不满,或是提出一些建议、批评时,有个别的服务人员会顶撞对方,说什么"谁怕谁呀,我还不想侍候你这号人呢""你算什么东西""我就是这个态度""本人坚决奉陪到底",等等,都是极不应该的。

3.不耐烦之语

服务人员在接待顾客时要表现出应有的热情与足够的耐心。要努力做到有问必答,答必尽心,百问不烦,百答不厌,始终如一。例如,当服务对象询问某种商品的功能时,不允许向对方答以"我也不知道""从未听说过"。

当服务对象询问具体的服务价格时,不可以训斥对方"那上面不是写着了吗""自己看""没长眼睛吗"。

当服务对象要求提供服务或帮助时,不能说"着什么急""找别人去""那里不归我管""吵什么吵"或者自言自语"累死了""烦死人了"等。

当下班时间临近时,绝不可不耐烦地驱赶顾客,说"下班了""抓紧时间""赶紧"等。

4.不客气之语

在劝阻顾客不要动手乱摸乱碰商品时,不能够说"乱动什么""弄坏了你管赔不管赔"等。

在需要服务对象交零钱或没有零钱可找时,直截了当地要对方"拿零钱来"或告知对方"没有零钱找",都是极不礼貌的。

在服务对象提更进一步问题时,绝对不能向对方说"管那么多干什么""不买东西别问""你问我,我问谁"。

第四节 旅游从业人员的书面用语

书面用语又称书面语,是指使用文字、符号所书写出来的语言。服务人员在工作中,动手书写的一些函件、条据、合同、告示以及说明等,都需要用到书面语言。

一、正确无误

服务人员在书写价签、发票、说明之时出现笔误,会直接影响到服务质量,同时还会引起误解,甚至还可能会授人以柄。因此,在使用书面语言时必须注重具体行文规范。

(一)书写正确

在使用汉语时,应采用标准的简化字,而忌用繁体字、非标准的简化字及错别字。使用外语时,则必须采用正确的拼写方式,严守语法规则。在书写数目时,该用汉字还是该用阿拉伯数字,该大写还是该小写,必须依照有关规定书写。

(二)理解正确

在中文与外文里,每个词汇都有自己的本意与引申意,每一种具体的表达方式往往约定俗成,力戒不懂装懂,想当然地滥用词语,或生造别人不懂的句子。

(三)格式正确

不同格式的行文,通常都有不同的要求。在使用某一文体写作时,对其格式必须认真地"照章办事"。如空格、分段以及约定俗成的表达方式,都必须按规定执行。

二、工整清晰

(一)大小适中

字体过大,显得过于张扬;字体过小,使人阅读困难,二者都是不合适的做法。因此在书写时,既要善于谋篇布局进行宏观的把握,又要巧于在篇幅大小上缜密构思,力求使字体的大小恰到好处。

(二)美观整洁

下笔之前要深思熟虑,行文要专心致志,以免出现笔误或墨迹斑斑。在书写中出现了错别字、掉字或错句,要么认真使用涂改液进行补正,要么重新再写一遍,千万不要将错就错,得过且过,也不要随意打叉、圈点、涂改或者添加等。在任何情况下,都要杜绝字迹潦草犹如天书的情况出现。

(三)书写习惯

选择的书写工具,务必符合习惯做法。钢笔与毛笔,主要用以书写正规的函件、告示。而圆珠笔,则多用于书写便条或填写票据。在一般情况下,不宜使用铅笔。

三、内容完整

书写,必须做到语句完整、结构完整、表达完整。

(一)注意细节

最容易导致内容不完整的细节问题主要有以下几种。

1. 随意杜撰词语

任何词语的使用,都有约定俗成之规,随意杜撰词语会产生沟通的障碍或误解,致使他人难以理解接受。

2. 任意使用外文

外文的使用,只有在特定的情况下才奏效。

3. 语句长短不当

在写作时,语句的长短一定要根据具体需要而定,当长则长,当短则短,千万不要任意行事。

4. 错用标点符号

在各类应用文的写作中,标点符号经常发挥着画龙点睛的作用。在不少情况下,点错了一个小数点,便会使自己损失严重;少写了一个逗号,意思便会差之千里。

5. 数据日期不准

应当注意的是,既要防止错写、漏写等不规范错误的出现,又要严防自己在书写数据、日期时考虑不周,而被个别用心不良之人涂抹、篡改。

(二)反复检查

本着对个人、对他人、对单位负责的宗旨,服务人员在工作中使用书面用语时,写完之后一定要再三核查。至少应认真通读、检查一遍。

四、简明扼要

(一)不该写的内容坚决不写

有些内容与写作的目的毫无关系,在写作时不要随意添加。

(二)可不写的内容尽量不写

对于服务人员而言,既可以写又可以不写的内容,一般情况下,最佳的处理方式是尽量不写。

(三)不准写的内容一律不写

按照旅游行业的有关服务规定,某些内容是服务人员在运用服务应用文时不准书写的。

(四)不好写的内容最好不写

使用服务应用文时,常常有某些具体内容不大好写,若不是万不得已,此类情况最好不写或者少写。

第五节 旅游从业人员的电话用语

服务人员在工作岗位上,常常会利用电话同顾客进行交谈。运用电话本身就是一种服务。通电话时双方彼此互不见面,此时发挥作用、影响通话效果的,便是通话者的声音、语气和所使用的言词。因此,服务人员在学习运用电话用语时,对于有关礼仪规范均须加以注意。

一、做好通话准备

(一)拨打电话

1. 备好电话号码

拨打电话之前,必须正确无误地查好对方的电话号码。必要时,还可同时准备好联络对方的其他有效方式,如手机、传真机号码等,以便在难以拨通第一个电话号码时做后备使用。

2. 想好通话内容

在进行重要的电话通话之前,最好备好一份通话提纲。这样在正式通话时,既可节约时间与费用,又可以抓住重点,有条不紊,不遗漏内容。

3. 慎选通话时间

选择的通话时间首先应方便对方。在一般情况下,不宜选择过早、过晚或私人休息的时间,如节假日、午休或用餐时间。

4. 挑准通话地点

在选择通话地时应考虑以下因素:一是通话内容是否具有保密性,需要保守业务秘密的电话一般不宜在大庭广众之下拨打,尤其是不宜在外面使用公用电话拨打;二是尽量不要借用外人或外单位的电话,特别是不宜长时间借用。

(二)接听电话

1. 确保畅通

旅游服务单位的已经对外公布号码的热线电话或服务电话,一定要经常检查。发现故障要及时检修。更改号码后,要及时对外公告,以保证畅通无阻,而不要使之形同虚设。

2. 专人值守

旅游服务单位对外联络的电话,一般均应指定专人负责,在上班时间内,要保证其随时有人接听。

3. 预备记录

服务人员经常会需要将外来的电话全部或部分地记录在案,作为资料保存或传达。电话记录方法有三种:一是簿记,二是板书,三是录音。

二、注意通话表现

(一)声音清晰

由于线路、距离以及其他原因,电话里的声音往往有些失真,所以通话双方在打电话时,都要力求使自己的声音让对方听清楚。

1. 咬字准确

通话时如果咬字不准,含含糊糊,就难以让人听清、听懂。

2. 音量调控

音量过高,会令人震耳欲聋;音量过低,则又听起来含糊。正常情况下,通话的音量以对方听得清楚而又感觉舒适为宜。

3. 速度适中

与面对面的交谈相比,通电话时讲话的速度应当适当地放慢,不然就可能产生重音。

4. 语句简短

通电话时所使用的语句,务必力求精练简短。这样不仅可以节省时间,而且也会有助于声音清晰度的提高。

(二)合乎礼貌

1. 姿势正确

在通话时应站好或坐好。不要随意在通话时走动,或是兼做其他事情。持握电话的正确姿势是双手将电话轻轻握好,听筒靠近耳部约1厘米处,话筒则距离口部约1厘米间隔。

2. 拨错电话时要及时道歉

万一因为误记、误拨等原因而打错电话,在得到确认以后,一定要主动向对方赔礼道歉。

3. 时间要有所限制

出于对交往对象的尊重,拨打电话切勿时间过长。一般来讲,每次通话的具体时间,以5分钟以内为宜。

4. 电话要轻轻挂上

在挂断电话前,应先向通话对方暗示此意,然后再以双手轻轻将电话放下。挂断电话时,切勿一言不发,随手猛掷;或者在对方意犹未尽之时,自作主张地戛然而止。

三、讲究通话内容

(一)通话初始时的规范

1. 相互问好

在通话之初,双方首先问候对方。既可以恭敬地问候对方"您好",也可以和蔼地问候对方"你好",不能张口就"喂"个不停,也不可开门见山没有一句问候语就直指通话的主题。

2. 自我介绍

为了让通话对方了解自己的身份,通话双方均应略作自我介绍。一般情况下,通话之初的自我介绍,主要分为五种类型。

一是只报单位的全称,一般适用于服务单位的电话总机或服务热线电话,如"这里是捷达旅行社"。

二是报出单位的全称与具体部门名称,主要适用于办公室电话的使用,如"东方大酒店公关部"。

三是报出电话的号码,主要适用于录音电话的使用,如"这里是86701213"。

四是报出通话人的全名,通常用于由专人负责值守的电话,或是专人使用的电话,如"白雪"、"陈君"。

五是报出通话人的全名与所在部门的名称,主要适用于内线电话和由总机接转的电话,如"宴会部罗迪文"。

3. 双方确认

在通话之初有必要相互确认对方的身份,即使是熟人之间进行通话亦须强此。进行确认的具体方式有:一是双方自我介绍,二是相互之间进行了解。后一种方式,主要是在通话的另一方未作自我介绍时使用,拨打电话的一方,可以下述方法之一发问:"请问是北旅集团销售部吗""请问于萍小姐在吗""我想找公关部的负责人"。接听电话的一方,则可以询问对方:"您想找哪个部门""您找哪位";也可以询问:"请问您是哪一位""请问您怎么称呼"。

(二)通话中的规范

通话是打电话的核心阶段。既要讲究礼待对方,又要充分表达意愿。

1. 内容紧凑

一般情况下,通话时除了互致问候之外,不宜谈论与主题无关的话题。

2. 主次分明

在相互问好之后,通话双方应立即转入主题。此时,拨打电话的一方应直截了当地告诉对方为何打电话。首先给对方一个整体印象,接下来再把自己要说明的事依次叙说一遍,以做到主次分明,有条不紊。

3. 重复重点

在通话中,为确保重点内容被对方明白无误地理解,必要时应加以适当的重复。诸如时间、地点、价格、数据、号码,等等,通常都是应予重复的重点。在通话中,服务人员遇上自己认为的重点之处,即应告知对方"请允许我重复一遍"。在事关重大之时,对重点内容可以重复再三,以确保万无一失。

4. 积极呼应

通话时间如果较长,或者通话中一方以较长的时间叙说某桩事情时,另一方须全神贯注,认真倾听,但不可长时间沉默无语,这样会使对方误认为你根本没有接听。欲使对方感觉自己始终都在专注地倾听,不妨在通话过程中经常以适当的短句应声附和一下,如"是,是的""好的,好的""没错""是这么回事""请您继续说"。

5. 代接电话

若拨打电话者希望找的人暂时不在现场,在这种情况下,帮助对方代接电话是服务人员义不容辞的义务,但应切记:事后应及时把电话内容转告相关的人员。

(三)通话结束时的规范

1. 再次重复重点

在通话即将结束之际,拨打电话的一方在认为必要的情况下,可将通话内容的重点再次向对方复述一遍。

2. 暗示通话结束

通话的双方尤其是拨打电话的一方,可首先向对方发出结束通话的暗示,比方说,"您还有什么吩咐""那么就这样吧""我要讲的就是这些""还有没有别的事情"等等。

3. 感谢对方帮助

在通话中,如果自己的请求得到满足,或者对方直接给予了一定程度的帮助,那么在即将结束通话时应向对方正式进行一次道谢。

4. 代向他人问候

假定通话双方已是旧交,那么双方在通话结束之前,不妨相互问候一下对方的领导、同事或家人。

5. 互相进行道别

结束通话的最后是通话双方互道"再见"。

【复习思考题】

1. 常用的服务行业的礼貌用语有哪些基本类型?
2. 服务人员怎样才能在工作之中做到称呼恰当?
3. 服务人员怎样才能在工作之中做到口齿清晰?
4. 服务人员忌用哪些不文雅的语词?
5. 服务人员在通电话时应如何注意通话表现与通话内容?

第四章 旅游业涉外礼仪常识

学习目的

● 了解旅游涉外礼仪的基本惯例与通则
● 掌握涉外旅游交往中的有关见面礼节
● 掌握国际交往中的礼宾常识与规范
● 了解国际交往中的馈赠礼仪

基本内容

● 涉外礼仪的五项通则:不卑不亢、信守约定、尊重隐私、女士优先、注重环保
● 国际交往中的九种见面礼:招呼礼、介绍礼、鞠躬礼、合十礼、拥抱礼、接吻礼、吻手礼、举手礼、点头礼
● 国际交往中的馈赠礼仪:基本原则、注意事项、馈赠常识

第一节 涉外礼仪惯例与通则

涉外礼仪,是对涉外交际礼仪的简称。它是指在对外交往中,旅游从业人员用以维护自身形象,向交往对象表示尊敬与友好的约定俗成的习惯做法。涉外礼仪的基本内容就是国际交往惯例,它是在参与国际交往时,必须认真了解,并且予以遵守的人所共知的常规、通行的做法。我们在接触外宾时应遵守的涉外通则,既是对外交往惯例的高度

概括，同时又对参与涉外交际的人士具有普遍的指导意义。

一、维护形象，不卑不亢

在国际交往中，人们普遍对交往对象的个人形象倍加关注，因此都十分重视按规范、得体的方式塑造和维护自己的个人形象。首先，个人形象真实地体现了个人的教养和品位、精神风貌与生活态度；另外，还如实地表达了对交往对象所重视的程度。"外事无小事"每一个旅游业从业人员在外宾面前的一言一行，实际上都被对方与中国和中华民族的形象联系在一起。旅游业从业人员应表现得从容得体，堂堂正正。在外国人面前，既不畏惧自卑，低三下四，也不自大狂傲，放肆嚣张；同时，还应注意对任何交往对象都要一视同仁，给予平等的尊重与友好接待，不要对大国小国、强国弱国、富国穷国亲疏有别，或是对大人物和普通人有厚有薄。

在一般情况下，中国人待人接物讲究含蓄和委婉，尤其反对自我张扬。但实践却证明，过分谦虚、不敢正面肯定或评价自己的做法，在对外交往中并不为外国人所理解和认可，非但不会得到好评，而且还给人虚伪感。得体的做法应该是"不卑不亢，不骄不躁"，即在国际交往中涉及自我评价时，既不自吹自擂，自我标榜，但也绝不可自我贬低，过分谦虚客套。在实事求是的前提下，旅游涉外人员要敢于并且善于对自己进行正面的评价或肯定。

二、尊重对方，信守约定

信守约定是指在国际交往中，必须认真严格地遵守自己的承诺，说话务必算数，许诺一定兑现，约会必须按时赴约，在一些涉及时间的正式约定中，尤其要恪守不怠。"取信于人"已被公认为是建立良好人际关系的基本前提，同时也是任何一个现代文明人所应具备的优良品德。在涉外交往中，必须在以下三方面身体力行，严格要求。

(一)许诺必须谨慎

不管是答应对方所提出的要求，还是自己主动向对方提出建议，或者是向对方许愿，都一定要深思熟虑，量力而行，一切要从自己的实际能力及客观条件出发，切勿头脑发热，草率从事，许下自己兑现不了的诺言,最终失信于人。

(二)约定务必遵守

自己的承诺一旦作出就必须兑现,约定一经作出就必须如约履行。唯有如此才会赢得对方的信任与好感。在涉外交往中,要真正地做到"言必信,行必果"。

(三)主动承担违约责任

若因难以抗拒的原因失约或违约,应尽早向对方通报和如实解释,郑重地向对方致以歉意,并且按照规定和惯例,主动承担因违约而给对方造成的物质和精神损失。

三、热情有度,尊重隐私

"热情有度"是指在参与国际交往时,不仅要待人热情友好,同时还要把握好热情友好的具体分寸,否则就会事与愿违。具体分寸指的就是"热情有度"之中的"度"。在热情接待外宾时,必须以不影响妨碍对方、不给对方增添麻烦、不令对方感到不快、不干涉对方私生活为限。具体而言,在涉外交往中要掌握好下列四个方面的"度"。

(一)关心有度

在对外交往中不宜对外宾表现得过于关心和热情过头,不要让对方觉得我方人员碍手碍脚,管得过多。

(二)批评有度

在一般情况下,对待外宾的所作所为,只要其不触犯我国法律,不违背伦理道德,不辱没我方的国格人格,通常就没有必要去评判其是非对错。

(三)距离有度

与外国人打交道时,与对方相距过近会使对方产生被"侵犯"之感;与对方相距过远,则又会使对方感觉受到冷遇。因此,在与外宾进行交往应酬时,应当视双方关系的密切程度而与对方保持适度的空间距离。

(四)举止有度

与外宾相处时,自己的举止行为务必检点,切勿因为举止过分随意而引起误会,失敬于人。要真正做到"举止有度",一是不要随便采用某些过分热情的动作,如勾肩搭背、拍肩膀等;二是不要采用不文明、不礼貌的动作,以免触犯外宾的个人隐私。所谓个人隐私指的是一个人出于个人尊严和其他方面的考虑不愿意公开、不希望外人了解的个人秘密和私人事宜。

"尊重隐私"这一涉外礼仪的主要原则,具体到言谈话语中,就是对凡涉及对方个人隐私的一切问题,都应该自觉地、有意识地予以回避。千万不可自以为是,将"关心他人超过关心自己"这一中国式的热情做法滥施于人。在国际交往中,下列问题均被海外人士视为个人隐私。

1. 收入支出

除了工薪收入之外,那些可以反映个人经济状况的内容,如纳税数额、银行存款、股票收益、私宅面积、汽车型号、服饰品牌、娱乐方式、度假地点等,因与个人收入有关,所以在与外国人交谈时也不宜提及。

2. 年龄大小

外国人一般都希望自己永远年轻,而对"老"字则讳莫如深。中国人听起来非常顺耳的"老人家""老先生""老夫人"这类尊称,在外国人听来却犹如诅咒。特别是外国妇女,更不希望外人询问自己的实际年龄。

3. 恋爱婚姻

在国外,跟异性谈论此类问题,极有可能被视为无聊至极,甚至还会因此被对方控告为"性骚扰"而惹来麻烦。

4. 身体健康

中国人相遇后彼此打招呼时,大家经常会相互问候对方"身体好吗";若是确知对方身体曾经一度欠安,为了表示关心,在见面时往往还会热心地询问对方"病好了没有";如果双方关系密切,通常还会直接向对方打听"吃过什么药""怎么治疗的",或是向对方推荐名医、偏方。但外宾闲聊时一般都"讳疾忌医",外宾非常反感其他人对自己的健康状况关注过多。

5. 家庭住址

在国外,人们大都视自己的居所为私密领地,非常忌讳别人无端干扰其宁静生活。除非知己和至交,他们一般都不会邀请外人前往其居所做客。

6. 个人经历

初次会面时,中国人往往喜欢打听交往对象"是哪里的人""哪一所学校毕业的""以前干过什么",然而,外国人却将这些内容看作"个人秘密",并且反感询问对方的个人经历,如查户口般问这问那。

7. 信仰政见

在国际交往中,人们所处国家的社会制度、政治体系和意识形态不同,要真正实现顺利交往、合作愉快,就必须摒弃政治见解的分歧,超越意识形态的差异,处处以友谊为重,以信任为重。明智的做法是在涉外交往中回避此类话题。

8. 所忙何事

在国内,熟人见面之际,免不了要相互询问一下对方"忙什么""上哪里去""从哪儿回来""怎么好久没见到你"等,但外国人对于这一类问题却极为避讳。

典型案例

过度的热情

杨琪被派到一位来京工作的意大利专家家里做服务工作。因为她热情负责,精明强干,起初专家夫妇对她的印象很不错,她也把自己当成了专家家庭里的一名成员。某个星期天,那位意大利专家偕夫人外出归来。小杨在问候他们以后,如同对待老朋友那样,随口便问:"你们去哪里玩了?"专家迟疑了良久,才吞吞吐吐地相告:"我们去建国门外大街了。"小杨当时以为对方累了,根本没把将人家的态度当成一回事,于是她接着话又问:"你们逛了什么商店?"对方被迫答道:"友谊商店。""你们怎么不去国贸大厦和赛特购物中心看看,秀水街的东西也挺不错的。"小杨好心好意地向对方建议说。

然而,她的话还没有全部说完,专家夫妇却已转身离去了。两天后,杨琪就被辞退了。对方提出的理由是:"杨小姐令人讨厌,她对主人的私生活太感兴趣了。不然,她打听这个那个干什么?我们去哪一家商店关她何事?"

[评析]

杨琪当时对主人所讲的话全是出自善意。在中国人听来,那些话体现了小杨待人的热情友善。可是,由于文化背景的不同,那位意大利专家却因此而认定小杨有着"窥视癖",她的所作所为已经妨碍到了自己的私生活,所以才将其辞退。因此交谈问候时,要根据不同的风俗习惯,掌握好问候的技巧。

四、女士优先,以右为尊

(一)女士优先

"女士优先"是国际社会公认的一条重要的礼仪原则,它主要适用于成年的异性进行社交活动场合。其要求是:在社交场合,每一名成年男子都有义务主动自觉地以自己的实际行动,去尊重妇女、照顾妇女、体谅妇女,并且还要想方设法、尽心竭力地去为妇女排忧解难,以体现男士的绅士风度。

"女士优先"的原则主要体现在以下场合中。

1. 参加社交聚会时

男宾在见到男、女主人后,应先向女主人问好,然后方可问候男主人。男宾进入室内后,须主动向先行抵达的女士问候。在女宾进入室内时,先到的男士均应先向其致以问候,已入座的男士亦应起身相迎。不允许男士坐着同一位站立的女士交谈。女士在场时,男士不得吸烟。

2. 主人对来宾进行介绍时

通常应首先把男士介绍给女士,在男女双方握手时,只有当女士伸过手来之后,男士方可伸手与之相握。若男士抢先"出手",则会被视为"犯规"。为了表示对女士的尊敬,男士在与女士握手时还必须摘下帽子、脱下手套。

3. 在发表演说、讲话时

如果需要同时称呼多人,应该称呼女士在前。合乎礼仪的称呼是"女士们,先生们",或是"××小姐,××先生",次序不可颠倒。男士在同女士交谈时,言辞必须文明高雅,必须把握分寸,切不可当着女士的面大讲脏话、粗话、黑话。

4. 在室外行走时

若男女并排行走,男士应请女士走在人行道的内侧,而自己行走在外侧。这样既是为了交通安全方面的考虑,也是为了防止女士因疾驶而过的车辆而担惊受怕,另外也可防止汽车飞驰而溅起的泥水弄脏女士衣裙。当具体条件不许可男女并行时,男士通常应请女士先行,而自己随行于其后,并与之保持一步左右的距离。

5.当需要开门、下楼梯、通过拥挤之处或者危险、障碍路段时

男士应先行在前,以便为女士开门、探路,或为其提供必要的保护。

6.当男士与女士在某些狭窄的路段"狭路相逢"时

男士不论与女士相识与否,均应"礼让三分",请女士率先通过。

7.乘坐车辆或飞机时

男士应主动帮助同行的女士搬运行李,并照顾其上下,而且还应当将较为舒适、较为安全的座位让给女士。在公共交通工具上,如果尚有女士没有座位,则其他男士不论与之是否相识,都应当主动为其让座。

8.出席宴会、舞会、音乐会时

男士应主动照顾或帮助同行的女士就座。在必要之时,还应协助其脱下外套。在宴会上,为了显示对妇女的尊重,一般不宜雇用女侍者。通常,女主人是宴会上"法定"的第一顺序。也就是说,其他人在用餐时的一切举动,均应跟随女主人而行,而不得贸然先行。按惯例,女主人打开餐巾,意味着宣布宴会开始;女主人将餐巾放在餐桌上,则表示宴会到此结束。

9.在交谊舞会上

女士可以拒绝男士的邀请,而男士却不得回绝女士的邀请。当女士无人邀舞,或遭遇个别男士骚扰时,每一位男士都有义务挺身而出"见义勇为"。

10.出席音乐会时

倘若没有领位员提供服务,则男士要主动为同行而来的女士带路。此外,男士不但应陪同女士一道前来,而且应将同行而来的女士送回居所。

(二)以右为尊

在正式的国际交往中,如果需要将人们分为左右而进行并排排列时,依照国际礼仪的普遍惯例,应"以右为尊",即以右为上,以左为下;以右为尊,以左为卑。换言之,右侧的位置高于左侧,右侧的位置比左侧尊贵。

"以右为尊"的原则在国际交往中不同场合的具体运用如下。

1.在并排站立、行走或者就座时

为了表示礼貌,主人理应主动居左,而请客人居右;男士应当主动

居左,而请女士居右;晚辈应主动居左,而请长辈居右;未婚者应当主动居左,而请已婚者居右;职位、身份较低者应当主动居左,而请职位、身份较高者居右。但是按照国际惯例,在接待外宾的过程中,当主人前往外宾下榻之处进行拜会或送行时,主人的身份应当是"客人",而外宾在此时此地则"反客为主"了。

2. 举行国际会议时

会议主席台上位次的排列,也要讲究"以右为尊";发言者所使用的讲台亦须位于主席台的右前方,这是给予发言者的一种礼遇。

3. 在排列涉外宴会的桌位、席次时

同样必须应用"以右为尊"的原则。在宴会厅内摆放圆桌时,通常应以"面对正门"的方法进行具体定位。如果只设两桌时,一般须以右桌为主桌。若是需要设置多桌时,则在宴会厅内面对正门时位于主桌右侧的桌次,应被视为高于位于主桌左侧的桌次。

五、注重环保,讲究文明

注重环保是指在日常生活里,每个人都有义务对人类所赖以生存的环境加以自觉爱惜和保护。环保意识属社会公德范畴,在国际交往中,被视为一个人有没有教养、讲不讲文明和社会公德的重要标志之一。

在与外宾打交道时,在"爱护环境"的具体问题上要严于律己,对个人卫生、环境细节要多加注意,切勿因不拘小节而引起外宾反感和非议。

(一)不可毁坏自然环境

诸如毁坏树木、破坏绿化和水资源、随意污染空气等,都是极易引起国际友人反感的行为。

(二)不可虐待动物

在世界各国,动物大都被当作人类的朋友,其地位往往是至高至尊的。滥捕、滥杀、残害、食用野生动物的行为早已为法律所禁止,就连对家养动物的饲养或宰杀方式考虑不周,也会受到人们的指责。

(三)不可损坏公物

公物,即公有、公用场所中为公众提供服务的一切公共设施,每一个具有良知的现代公民,对于公物都要自觉爱惜,自觉维护。对于任何公物,不可窃为己有、独占享用。特别要注意,不要在公共场所乱涂、乱刻、乱画,不要攀缘树木和公共建筑物,不要偷折偷采树枝、花卉,不要恶意破坏公用桌椅、电话等。

(四)不可乱扔废弃物品

有必要对废弃物品进行处置时,一般不要自行焚毁,更不要随手乱丢、乱扔。在有的国家,乱丢、乱扔废弃物品和垃圾,已被列为违法行为。

(五)不可随地吐痰

随地吐痰不仅不卫生,而且也有损环境。一定要注意尽量不在他人面前清嗓子、吐痰。即便非做不可,也要尽量压低音量,痰应吐在纸巾中,然后再抛在垃圾桶里,或者吐在痰盂中。

(六)不可随意吸烟

吸烟有害健康,在公共场所吸烟是对其他不吸烟者的不尊重。在涉外交往中,公共场所应尽量不要吸烟。忌向外宾敬烟,不仅毫无必要,而且还是失礼的表现。

(七)不可随意制造噪声

与外宾交谈时一定要轻声细语,在公共场合切勿大声喧哗,切勿在不适当的地方引吭高歌、劲歌狂舞。在公共场合,要注意不使自己所用的手机铃声干扰他人。

第二节　涉外交往常用的见面礼

一、招呼礼

(1)与西方人打招呼,要避免用中国式招呼,如"你上哪儿去呀"或"你到哪儿去啦",他会认为你想探听私事。也不要说"你吃了吗",否则对方会误解为你想请他和你一道吃饭。

(2)与日本人打招呼,最普遍的说法是"您早""您好""拜托您了""请多关照""对不起""失陪了"等。

(3)在巴基斯坦及中东地区国家,由于大多数人信奉伊斯兰教,所以打招呼的第一句话多是"真主保佑",以示祝福。而在泰国、缅甸、斯里兰卡等信奉佛教的国家,则说"愿菩萨保佑"。

二、介绍礼

(1)为他人作介绍时,要先了解双方是否有结识的愿望,要慎重自然,不要贸然行事。

(2)自我介绍时,要讲清自己的姓名、国家、单位,也可交换名片。为他人作介绍时,还可以说明与自己的关系,便于新结识的人相互了解与信任。介绍他人时,要有礼貌地以手示意,不要用手指指点。

(3)在介绍两人互相认识的时候,要先把被介绍的人介绍给相对尊贵的人。因此,在介绍时应先把男子介绍给女子;把年轻的介绍给年长的;把地位低的介绍给地位高的;把未婚女子介绍给已婚妇女;把儿童介绍给成人。

(4)当被介绍人都是同性而又无法辨别身份地位时,可随意介绍。

(5)集体介绍时,特别在正式宴会上,如果你是主人,可以按照当时的座位顺序进行介绍,也可以从贵宾开始。

(6)对家庭成员的介绍,要注意在直截了当介绍家庭的其他亲属时,应说清楚被介绍者和自己的关系。按照西方习惯,短暂的相遇,可不必介绍;但逗留时间较长,则应介绍。当女士被介绍给男子时,她可以坐着不动,只需点头或微笑示意。

三、鞠躬礼

鞠躬又称打躬,为弯身行礼以示恭敬,是我国、日本和朝鲜等国的传统礼节。在日本,人们习惯行60度到90度的鞠躬礼,双手摊平扶膝,同时表示问候,这是真情的流露,而非矫揉造作。在朝鲜,人们在见面和离别时也行鞠躬礼。特别是朝鲜妇女在行鞠躬礼时,一手提裙,一手下垂鞠躬,告别时面对客人慢慢退后,显得非常诚恳。

在西欧,有时也行鞠躬礼,系下级对上级或同级间的礼节。行鞠躬礼时须脱帽,用立正姿势,双目注视对方,脸带微笑,以身体上部向前倾斜15度左右。

四、合十礼

合十礼又称合掌礼,即把两个手掌于胸前对合,掌尖和鼻尖齐高,手掌向外倾斜,头略低,兼含敬意和谢意双重意义。合十礼通行于南亚与东南亚信奉佛教的国家。在国际交往中,当对方用合十礼致礼时,我们也应以合十礼还礼。

五、拥抱礼

拥抱礼是欧美各国熟人、朋友之间表示亲密感情的一种礼节,通常与接吻礼同时进行。在迎宾、祝贺、感谢等隆重场合,无论是官方或民间的仪式中经常采用。有时是热情的拥抱,有时则纯属礼节性。其方法是:两人相对而立,左臂偏上,右臂偏下,右手扶在对方左后肩,左手扶在对方右后腰,按各自的方位,两人头部及上身向左相互拥抱,然后头部及上身向右拥抱,再次向左拥抱后,礼毕。

六、接吻礼

接吻礼多见于西方、东欧和阿拉伯国家。是各国上级对下级、长辈对晚辈以及朋友、夫妻之间表示亲昵、爱抚的一种礼节。通常是在受礼者脸上或额上亲吻一下。在遇到喜事或悲伤时,一般也行接吻礼,表示真诚的慰问。接吻方式为:父母子女之间是亲脸、亲额头,兄弟姐妹平辈的亲友是贴面颊,亲人、熟人之间是拥抱、亲脸、贴面颊。在公共场合,关系亲近的妇女之间是亲脸,男女之间是贴面颊,晚辈对长辈一般亲额头。

七、吻手礼

吻手礼是流行于欧美上流社会的一种礼节,起源于中世纪的欧洲。在社交场合中,同上流社会的贵族妇女见面时,如果女方先伸出手作下垂状,男方则可将其指尖轻轻提起吻之;若女方不伸手表示,不可行吻手礼。行吻手礼时,如女方身份地位较高,男方以一膝作半跪姿式后,再提手吻之。此项礼节在英、法两国最受重视。

八、举手礼

举手礼是世界各国军人见面时的专用礼节,起源于中世纪的欧洲。当时的骑士们常常在公主和贵族们面前比武,在经过公主的座席时,要口唱赞歌,歌词往往把公主比成光芒四射的耀眼太阳,因此骑士们看见公主时总要把手举到额前作遮阳姿式。行举手礼时,要举右手,手指伸直并齐,指尖接触帽檐右侧,手掌微向外,右上臂与肩齐高,双目注视对方,待受礼者答礼后方可将手放下。

九、点头礼

点头礼是同级或平辈间的礼节。如在路上行走时相遇,可以在行进中点头示意。若在路上遇见上级或长者,必须立正行鞠躬礼。但上级对部下或长者对晚辈的答礼,可以在行进中进行,或伸右手示意。

第三节　涉外交往中的馈赠礼仪

人们相互馈赠礼物是人类社会生活中不可缺少的重要内容,中国人一向崇尚礼尚往来。在现代人际交往中,礼物仍然是人们交往的有效媒介之一,它像桥梁和纽带一样直接明了地传递着情感和信息,寄托着人们的情意、温暖,无言地表达着人与人之间的真诚关爱。馈赠作为一种非语言的重要交际方式,是以物的形式出现,以物表情,礼载于物,起到寄情言意的"无声胜有声"的作用。在国际交往中,得体的馈赠,恰似无声的使者,给交际活动锦上添花,给人与人之间的情感和友谊注入新的活力。

一、馈赠的基本原则

(一)轻重原则——轻重得当,以轻礼寓重情

通常情况下,礼品的贵贱厚薄,往往是衡量赠礼者诚意和情感程度的重要标志。礼物是言情寄意表礼的,人情无价而物有价。我们提倡在交往中"君子之交淡如水",提倡"礼轻情意重"时,既要注意以轻礼寓重情,又要入乡随俗地根据馈赠目的及自己的经济实力,择定不同的礼物。

(二)时机原则——选时择机,雪中送炭

馈赠的时机以及时适宜为最重要。中国人很讲究"雨中送伞""雪中送炭",即十分注意送礼的时效性,因为只有在最需要时得到的才是最珍贵、最难忘的。因此,馈赠的时机包括时间的选择和机会的择定。一般说来,时间贵在及时,超前滞后都达不到馈赠的目的;机会贵在事由和情感及需要的迫切程度。

(三)效用性原则——对方所需,更显价值

一般说来,物质生活水平的高低,决定了人们精神追求的水准,在物质生活较为贫寒时,人们多倾向于选择实用性的礼品,如食品、水果、衣料、现金等;在生活水平较高时,人们则倾向于选择艺术欣赏价值较高、趣味性较强和具有思想性、纪念性的礼品。因此,应视受礼者的物质生活水平,有针对性地选择恰当的礼品。

(四)投好避忌原则——讲究谨慎,切勿犯忌

由于民族、生活习惯、生活经历、宗教信仰以及性格、爱好的差异,不同的人对同一礼品的态度是不同的,或喜爱或忌讳或厌恶。这里尤其要强调避其禁忌,禁忌是一种民俗的非理性的精神心理倾向。所以,馈赠前一定要了解受礼者的喜好,尤其是禁忌。例如,中国人普遍有"好事成双"的说法,因而凡是大贺大喜之事,所送之礼,均好双忌单,但广东人则忌讳"4"这个偶数,因为在广东话中,"4"听起来像"死",不吉利。再如,白色虽有纯洁无瑕之意,但中国人比较忌讳,因为在中国,白色常是悲哀之色和贫穷之色;同样,黑色也被视为不吉利,是凶灾之色、哀丧之色;而红色,则是喜庆、祥和、欢庆的象征,受到人们的普遍喜爱。另外,我国人民还常常讲究给老人不能送"钟",给新婚夫妻不能送"梨"、送"伞",因为"钟"与"终"、"梨"与"离"、"伞"与"散"谐音,是不吉利的。其他国家民族的讲究更多。

(五)针对性原则——对象不同,有所区别

礼品的选择,要针对不同的受礼对象区别对待,因人因事因地施礼,是馈赠礼仪的要求。一般说来,对家贫者,以实惠为佳;对富裕者,以精巧为佳;对朋友,以趣味性为佳;对老人,以实用为佳;对孩子,以启智新颖为佳;对外宾,以民族特色为佳。

二、礼品赠受的注意事项

(一)赠礼

1. 注意礼品包装

精美的包装不仅使礼品的外观更具艺术性和高雅情调,并显现出赠礼人的文化艺术品位,而且还可使礼品产生和保持一种神秘感。这既有利于交往,又能引起受礼人的探究兴趣及好奇心理,从而令双方愉快。反之,好的礼品若不讲究包装,不仅会使礼品逊色,使其内在价值大打折扣,而且还易使受礼人轻视礼品,而无谓地贬损了礼品所寄托的情谊。

2. 注意赠礼的场合

当众只给一群人中的某一个人赠礼是不合适的,这样会使受礼人有受贿之感,而没有收到礼物的人会感到受冷落和轻视。赠礼时,应当着受礼人的面,以便于观察受礼人对礼品的感受,并适时解答和说明礼品的功能特性;还可有意识地向受礼人传递你选择礼品时独具匠心的考虑,从而激发受礼人真诚的感激和喜悦之情。

3. 注意赠礼时的态度

平和友善的态度和落落大方的动作并伴有礼节性的语言表达,才能让受礼人欣然接受。

4. 注意赠礼的时间

一般来说,应在相见或道别时赠礼。

(二)受礼

1. 受礼者应在对礼品的赞美和夸奖中收下礼品,并表示感谢

一般应赞美礼品的精致、优雅或实用,夸奖赠礼者的周到和细致,并致感谢之辞。

2. 双手接过礼品

视具体情况拆看或只看外包装,还可请赠礼人介绍礼品功能、特性、使用方法,以示对礼品的喜爱和接受。

3. 只要不是贿赂性礼品,最好不要拒收

拒收礼物会很驳赠礼人的面子,伤对方的感情,当然也可以设法回赠礼品以示礼尚往来。

三、各国礼品馈赠的常识

世界各国由于文化上的差异和不同历史、民族、社会、宗教的影响，在馈赠问题上的观念、喜好和禁忌各有不同，只有把握好这些特点，我们在国际交往馈赠活动中才能达到目的。

(一)亚洲国家

亚洲人崇尚礼尚往来。一般人都倾向于在初次见面时先送礼品与他人。而且，在回礼时常在礼品的内在价值、外在包装上更下功夫，以表现自己的慷慨和对他人的恭敬。

1. 日本

给日本人送礼，往往送对受礼人用途不大的物品，以便其可以再转送给别人。日本人反感装饰狐狸和獾的图案，因为在日本，狐狸是贪婪的象征，獾则代表狡诈。赠送给日本人的菊花只能有15片花瓣，因为只有皇室徽章上才有16瓣的菊花。另外，选择礼物时，最好要选购名牌礼物，日本人认为礼品的包装同礼品本身一样重要。

2. 韩国

韩国的商人对初次来的客人常常会送当地的手工艺品，但要等客人先拿出礼物来，然后再回赠本国礼品。朝鲜对"9"及"9"的倍数尤其偏爱。

3. 阿拉伯国家

不能把酒作为礼品，要送能在办公室里可以用得上的物品。盯住主人的某件物品看个不停是很失礼的举动，因为他们会认为你喜欢它，于是会迫不得已把它赠送给你。阿拉伯商人一般赠送贵重礼物，同时也希望收到同样贵重的回礼。他们喜欢丰富多彩的礼物，喜欢名牌，而不喜欢不起眼的古董；喜欢知识性和艺术性的礼品，不喜欢纯实用性的东西。忌讳烈酒和带有动物图案的礼品。送礼物给阿拉伯人的妻子被认为是对其隐私的侵犯，但送给孩子则总是受欢迎的。

(二)欧美国家

欧洲国家一般只有在双方关系确立后才互赠礼物。西方人对礼品更倾向于实用,赠送礼物通常是此次交往行将结束时,同时表达的方式要恰如其分。登门拜访前应提前一天送去鲜花,以便主人把花布置好;而且要送单数的花,同时附上一张手写的名片,而不用商业名片。西方人馈赠时,受礼人常常当着赠礼人的面打开包装并表赞美,并邀赠礼人一同享受或欣赏礼品。除忌讳"13""星期五"和一些特殊场合(如葬礼)外,大多数西方国家在礼品上的忌讳是较少的。

1. 英国

若受礼人是英国人,应送较轻的礼品,由于花费不多就不会被误认为是贿赂。合宜的送礼时机应定在晚上,如在高级餐厅用完晚餐或在剧院看完戏剧之后。英国人也像其他大多数欧洲人一样喜欢高级巧克力、名酒和鲜花,对于饰有客人所属公司标记的礼品,他们大多数并不欣赏,除非主人对这种礼品事前有周密的考虑。

2. 法国

初次结识一个法国人时就送礼是很不恰当的,应该等到下次相逢时再送礼。礼品应该表达出对其智慧的赞美,但不要显得过于亲密。法国人很浪漫,喜欢知识性、艺术性的礼物,如画片、艺术相册或小工艺品等。应邀到法国人家里用餐时,应带上几支不加捆扎的鲜花,但菊花不能赠送,因为它代表死亡。

3. 德国

在德国,讲究赠送的礼貌是至关重要的事,故此应注意赠送的礼品适当与否,包装更要尽善尽美。玫瑰花绝不能送给主顾。德国人喜欢应邀郊游,但主人在出发前必须做好细致周密的安排。

4. 美国

美国人很讲究实用,故一瓶上好的葡萄酒或烈性酒、一件高雅的名牌礼物、一起在城里共度良宵,都是合适的。与其他欧洲国家一样,给美国人送礼应在此次交往结束时。

(三)拉丁美洲国家

黑和紫是忌讳的颜色,这两种颜色使人联想到神秘与死亡。刀、剑应排除在礼品之外,因为它们暗示友情的完结。手帕也不能作为礼品,因为它与眼泪是联系在一起的。在拉美国家,征税很高的物品极受欢迎。

【复习思考题】

1. 旅游从业人员应遵循的五项涉外礼仪通则是什么？
2. 在涉外接待中,迎送外宾应注意哪几方面？

第二编　酒店应用

第五章 酒店礼貌礼仪核心
——礼貌服务

学习目的

- 掌握酒店礼貌服务的内涵与内容
- 熟悉敬语服务的基本要求
- 了解酒店常用礼貌用语

基本内容

- 酒店礼貌服务的概念与内涵
- 酒店礼貌服务的内容:问候礼节、称呼礼节、应答礼节、迎送礼节、操作礼节

第一节 酒店礼貌服务的概念与内涵

一、礼貌服务的概念

礼貌服务是指服务人员出于对客人的尊重或友好,在服务过程中注重礼仪、礼节,讲究仪表、举止、语言,遵守服务操作规范。它是服务人员主动、热情、周到服务的外在表现,是客人在精神上能感受到的服务形式。

二、酒店礼貌服务的内涵

酒店礼貌服务要求做到：举止大方,站立服务;表情亲切,微笑服务;说话和气,敬语服务;态度和蔼,真诚服务。见图5-1。

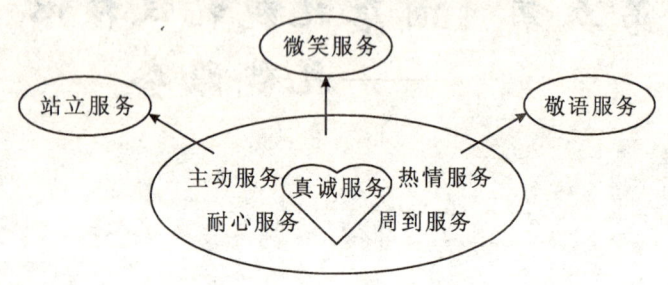

图 5-1　酒店礼貌服务图解

(一)站立服务

站立服务是酒店员工的基本功之一,要求员工站姿端正、自然,表情亲切、稳重,切忌双手抱胸或叉腰,也不可将手插在衣裤袋内,这些动作会给客人傲慢和懒散的感觉。因此,在酒店服务中,要求员工具备有礼貌的站姿,给人自然舒展、精神饱满、信心十足、积极向上的好印象。故在酒店服务接待中,酒店员工必须养成讲究站姿的良好习惯。

(二)微笑服务

酒店员工的微笑是对客人的热情友好的表示和真诚欢迎的象征,它是一种健康有益的表情。微笑迎客,是员工尽心尽职的表现,表达了服务员尊重宾客的责任感与主动性,也是员工实现酒店"宾客至上,优质服务"宗旨的具体体现。

酒店员工的真诚微笑,可使宾客感到旅途中处处有"亲人",那种初到异地的陌生感、疲劳感、紧张感顿时消失,进而产生心理上的安全感、亲近感和愉悦感。宾客光临,微笑是欢迎曲;初次见面,微笑是问候语;客人过节,微笑是祝贺歌;工作有差错,微笑是道歉语;客人离店,微笑是欢送词。

(三)敬语服务

酒店员工接待服务的过程,从问候宾客开始,到告别客人结束。语言是完成各项接待工作的重要手段。俗话说"言为心声",酒店员工在工作中讲究语言艺术、使用礼貌用语是十分重要的。

1. 敬语服务基本要求

(1)声音优美。语音要标准;嗓音要动听;音量要适度,以客人听清楚为准,切忌大声说话,震惊四座;语调要婉转、抑扬顿挫有情感,令客人愉快;语速要适中,轻柔甜润地说话,定会使客人满意。

(2)表达恰当。说话力求语言完整、准确、贴切,注意选择词句,使宾客满意。

(3)言简意赅,切忌喋喋不休。如不慎轻碰了客人一下,应轻声说"对不起"或"实在抱歉",不要做解释。否则,反而引起客人的反感。有时客人间谈兴正浓,不喜欢被别人打扰,如果服务员过分殷勤,也会令客人反感。

(4)表情自然。面对客人说话时,要距客人一米左右。面带微笑,目视客人眼鼻三角区,以示尊重、亲切、有礼貌。

(5)举止文雅。在服务过程中能用语言讲清的,尽量不用动作,不要指手画脚。进退有序,事毕后退一步,自然走开。间距适当,不要凑到客人耳边小声说话,防止把呵出的气喷到客人脸上。

(6)注意口腔卫生,以免口出异味引起客人的不满。

2. 常用敬语

(1)"五声十字"礼貌用语。即:"您好""再见""对不起""请""谢谢"。员工不论在什么岗位上,都要经常使用这些礼貌用语,使客人备感亲切,增进感情。

(2)称呼语。男宾不论其年龄大小与婚否,可统称为"先生";女宾则根据婚姻状况而定:已婚女子称"夫人"或"太太",未婚女子称"小姐";对婚姻状况不明的女宾,可称"小姐"或"女士"。以上称呼可以连同姓名、职衔、学位一起使用。如"××先生""××太太""××小姐";特殊称呼"总裁先生""法官先生""××教授""×××博士先生"。对地位较高的官方人士,一般称呼部长以上的高级官员及军队中的高级将领,应加上"阁下"二字,以示尊敬,如"部长阁下""总统先生阁下""大使先生阁下"等。

(3)问候语。是指接待宾客时,根据时间、场合和对象的不同,所使用的规范化的问候用语。

①初次与外宾见面,应主动说"您好""欢迎来中国""您好,欢迎光临""女士们,先生们,欢迎你们光临××餐厅""您好,××先生,我们一直恭候您的光临""您好,见到您很高兴"等。

②按每天不同的时刻问候客人"您早""您好""早上好""下午好""晚上好"等。

③根据工作情况的需要,在使用上述问候语的同时,最好紧跟其他一些礼貌用语,如"先生您好,欢迎光临,请问有什么事吗""早上好,先生,您有什么事吩咐吗""您好小姐,需要帮您提行李吗""晚上好夫人(太太),旅途一定劳累了。请先在这儿休息一会儿吧"。这样会使客人备感亲切。

④涉外接待员要掌握外语和按照外宾习惯来问候,如初次见面时用"How do you do",对于熟人用"How are you"。千万不能用"您吃过饭了吗""您上哪儿去呀"这类在中国习以为常的话,那样外宾听起来会产生误会或者认为是干涉个人私生活。

⑤向客人道别或送行时,可说"晚安""再见""明天见""谢谢光临,欢迎再来""祝您一路平安"等。

⑥遇到节日、生日等喜庆日子,应说"祝您圣诞快乐""新年好""恭喜发财,生意兴隆,大吉大利""祝您生日快乐""祝您健康长寿",对我国香港、广东籍客人,习惯说"愉快"而不说"快乐"(因"乐"与"落"同音,是商人忌讳之字)。

⑦客人若生病或身体不适时,则主动表示关心,可说"请多保重""祝您早日康复"等慰问语。

⑧气候发生变化时,应说"请多添衣服,当心感冒着凉""请带好雨具"等关切语。

⑨接待体育、文艺代表团时,应说"祝您比赛获胜""祝您演出成功"等祝愿语。

(4)应答语。是指员工在接待服务中回答宾客问话时的礼貌用语。

①对前来客人说"您好,我能为您做什么""请问,我能帮您什么忙"。

②引领客人时说"请跟我来""这边请""请上楼"。

③接受客人吩咐时说"好,明白了""好,马上就来""好,听清楚了,请您放心"等。

④听不清或未听懂客人问话时应说"对不起,请您再说一遍""很对不起,我还没听清,请重复一遍好吗"等。

⑤不能立即接待客人时应说"对不起,请您稍候""请稍等一下""麻烦请等一下"。

⑥对稍等后的客人,打招呼时应说"对不起,让您久等了"。

⑦接待失误或给客人添麻烦时应说"实在对不起,给您添麻烦了""对不起,方才疏忽了,今后一定注意,保证不再发生这类事,请再光临指导"。

⑧服务后离开客人时应说"请好好休息"或"请慢用,有事尽管吩咐""谢谢,再见"。

⑨有事要问客人时应说"对不起,我能不能问一个问题""对不起,如果不麻烦的话,我想问一件事"等。

⑩当客人表示感谢时应说"不用谢,这是我应该做的""别客气,我乐于为您服务"等。

⑪当客人误解致歉时应说"没关系""这算不了什么"。

⑫当客人赞扬时应说"谢谢,过奖了,不敢当""承蒙夸奖,谢谢您""谢谢您的夸奖,这是我应该做的"等。

⑬当客人提出过分或无理要求时应说"这恐怕不行""很抱歉,我无法满足您的要求""这件事我要同主管商量一下""对不起,中国人还没有这种习惯"。此时,员工要沉得住气,婉言拒绝,表现得有教养、有风度。

⑭营业时间已过,还有来客时应说"对不起,今天营业时间已过,请明天再来,谢谢"。

⑮客人来电话时应说"您好,这里是××酒店,我能为您做什么"。当铃响过3遍,接电话时应说"对不起,让您久等了"。

(四)真诚服务

真诚服务,要求员工怀着爱心,在做接待服务时体现出主动、热情、耐心、周到,这些是员工基本服务精神的集中体现,也是酒店"宾客至上,优质服务"宗旨的具体表现。

1. 主动服务

所谓主动服务,即服务员在客人的需求还未提出之前,通过观察即能提供令人满意的服务。有了酒店的服务规范和工作标准,只能说是具备了达到一流服务的基础条件,但并不等于有了一流的服务。员工们只有把自己的情感投入到服务中,真正从内心理解、关心客人,才能使自己的服务更具人情味,让客人备感亲切,从中体会到酒店的服务水准。

要求做到"五个主动":主动问候、主动招呼、主动介绍、主动服务、主动征求意见,使宾客高兴而来、满意而归。

2. 热情服务

所谓热情服务,是指服务人员出于对自己所从事职业的肯定认识,对客人的心理有深切的理解,因而富有同理心,发自内心、满腔热情地向客人提供的良好服务。服务中多表现为精神饱满、热情好客、动作迅速、满面春风。对待客人如同对待亲友一样,笑口常开、语言亲切、处处关心。

服务要求做到"五个一样":内宾与外宾一样、男宾与女宾一样、老少一样、消费多少一样、买与不买一样,使客人感到亲切温暖。

3. 耐心服务

耐心服务是指在服务过程中要有"忍耐性"与"忍让性"。在服务繁忙时,不急躁、不厌烦;遇到客人不礼貌时,不争辩、不吵架,保持冷静,婉转解释,得理也得让人,以"客人永远是对的"为宗旨向宾客服务。

4. 周到服务

周到服务指接待服务中面面俱到,细致入微,善于从客人的表情和神态的变化中,了解客人的意图,灵活应变,想客人之所想,急客人之所急,处处体贴方便客人,千方百计地帮助客人排忧解难。

周到服务还体现在不但能做到做好规范性服务,还能做到做好个性服务。在当前酒店业竞争日益激烈的情况下对相近类型的酒店而言,最根本、最有效、最持久的竞争手段,是通过向客人提供竞争对手无法学到、无法效仿、客人需要而酒店可以长期坚持下去并能促进赢利的服务,这就是常说的个性服务。

个性服务有别于一般意义上的规范服务,它要求有超常服务和更主动、更周到的服务。所谓超常服务,就是用超出常规的方式满足宾客偶然的、个别的、特殊的需求。著名的法国里兹大饭店,为了让一位心血来潮、临时要求吃到新鲜海胆的客人满意,专门雇请渔夫下海捕捞,空运到巴黎。这些并不是服务规范中所规定的,但他们善于在力所能及的范围内主动为客人排忧解难,并收到了理想的效果。

周到服务还要求有更灵活、更具体、更细致的服务。这就要求酒店能从客人的角度考虑问题,根据不同需求提供有针对性的服务。对不同需求的客人,应在保证他们舒适满意地用餐住宿的前提下,针对他们的不同身份,细致入微地"投其所好",满足其要求,这样才能体现出一家酒店的服务水准。

典型案例

用微笑赢得顾客心

小天鹅宾馆里,一位澳门客人外出时,他的一位亲戚来找他,要求进他房间去等候。由于客人事先没有留言交代,总台服务员没有答应其要求。澳门客人回来后见亲戚还坐在大堂沙发上等候,十分不悦,与总台服务员争执起来。公关部小李闻讯赶来,刚要解释,客人便把她作为泄怒新目标,指着她呵斥起来。当时小李头脑很冷静,她明白,在这种情况下,做任何解释都毫无意义,反而会招致客人情绪更加冲动。于是就采取冷处理的办法让他尽情发泄,自己则默默地"洗耳恭听",脸上则始终保持亲切友好的微笑。一直等到客人平静下来后,小李才心平气和地告诉他酒店的有关规定,并对刚才发生的事情表示歉意。客人接受了她的劝说,并诚恳地表示:"你的微笑征服了我。我刚才情绪那么冲动,很不应该,希望下次来饭店时能再次见到你亲切的微笑。"

[评析]

微笑是酒店服务中的一项基本内容,但要真正做到却并不容易。服务员也是普通人,谁能做到每天上班8小时始终心情愉快?

有时在家庭、生活、工作中碰上不顺心的事,或者服务中碰到不讲道理的客人,服务员还必须将不愉快压在心底,进入"微笑服务"的状态。所以,本例中以微笑征服客人的公关小姐是非常值得赞扬的。

微笑,已成了各国宾客都理解的世界性"语言"。世界著名的酒店管理集团如喜来登、希尔顿、假日等都有一条共同的经验,即服务金钥匙中最重要的一把就是"微笑"。美国著名的麦当劳快餐店老板也认为:"笑容是最有价值的商品之一。我们不仅提供高质量的食品、饮料和高水准的优质服务,还免费提供微笑。"

微笑服务是饭店服务中永恒的主题,是饭店服务一刻不可放松的必修课,它包含着丰富的精神内涵和微妙的情感艺术。

第二节 酒店礼貌服务的内容

一、问候礼节

问候礼节是在酒店接待服务过程中同客人见面时表示尊重、问候、关心等的一种礼仪形式,它主要由语言和动作组成。如对初次见面的客人说"您好,见到您很高兴",对久别重逢的客人则说"多日不见,您好吗"。在酒店服务中,同客人见面时的具体情况是十分复杂的。正确运用问候礼节要根据时间、场所、情景、接待对象和客人的风俗习惯的不同而变化。如提前到酒店门口迎接客人要说"您好,我们已恭候多时,欢迎您光临本店";早上向贵宾问候要说"先生,休息得好吗";天气不好,对要外出的客人说"请多加保重,注意安全",等等。

二、称呼礼节

称呼礼节是在酒店服务和日常交往过程中向客人表示尊重的一种礼仪,如对国内客人一般称"同志",对外国客人一般称"先生"或"小姐",对有一定身份的政府官员称"阁下"。称呼时要留心准确记住客人的姓名。因为外国人的姓名写法和中国的不同,一般由2~3部分组成,有的名在前姓在后,有的则姓在前名在后,还有的既有父姓又有母姓。如北美和大洋洲客人,名在前姓在后;葡萄牙客人则姓在前名在后;拉美和西班牙客人,姓名除父姓外还有母姓。所以,酒店员工一定要称呼准确,不要因顺序搞错而引起客人反感。

三、应答礼节

应答礼节是在与客人交谈和服务交往中的一种礼仪形式。其总的要求是表情自然,语言亲切,态度和蔼,面带微笑,两眼注视客人,集中精力倾听客人谈话,然后有针对性地给予回答或提供某种服务。要求语调温和、语气婉转,给客人以舒适、亲切的感觉。如有事打扰客人时应说"对不起,打扰您了",未听懂、听清客人问话时应说"很抱歉,请您说得慢一点好吗"或"对不起,请您重复一遍好吗"。在酒店服务中,同客人交谈或服务交往中的具体情况同样是十分复杂的,正确运用应答礼节,主要取决于酒店员工,特别是广大服务人员的礼节礼貌知识和灵活反映程度。如餐厅服务中客人询问菜点和价格,这时,要分析客人的需求和心理,灵活而有礼貌地介绍。提供某种服务后客人表示感谢,并赠送礼物时,应谦虚地说"您过奖了,这是我应该做的",并婉言谢绝。如果服务工作太忙,不能及时为客人提供某种服务,应礼貌地说"对不起,请您稍候,我帮您去问问"。

四、迎送礼节

迎送礼节是迎接和送别客人时的一种礼仪形式,也是酒店提供旅游服务、注重礼节礼貌的重要内容。它既可以在客人心中留下良好的第一印象,又可以使客人对酒店服务产生依恋之情。正确运用迎送礼节,一要讲究礼仪顺序,如在酒店门口、餐厅或其他场所迎接客人时,要坚持先主宾后随员、先女宾后男宾、老弱病残优先的顺序。二要讲究礼仪形式,如对特别重要的客人有时要举行某种欢迎仪式;有的重要客人到店需要总经理出面迎接;和酒店有特别关系的客人住店,总经理或部门经理要出面拜访等。三要在迎送过程中给予必要的关照,如在门口迎接客人需主动拉车门,主动提行李;陪客人乘电梯,需主动报楼层,主动伸手示意;送别客人时要表示祝愿,挥手致意,说"祝您旅途愉快,欢迎下次光临",等等。

五、操作礼节

操作礼节是日常服务操作过程中的礼节礼貌形式,它和酒店服务劳动结合,形成一种良好的礼貌氛围,给客人以舒适、亲切、愉快的感受。其基本要求是在遵守劳动纪律和服务规程的前提下,做到仪容整洁、礼貌大方,保持良好的气氛。在服务操作中不大声喧哗、聚众说笑,不随意打扰客人;进入客人房间要先敲门,敲门不可过急过重;清扫客房时,不乱翻客人行李物品;餐厅操作服务中,主动替客人领位、拉椅让坐,并且动作轻稳、语言温和,等等。

【复习思考题】

1. 礼貌服务的概念是什么?
2. 酒店礼貌服务的内涵有哪些?
3. 酒店敬语服务的基本要求有哪些?
4. 酒店礼貌服务的主要内容有哪些?

第六章 前厅接待服务礼貌礼仪

学习目的

- 掌握服务流程中的礼貌礼仪要点
- 熟悉前厅接待服务礼仪规范
- 了解前厅接待服务常用敬语

基本内容

- 服务流程中的礼貌礼仪要点
- 前厅接待服务常用敬语：迎宾服务敬语、接待服务敬语、代办服务敬语、电话服务敬语、客人离店服务敬语
- 前厅接待服务礼仪规范：前厅门卫服务礼仪、客务关系服务礼仪、前厅预订服务礼仪、总台接待服务礼仪、问询服务礼仪、行李服务礼仪、电话总机服务礼仪、前厅收款服务礼仪、商务中心服务礼仪

第一节 前厅接待服务流程中的礼貌礼仪要点

前厅是酒店中十分重要的部门之一，其业务主要包括为客人提供登记、接待、订房、分房、换房、问询、电话、订票、留言、行李、退房等服务。前厅往往在某种程度上体现了酒店的整体形象，可以视为酒店的"门面"或"窗口"。因此，前厅接待工作对服务人员的素质和礼貌礼仪服务有很高的要求。

一、大厅接待服务礼貌礼仪要点

(一)热情迎宾服务

(1)见到宾客光临,不应以貌取人,而要一视同仁。应主动上前亲切问候,表示对宾客到来的热忱欢迎;同时用手示意客人进入酒店大厅,如非自动门或旋转门,要为客人拉开酒店正门。拉门时应精力集中,以防出现意外;如果客人行李较多,门卫应帮助客人提拿行李,待进入大厅后,再以手势示意行李员过来。

(2)要注意疏导车辆,保持酒店大门前交通畅通。宾客乘坐的车辆抵达酒店时,要热情相迎。待车辆停稳后,如是大客车,应主动上前招呼,并站在车门一侧负责维持交通秩序;如是出租车,应待客人付完车款后,协助拉开车门,必要时用另一只手遮挡车门框上沿,为客人护顶,以免客人下车时头部碰撞到车顶门框。

(3)如客人属于老、弱、病、残、幼的客人,应先问候,征得同意后予以必要的扶助,以示格外关心。如果有的客人不愿接受特殊关照,则不必勉强。

(4)轻拿轻放宾客的各种行李物品,对团队行李要集中摆放,以免丢失或错拿。要及时核准数目,切忌只顾图快而野蛮装卸,对易碎或贵重的物品尤其要加以爱护。

(5)当团体宾客抵店时,应主动向各位宾客点头致意,或是躬身施礼,不可只顾前不顾后,给人造成厚此薄彼的印象。遇到有的宾客先致意时,应及时还礼。

(6)为表达对每一位宾客的诚意,尽量要不厌其烦地对同行的宾客致以问候。问候时精神要集中,注视宾客,不要左顾右盼。

(7)遇天气不好如下雨、降雪时,应主动为抵店客人撑伞遮挡。

(8)要主动帮助客人提携行李物品,但当有的客人坚持自己提物品而不愿接受帮助时,要适可而止,尊重客人个人意愿,不要与客人争夺物品。

(二)领宾入店服务

(1)陪同宾客到总服务台办理住宿时,如非特殊需要,迎接人员不要在客人身边指指点点,而应距客人稍远一些,在一旁侍立,随时准备提供服务。

(2)行李员陪送客人登乘电梯时,如是自动电梯,应先侍立一旁,以手挡住电梯门边框,以免夹挤客人,并礼让客人先行入梯,不得慌慌张张自己捷足先登。在电梯内,行李员应尽量靠边侧站立,并将行李尽量靠边放置,以免碰撞客人或妨碍客人通行。到达楼层时,应示意请客人先步出电梯,不要抢先或与客人并肩挤出。

(3)如需陪同进入楼层时,应先与楼层服务人员打好招呼。在引领客人时,应走在客人斜前方边侧2~3步处,将中间位置让给客人。若对面来人时,应停下脚步,侧身礼让对方先行,绝不可与客人争先抢行。进入客房时,应先打开灯,并扫视一下房内,待确认是所订客房后,再请客人入内。进入客房,将行李物品按规程摆放在行李架上并核对行李件数。不要借故逗留与客人聊天,不准暗示或硬性向客人索取小费,应道别后及时退出。离开房间时,应轻轻将房门带上,避免因用力过猛发出大的声响。

(三)送客离店服务

(1)询问宾客行李物品件数并认真清点后,及时稳妥地运送安放到车上。如是团队行李,应按客人入房时的分房名单收取,行李员应核对每个房间入出店行李件数,装车后应与陪同核对行李数量,并在团体行李进出店登记簿上签名备查。

(2)将散客的行李物品放置好后,不要急于离去,而应向客人做好交代工作。

(3)宾客准备启程时,应致"祝您旅途愉快""欢迎再次光临"等欢送词与其道别,并将车门以适度力量关好,注意不要夹住客人的衣、物等。

(4)待车辆启动,应向客人挥手告别,面带微笑目送客人离去。

二、总台接待服务礼貌礼仪要点

(一)接待问讯服务

(1)要站立服务,精神饱满,举止自然大方,精力集中,做好随时接待客人的准备。

(2)热情主动,微笑相迎,有问必答,百问不烦,口齿清楚,用词得当。总台接待问询人员要熟悉业务,从国内国际航班、铁路等交通最新时刻表和票价表,到酒店所在地的风景名胜和日常生活、学习、工作等主要场所的特点、地点以及电话号码等都要做到心中有数,以便届时能既快又好地为客人提供资讯。切忌向客人轻易说"不知道",使客人产生失望感;切忌采用"也许""大概""可能""差不多"等模棱两可、似是而非的语句来回答客人,那是一种敷衍搪塞客人的做法,是很不礼貌的。

(3)回答客人询问时,遇到自己确实不清楚的疑难问题,不要不懂装懂,以免闹出笑话或是耽误了客人的时间,而应该诚挚地向客人表示歉意,请客人稍候,然后迅速查阅有关资料或向有关部门人员请教,再给客人满意的答复。

(4)当遇到客人犹豫不决、拿不定主意时,可以通过察言观色等方式适时介入,应客人要求,热心为客人提供信息,当好参谋。但要注意热情适度,只能当参谋,不要参与决策,更不要干涉客人私生活。

(5)作为接待问询人员,在任何情况下都不得讽刺、挖苦和讥笑客人。即使是由于客人态度引起纠纷或是接待人员有理,也不得与客人争辩,更不允许举止鲁莽、语言粗俗。

(6)当有住店客人的来访者前来询问,接待人员不应简单回答说"他不在",那样一般很难使来访者相信。碰到这种情况时,如有可能,首先应给客房打个电话,必要时再请人在酒店内找一下,让来访者感到客人确实不在,总服务台该做的都已经做了。

(二)接待住宿服务

(1)要热情问候每一位来店宾客,应停下手中事情,双目正视对方,以"您好,欢迎光临""请问,您有预订吗"等话欢迎宾客的到来。

(2)听清宾客的要求后,请其填写住宿登记单,并根据客人要求和客房实际控制情况,尽量满足客人的需求,为其安排好房间。如客人的要求无法得到满足,不能简单地以"不行"了事,应向客人致歉,再向他提出有益的替代建议,供客人参考。

(3)按照有关规定,在接待宾客住宿时,应仔细验看宾客的有关证件。当确认无误后,应有礼貌地迅速将证件还给宾客,并予以致谢,不能将证件一声不吭地扔给宾客或是放在柜台上。

(4)对于临时来店住宿的宾客,如遇当天已无空房,要向客人作出解释,并主动推荐其他酒店。如有可能,可协同客人联系出租车送行,还应热情欢迎客人以后再来,使客人没有被冷落感。

(5)为体现对宾客的尊重,即使是向客人分发钥匙这样细小的动作,也不应等闲视之。如果需要将钥匙交给客人本人时,不能把钥匙一扔了之。

(6)当重要宾客进客房后,按照惯例,应予特殊关照。总服务台接待人员可在部门经理授意下,用电话征询宾客的意见,并致"祝您愉快""有事请尽管吩咐"之类客气的问候,以表示酒店对贵宾的重视和关心。

(三)其他服务

(1)如果有客人的邮件,特别是快件,应立即送给客人,不得无故拖延。如果客人外出不在店内,应把邮件放在钥匙箱内,等客人回来时连同钥匙一起交给客人。不能将邮件随意乱塞或漫不经心地扔在柜台上。无论是收取还是发放邮件,一定要迅速、准确。

(2)为客人代购各种机票、船票、车票等代办业务。凡是承揽了这项业务的,应尽力按客人的需求去办,如有困难或情况发生变化,酒店虽尽了力仍不能保证客人按计划拿票,就必须及时向客人说明情况,征求客人的意见,由客人自行做主决定,服务人员不得擅自改变客人初衷,自行其是。如果仍然确实不能满足客人要求,应实事求是地告诉客人,致歉态度要诚恳,不要随便编造理由来搪塞客人。

(3)总台接待人员每天都要接到住店客人因各种事宜打来的电话,接电话时要注意使用敬语,如"您好,这里是总服务台,请问有什么事吗"等,而不要用"喂,谁呀""你找谁""干什么"等不礼貌的词句。在电话中应答时,要用普通声调对准话筒说话,声音不要太小,以免客人听不清;也不能过大,以防刺耳。

(四)结账离店服务

宾客离店前来总台结账时,应该从尊重客人的原则出发,热情、周到、迅速、准确地办理,不耽误客人的时间,以满足客人的愿望。

宾客结账完毕,要向宾客致谢,欢迎再次光临。致谢时一定要满怀诚意,不必声调高扬,但应面带微笑,发音时有一定的节奏。也不必总是说"谢谢"这样单一的词语,可以适时变换一下致谢用语,如"××先生,我们很高兴与您相处""下次旅行时,欢迎再次光临"等,以此给宾客留下这里确实热情好客的深刻印象。

第二节 前厅接待服务常用敬语

一、迎宾服务敬语

您好!
How do you do?
欢迎您到我们饭店来。
Welcome to our hotel.

二、接待服务敬语

这里是接待处,可以为您效劳吗?
This is Receptions, can I help you?
先生,您喜欢什么样的房间呢?
What kind of room would you like, sir?
先生,请问您的尊姓大名?
Could I have your name, please?
先生,请稍等一下。
One moment please, sir.

对不起,请问您的名字怎样拼写?
Excuse me, sir, could you spell your name?
您对这间房感到满意吗?
Are you satisfied with the room?

三、代办服务敬语

我很愿意帮助办理您需要办的事。
I'll be glad to help you to do anything you want.
下午3:30我们找遍整个酒店,但没有找到您。
We could not find you anywhere in the hotel at 3:30 PM.
为了转寄您的邮件,请留下您的通信地址。
Please give us your forwarding address so that we can send you mail.
××先生已外出,请问贵姓?
Mr. ×× is out, may I ask your name?

四、电话服务敬语

这里是××饭店,可以为您效劳吗?
This is... hotel, can I help you?
您要几号房间?
Which room do you want?
对不起,请讲慢一点。
Sorry, Please speak slowly.
请再说一遍。
Please repeat.
请稍等一下。
Please wait a minute.
对不起,现在占线。
Sorry, the line is busy.

对不起,没有接。
Sorry, no answer.
对不起,让您久等了。
Sorry to keep you waiting.
对不起,刚才电话断了。
Sorry, the line was cut short just now.

五、客人离店服务敬语

衷心感谢您,××先生。
Thank you very kindly, Mr. ××.
××先生,我们很高兴和您在一起。
We're very glad to have had you with us, Mr. ××.
××先生,您对我们的服务感到满意吗?
Are you satisfied with our service, Mr. ××?
××先生,祝您好运。
Good luck to you, Mr. ××.
下次旅行时,希望您再到这里来。
Hope that we will have you with us again on your next trip.

第三节 前厅接待服务礼仪规范

一、前厅门卫服务礼仪

(一)开门拉门服务

(1)客人来到门口,主动问好,欢迎客人光临,开门引导及时,动作轻稳,语言亲切。客人外出或离店,问候及时。开门拉门动作规范,始终坚持站立服务、微笑服务。

(2)上岗期间不靠门、靠墙、靠窗蹲坐或离岗、串岗,应坚守工作岗位,对常客、贵客、VIP客人,主动称呼姓名或职衔,表示问候,服务语言亲切、热情、规范。

(3)遇下雨天,事先准备好雨伞,客人上下车及时撑开(无挡雨亭酒店),应客人要求,主动帮助联系借雨具,手续完善。

(4)遇有老弱病残客人,要予以特别照顾,如主动搀扶等。服务细致、周到,使客人有亲切感和舒适感。

(二)协调与告别服务

(1)开拉门服务中主动同安全调度员、行李员做好协调配合工作,帮助开车门、装卸行李或客人要求的其他服务。

(2)客人离店,凭退房卡放行,主动告别客人,表示感谢并祝客人旅途愉快,欢迎再次光临,并提醒客人交回房门钥匙。

二、客务关系服务礼仪

客务关系人员,有的酒店称大堂副理,代表总经理负责前厅服务协调、贵宾接待、投诉处理等服务工作。在岗时,应服装整洁、仪表端庄。

(一)贵宾接待服务

(1)上班后查看到店贵宾和VIP客人名单,掌握到店时间、接待规格、房间安排,用电话同客房部、柜台接待员联系房间准备情况。到客房检查房间清扫、赠送鲜花、水果或饮料等准备情况,等候客人到达。

(2)提前3分钟到门口欢迎客人到店。主动开车门、帮提行李、引导客人进入前厅。在客人办理入住登记时先向客人表示欢迎,语言亲切、热情,主动介绍客房设备、入住须知,并请客人在入住登记卡上签名,告知客人接待规格,祝客人住店愉快。

(二)客务关系维护服务

对前来询问服务项目、了解情况、请求帮助、查找联系有关服务的客人,主动接待,耐心解答问题,帮助联系,服务周到、细致、礼貌,使客人有亲切感、舒适感和方便感。

(三)客人投诉处理

1.注意投诉的地点和场合

根据投诉性质选择地点,如在办公室或现场,但不宜选在大堂、餐厅等人流大的地方处理投诉。须问清客人投诉内容、时间、地点和人员,做好记录,首先站在客人立场上表示理解。

2. 设法平静客人情绪

凡是前来投诉的客人,都是有着这样或那样的原因,在这种情况下,无论是大堂副理还是其他接待人员都应该注意,为有助于事情的解决,不管当时客人态度如何,都必须以礼相待。不管客人情绪多么激动,服务人员都必须保持冷静,以自己谦和的态度感染客人,这有利于客人平静下来,将问题和要求完整地表述清楚。

要注意,当客人前来投诉时,服务人员如果坐着,应立即站起来相迎,请客人就座后,方可坐下。如果客人执意要站着说话,那么服务人员也应该站着,不能出现服务人员舒服地坐在那里,甚至跷着二郎腿和站着的客人说话的场面。

3. 耐心倾听客人诉说

耐心倾听客人诉说,不要急于解释。对投诉客人,必须集中精力,排除干扰,以慎重、富有同理心的态度注意倾听。不可一面听客人的投诉,一面还在抓紧时间干与此无关的事情,那是对投诉客人缺乏尊重的表现,而这种失礼的举动,会使客人感到他的投诉未被重视。

另外,在投诉过程中,对有争议的地方不要急于插嘴,这叫磨锐气。往往一个人说时,说着说着就没劲了;如果两个人对着说,因为互相刺激对方说话的欲望,就会越说越激动。

4. 应由一个人单独处理

最好一个人单独处理,不要几个人一起来处理。如果客人和服务员发生争吵,其他服务员都过来,或领班、经理也都来了,无疑会对客人心理上造成一种受围攻的感觉,也就更谈不上尊重了。需要注意的是,夜晚不宜单独接受异性投诉。

5. 做好投诉记录

对于客人投诉所反映的问题,要详细询问,并当面记录下来,以示郑重。这个时候,不能再"微笑服务",要表现出认真、严肃的态度。客人在诉说的过程中,很可能怒气冲天,负责处理投诉的还没听明白怎么回事,就要挨客人的"训"。但无论如何,对投诉客人都要有耐心,为了表示对客人投诉的重视与尊重,大堂副理都有必要拿出笔和本子做好记录,记录内容可以根据投诉的性质及严重性来决定详略。

6. 对客人的投诉表示理解、同情和感谢

理解,就意味着尊重;同情,容易让客人感觉到你值得信赖;感谢,让客人感觉到自己的投诉有望得到妥善解决。

7. 根据客人投诉的动机和事实提出建设性意见

处理投诉时要求服务人员既要站在酒店的角度,又要站在客人的角度。在服务人员的职权范围内,如果当场能够答复和解决的,就不要含糊其词或有意拖延,并且尽量给客人提供几种解决的办法供其参考。这里,我们不妨设想一下:如果你在一家餐馆做服务员,向客人推销啤酒,你是问"先生你喝点什么",还是问"先生,你是来杯金奥克、蓝马还是黑啤"?哪一种推销方式更好?毋庸置疑,我们都会选择后者。

在处理客人投诉时,大堂副理直接问客人这种情况怎么办,这是一种最不明智的做法。因为当客人提出更高要求时,再和客人讨价还价就不好了。一般的方法,如先对客人说:"对不起,您看这样处理好不好,我们给您的房价打九折?"这样,即使折扣再大一点,双方都能接受。更好的办法是给客人三种选择方案,一般情况下,客人会主动从中挑选一种最有利于自己的解决方案,而无暇提出更苛刻的条件。

8. 对解决不了的问题的处理

如果一时解决不了,或是超过了自己的职权范围,不要推诿,而应该采取行之有效的措施:首先要给客人一个明确的时间,对于能量化的不要用"马上""立刻"等词。千万不要说"这事儿等我们商量商量(研究研究)",因为这种推诿的话会让客人感到自己的投诉无望解决了。当然,接待者也不可为了取悦于客人,随口说出解决问题的时间。如果到时间问题解决不了,客人的怒气必将更盛。接待者在许诺处理事情的时间上要适当留有余地,以免发生意外后,没有回旋余地。

9. 存档、归类处理投诉的情况记录

对投诉的相关情况记录要存档、总结,以避免类似事件再次发生。

对于客人投诉,凡造成客人精神损失的,应该送水果、鲜花、房费打折、送纪念品等表示歉意;如果存在物质损失,则应视情况给予赔偿。

总之,要以热情和积极的态度去处理客人投诉,不能在听客人诉说时心不在焉地敷衍了事,还没听完就去处理别的事情;或者好不容易听完,面对满怀希望要求解决问题的客人,只是轻描淡写地说上一句"好了,这事我知道了,你回去吧"。这种消极态度,在某种程度上会使客人更加沮丧,从而使事态进一步扩大。

另外,大堂副理在就投诉的问题向客人作解释时,不能顺着甚至引导客人一起抱怨酒店其他部门,使客人对酒店的整体形象产生怀疑,这样不但无助于事情的解决,而且会起到火上浇油的作用。在处理投诉的过程中,也不要客人、酒店各打五十大板,将话题转移到客人本身有多少不是和不对上来,成了声讨和帮助客人改正错误来了,这样只会使问题更加复杂化。

(四)贵宾离店服务

(1)上班后查看当天离店贵宾和VIP客人名单,掌握离店客人姓名、房号、离店时间,用电话同客人联系核实或到房间拜访客人,征求客人意见,并请行李员及时到房间为客人提行李。

(2)客人离店,帮助办理退房手续,送到门外或派车送到机场、车站(事先有要求者),同客人告别,祝客人旅途愉快,欢迎再次光临。

三、前厅预订服务礼仪

(一)受理预订

1. 柜台预订

主动接待客人,询问细节,根据客人要求的房间有无,按电话预订规范处理。

2. 电话预订

铃响三声内接听,主动问好和询问需求。若有客人要求的房间,主动介绍设备、询问细节、报价,并帮助客人落实订房,做好记录,必要时请预订人来店面谈,填写预订单。若无客人要求的房间,礼貌回绝客人。

3. 网络预定

当前台接收到预定网站发来的预定传真应立刻根据房间有无迅速回复传真,并注意保留网站的传真底本。

4.函件预订

先将预订分为新订、更改或取消,然后根据房间有无迅速回答客人。各种函件处理当天完成,最长不超过24小时。

受理预订要求做到接待热情、报价准确(包括协议价、公司价、团队价、散客价等)、记录清楚、手续完整、处理快速,信息资料输入电脑或预订控制盘无误,订单资料分类摆放整齐规范,以便为后面的预订承诺、订房核对等提供准确的信息。

(二)预订客人接送服务

预订中对要求到机场、车站、码头接送的客人,每周打印需接送客人名单、接送地点、航班班次,安排好车辆和接送人员。按规定时间提前到达接送地点,接客准确,接待礼貌、周到,无错接、漏接现象发生。

(三)预订处容易出现的问题及解决办法

1.无订房资料

客人声称已订房,但饭店无法找到订房资料。此类情况的出现往往会有多种原因,如预订人姓名的书写错误,误写为委托订房人的姓名,非当日抵店客人等等,所以首先应明确预订人姓名、时间,是否委托他人办理,查找前后几天的预订客人名单等。如经查找,客人是提前抵店或未按时抵店客人,在饭店客满情况下,虽然这不属于饭店的失约行为,但总台服务员还要给客人以帮助,解决客人面临的困难。如帮助客人联系同类饭店;代客人安排交通工具;征求客人意见,若饭店有空房是否愿搬回;可以将客人的姓名及联系方式通知问询处和总机,随时为客人提供查询服务。

2.饭店无法为当天抵店客人提供客房

客人确是该天抵店客人,但饭店已无法为其提供客房。这种情况有两种,一种是客人抵店时已过了饭店为其保留客房的时间,或客人在规定的时间内未抵店又未和饭店联系。在旺季,饭店有可能将其客房出租给其他客人,这类情况和上述情况处理方法基本一致,因为它属于饭店的失约行为。有的饭店为了吸引这些客人,有可能为其提供返回本饭店的单程交通费用。另一种情况是饭店无法为正常抵店客人(客人在指定时间内抵店)提供客房,这就属于饭店的失约行为。对这些客人,总台服务人员应做到耐心细致给客人以安慰,并采取一定的补救措施,将由此带来的不良影响降低到最低点。除了热情、耐心地接待服务处,还应该为客人支付其在别的饭店住宿期间一夜的房费,或是客人搬回饭店住时享受一天的免费房待遇;支付客人去其他饭店的交通费用或愿意搬回本店的交通费用,免费提供一次长途话费或电传费,以方便客人将自己新的住宿地址通知有关方面;如果客人愿意在次日搬回饭店,饭店应优先考虑此类客人的要求。当客人返回本店时,大堂值班经理应在大厅迎候并陪同客人办理入住手续,对客人的到来表示欢迎等。

3. 饭店无法提供预订的客房类型

此类情况是指客人正常抵店,饭店因为某种原因没有为客人保留其预订的客房类型。在这种情况下要为客人提供一晚高一档次的客房,等次日有同类客房时再搬回,客人一般会予以接受。

对于预订处容易出现的问题,特别是属于饭店的失约行为,应该做好善后工作,同时还应该将饭店的失约住客的名单装入客史档案,并总结教训。任何失误对饭店来说会造成一定的经济损失,如果再处理不当,很可能造成不良的影响。

四、总台接待服务礼仪

(一)预订客人入住接待

客人来柜台前,主动问候,表示欢迎,礼貌询问客人有无预订,查阅与核对预订后,进行房间分配。然后请客人填写入住登记卡、欢迎卡,检查客人身份证或有效证件,同时检查客人登记卡、欢迎卡填写有无差错,并询问客人付费方式,检查与验证客人信用。保证客人入住登记的准确性。客人入住后,前台应立刻将有关信息传送到相关部门。

(二)团队客人入住接待

(1)团队客人到店前,查阅团队预订单,核对团队预订表,制定预分方案,事先准备好登记卡、欢迎卡、行李条、客房钥匙等,整齐放在柜台上。

(2)客人到达后,接待员将客人引导到团队接待室。然后,同领队、导游核实客人实到店名单,若实到人数与预期有出入,则迅速调整所分房间,再将入住登记卡交给导游和领队,由客人填写,决定客人所住房间的具体安排。若采用团队集体登记,则告诉房间从×××号到×××号。与此同时,请行李员按照客人所填写的分房号拴好行李卡。接待员检查客人身份证或有效证件。若是集体签证,则需同导游、领队核实团队名称、实到人数、证件号码等。入住登记后送客人到房间。

客人进房的同时,接待员同团队导游、领队协商客人用餐安排(用餐时间、地点、标准、人数)、叫醒服务及收取行李时间等。做好记录,并办理团队客人账户手续。若团队中有客人自我消费,则应办理团员个人账户,以便准确记录客人费用。上述入住服务过程中要做到热情、礼貌、快速、准确。

(三)重要客人入住接待

(1)常客、贵宾或重要客人入住,客务关系人员(或大堂副理、柜台接待员,根据前厅机构与分工确定)要事先取得重要客人预订名单,准备迎接客人到达。

(2)客人到达,客务关系人员(或大堂副理、柜台接待员)到门口迎接,必要时请总经理或有关部门经理到门口迎接。

(3)表示热情欢迎,请行李员帮提行李,并将客人直接引入房间办理入住登记(也有的酒店在前厅柜台办理)。填写欢迎卡,然后返回前厅柜台做好账务登记,处理入住信息资料。

(4)重要客人入住接待过程中,要根据接待规格在接待安排、房间准备和分配、加摆鲜花、水果或饮料、办理入住手续等方面给予特别照顾,并向客人介绍酒店对他们的特别照顾或适当优惠,以使客人亲身感受到贵宾服务的亲切感、自豪感。

(四)无预订客人入住接待

客人到来后,接待员表示热烈欢迎的问候,询问客人有无预订。然后根据客人的需求,主动推销房间,有针对性地介绍客房设备、位置、酒店连带服务,突出优点,并报告房价,供客人选择。待客人同意后,选定房号,请客人填写入住登记卡、欢迎卡、分发钥匙,请行李员陪送客人进入房间。

(五)换房与入住变更处理

(1)客人住下后要求换房,先询问原因,在房间允许、不和预订冲突的情况下应同意客人换房。

(2)换房时柜台接待员应填写客人换房单。写清新旧房间号码、房费变动日期和数量,请客房服务员帮助客人换房。

(3)如酒店因房间维修、预订冲突、超额订房等原因要求客人换房,应先耐心向客人解释原因,选定一个适合的房间并介绍其优点,待客人同意后再做换房手续,其操作规范与客人要求换房相同。但所选房间一般应比原房间好一些。若因客观原因等级高于客人原住客房,第一天的房价应适当优惠,并向客人事先说明。

(4)客人住下后若有提前离店、延期住宿、人数变化或客人要求降低房租等入住变更,应区别情况,根据客房入住情况和客人要求是否合理及客际关系分别处理。每次处理时都要办理完善的手续。其中,降低房租,应同客人协商,经主管部门审批后方可办理。

五、问询服务礼仪

(一)问询与会客服务

(1)客人前来询问,要主动迎接问好,面带微笑,两眼注视客人,听清客人问询内容与要求,简明扼要地回答客人。自己不清楚或需要向有关部门查询的问题,请客人稍候,请教或查询有关人员后回答。

(2)带有敏感性政治问题或超出业务范围不便回答的问题,应表示歉意。服务中不能推托、怠慢、不理睬客人或简单回答"不行""不知道"。

(3)客人前来会客,要主动问好、问清所会客人姓名、房号或本店有关部门,请客人填写会客单,电话同被会见人联系,然后按照被会见人提出的时间、地点指引客人前往。若被会见人不在,应向客人表示歉意,征询是否需要留言,若留言则按操作规范处理。

(二)留言与查询服务

(1)客人要求留言,要主动问好,在留言簿上记录客人留言内容或请客人填写留言条。掌握客人留言转交人姓名、房号,然后按时或按要求将留言转交给接收人,服务热情周到。

(2)客人前来查询,要礼貌接待,问清查询客人姓名或房号,然后按客人提供线索进行查找,得出查询结果,礼貌回答客人。

(三)代客沟通与联系

客人前来请求帮助联系店内服务或联系有关人员,报告设备损坏等,应主动问好,礼貌问清客人需要联系的事项、内容、要求和人员,请客人稍候,然后迅速同有关部门和人员沟通,转达客人要求,并将结果告诉客人或引导客人会见有关人员,满足客人需求。

(四)邮件服务

问询处每天收到的信件、邮件,应先分类,电报、电传、快件等打上收到时间,做好登记。凡属挂号、电报、电传、快件等邮件,迅速请行李员送至客人房间签收。其他邮件插入该房号钥匙保管架,请客人来取或送至客房。

六、行李服务礼仪

(一)客人入住行李服务

(1)客人到达饭店门前,行李员要主动迎接和问候客人,态度热情友好。帮助客人卸下和提取行李、清点件数,然后引导客人到柜台办理入住登记手续。客人办完入住登记,将行李卡拴在客人行李上,领取开房单,陪送客人去房间。

(2)行李较少时,随同客人去房间,沿途向客人介绍酒店设施与服务项目。如行李较多,推行李车走通道,进入房间前先敲门,将客人行李放好,主动向客人介绍入住须知(或由客房服务员介绍),然后礼貌退出客房,向客人告别,返回柜台填写行李登记表。

(3)若是贵宾、常客或VIP客人,派专人提送行李,特别照顾。入住时行李服务做到快速、准确、安全。

(二)客人离店行李服务

(1)客人离店,查离店分析表或根据客房人员电话通知,到客人房间报到。

(2)进房时先敲门,经允许后进入客房,帮助客人整理或提送行李回到前厅。客人办理退房手续,交回钥匙后,请客人清点行李件数,送客人离店,帮助客人将行李装车,然后礼貌地同客人告别,祝"旅途愉快,欢迎再次光临"。

(三)团队行李服务

(1)团队客人到达,就同旅行社行李员一起清点客人行李件数,填写"团队行李交接登记表"。双方签字,后将行李送到大厅网好。团队客人办理入住登记时,准确核对客人行李,按房号将行李卡拴在客人行李上。再将行李送到客房分发,要快速准确,装车卸车时注意客人行李安全。

(2)团队客人离店,要按柜台通知的收取行李时间到楼层将客人行李集中送到大厅网好。客人办理退房手续后,请客人清理行李件数,再送到门口装车,并和旅行社行李员或领队办理交接手续,主动同客人告别。

(四)行李寄存服务

(1)客人短期外出或休假要求暂时寄存行李,寄存处服务员应主动迎接客人,清点行李件数,请客人填写"暂存行李单",并检查客人签名、寄存件数、期限、存单号码,然后将客人行李整齐地放入库房行李架上,安全保管。

(2)客人或客人委托的代理人来领取行李,要逐一核对寄存单和客人所持副本,审核客人签字和行李件数,然后将行李交给客人或按客人要求送入客房。若是委托代理人领取则填写"客人移交物品登记表",请被委托人签字,然后逐一清点后发放。

(3)寄存行李超过期限,应按酒店规定收取寄存费。寄存中做到客人行李分别集中存放、摆放整齐,不发生损坏、丢失和差错。

七、电话总机服务礼仪

(一)电话接转服务

熟悉常用电话号码,电话铃三响内接听(若因业务太忙应请客人稍候),主动问好,自报店名或岗位,听清客人要求后迅速准确地接转电话,无人接听时迅速转告来电人,询问是否需要留言,服务细致周到。

(二)长途电话服务

客人打国际或国内长途电话,主动提供国家或地区电话号码,问清客人姓名、房号和具体要求,及时拨通长途台通报本机号码、分机号码、话务员代号和长途台话务员代号,做好记录或输入电脑。电话接通后请客人讲话,若客人直接拨通长途电话,亦做好记录或开通电脑。通话后准确及时地通报客人计话时间,办理客人挂账或收款手续。若客人用信用卡结账,应问清客人姓名、房号和信用卡号码,准确办理挂账手续。

(三)代客留言与叫醒服务

(1)如客人来电找不到受话人请求留言,应问清留言人和受话人姓名、房号、电话号码和留言内容,做好记录,并向客人复述一遍。受话人回来后及时转告。

(2)客人要求叫醒服务(包括柜台问询处提供的叫醒服务),要问清客人姓名、房号、叫醒时间,将信号输入电脑或做好记录。若是贵宾、重要客人,则派专人叫醒或提前5分钟电话催请叫醒。

八、前厅收款服务礼仪

(一)客账准备

掌握当日离店客人名单和房号,审核客户住期,每日房费、餐费、电话、洗衣等各项费用记录、票据和应收款,并催收客人账单,准确无误后,等候客人前来结账。

(二)收款服务

1. 现金收款

主动迎接客人,表示问候,问清客人姓名、房号,并询问客人当天是否打过电话、叫过餐或用过客房酒水等,然后取出客人账卡,逐一核对,开出账单,请客人审核,准确无误后请客人交款,钱款当面点清,然后向客人表示感谢,祝客人旅途愉快。

2. 信用卡结账

如客人离店使用信用卡结账,应主动问好,请客人出示信用卡,然后审核每日账目,结出总账,请客人过目。收款员审核客人信用卡号码是否属本店可以接收范围，然后填写数额，使用信用卡压卡机作收款凭证处理，请客人签字。准确无误后向客人表示感谢，欢迎再次光临。

3. 旅行支票结账

如客人用旅行支票结账，应主动问好，检查本店是否接收该种旅行支票，然后按信用卡结账操作规范处理。但要和接收银行联系，准确无误后方可办理。

九、商务中心服务礼仪

商务中心是现代饭店的标志，肩负着为宾客传递各种信息、提供秘书服务和其他帮助的任务。大多数饭店为了方便客人、吸引更多的商务客人，都设立了功能不等的商务中心。

1. 电传与传真服务

客人前来发电传与传真，主动迎接问好，并询问客人姓名、发往国家或地区，请客人出示文稿，填写电传、传真发送登记表。审核文稿后开通机器，查询线路是否畅通，然后迅速发出；若线路不通，请客人稍等或办理挂账收款手续，事后按客人要求时间发出。

收到客人电传或传真，要做好登记，及时转交给客人或请客人来取。

2. 电脑打字服务

客人前来打字，应主动接待问好，审核文稿，确认字迹是否清楚，问清字体格式、校稿时间，并做好登记，然后熟练上机打字，控制错字率。打好后请客人校对，修改版式，然后按客人要求装订。若客人自带U盘，先做病毒检查，凡有病毒者不能接收，并礼貌地向客人表示歉意。打字服务要快速、准确，登记、收款或挂账手续要完善。

3. 复印服务

客人要求复印文件，应主动迎接，审核文件字迹，并问清所需纸型、份数及装订要求，做好登记，然后操纵复印机按客人要求复印，检查复印效果，装订好后交给客人或请客人来取，准确收费。

4. 寄送快件服务

客人要求商务中心寄送快递文件、物品，要主动迎接，若是寄往国外的邮件,需按限定种类检查内容或物品,审核发往国家或地区的地址、收件人、邮政编码填写是否清楚准确,填写登记表,然后按时发出。

5.通信电码与长途电话引导服务

商务中心备有各种商务机构名录,客人来查询或查阅有关商务机构的通信电码,要主动迎接,帮助客人查找或请客人自查;收到与本店客人有业务往来的海外或国内机构通信电码变动信息要及时分类,转告客人或留档备查。店外客人来打国内或国际长途电话,应主动迎接,及时接通总机,引导客人,并做好登记和收款服务,手续完善。

【复习思考题】

1.前厅服务流程中有哪些礼貌礼仪要求?
2.前厅接待服务有哪些常用敬语?
3.前厅门卫礼仪有哪些规范?
4.前厅总台服务礼仪有哪些规范?
5.前厅行李服务礼仪有哪些规范?

典型案例

客人需要什么样的五星级服务?

一天上午,Pluto 公司在一家五星级酒店的多功能会议厅召开会议。其间,该公司职员李小姐来到商务中心发传真,发完后李小姐要求借打一个电话给总公司,询问传真稿件是否清晰。"这里没有外线电话。"商务中心的服务员说。"没有外线电话,稿件怎么传真出去了?"李小姐不悦地反问。服务员:"我收了你的传真费,并没有收你的电话费啊?!更何况你的传真费也不够。"李小姐说:"啊,还不够?到底你要收多少呢?开个收据我看一看。""我们传真收费的标准是:市内港币 10 元/页;服务费港币 5 元;3 分钟通话费港币 2 元。您传真了两页应收港币 27 元,再折合成人民币,我们要实收人民币 29.16 元。"服务员立即开具了传真和电话的收据。李小姐问:"传真收费和电话收费是根据什么规定的?""是我们酒店的规定。"服务员出口便说。李小姐:"请你出示书面规定。""这不就是价目表嘛。"服务员不耐烦地回答说。李小姐:"你的态度怎么这样?""您的态度也不见得比我好呀。"服务员反唇相讥。李小姐气得付完钱就走了。心想:五星级服务,难道就是这样的吗?

[评析]

案例中的服务员不具备一名合格商务人员的基本素质。接待服务工作是一门综合艺术,是非常讲究接待服务方法、技巧的。要提高服务质量,就要求服务人员必须接受专业的训练,才能使他们无愧于五星级的标志。

第七章　餐饮接待服务礼貌礼仪

学习目的

● 掌握服务流程中的礼貌礼仪要点
● 熟悉餐饮宴会服务礼仪规范
● 了解餐饮接待服务常用敬语

基本内容

● 服务流程中的礼仪要点
● 餐饮接待服务常用敬语：迎客服务敬语、领位服务敬语、点菜服务敬语、上菜服务敬语、结账服务敬语
● 餐饮宴会服务礼仪规范：订餐服务礼仪、中餐零点服务礼仪、西餐零点服务礼仪、自助餐服务礼仪、酒吧服务礼仪、中餐宴会服务礼仪、西餐宴会服务礼仪、鸡尾酒会服务礼仪、客房送餐服务礼仪、特殊情况服务礼仪

第一节　餐饮接待服务流程中的礼貌礼仪要点

　　餐厅是酒店宾客用膳的主要场所，是酒店的重要服务部门。餐厅不仅是客人就餐的固定场所，也是客人进行人际交往的重要场所。这就要求餐厅服务人员，必须全面了解和遵守服务中的各种礼貌礼仪。在服务中做到热情、亲切、周到、细致而又富有情趣，以实际行动提供给

客人多种享受。

一、餐前准备服务礼貌礼仪

(一)个人卫生

服务中坚持做到岗位服装干净、整洁,头发清洁、无头屑,发型大方、简单、易梳理。厨师要戴工作帽。饮食区不许吸烟,不许嚼口香糖。不得在食品服务区梳理头发、修剪指甲。不能面对食品咳嗽或打喷嚏,来不及躲避时,应用卫生纸遮住口鼻,用后立即扔掉。不能在洗碗池里洗手。应用香皂、洗手液、热水或流动水洗手。要备有专用擦手巾。员工就餐后,必须洗手,才可上岗。

(二)仪容仪表

着装整齐,颜色明快光鲜。男服务人员着西装、系领带;女服务员着西装或西服裙及肉色丝袜,穿皮鞋;迎宾小姐一般身着中式旗袍,斜挎欢迎彩带;女服务员着淡妆,不可戴饰物。

二、餐厅领位服务礼貌礼仪

餐厅领位是餐厅服务流程中的第一个环节,同时兼有服务和礼仪两种职能。餐厅领位员在餐厅门口负责迎接、引座和欢送客人服务,基本要求是:着装整洁、仪容美观、仪表大方、微笑服务、热情待客。

(一)主动迎接客人

领位员站在餐厅门口一侧,客人前来用餐时,主动上前迎接,面带微笑,向客人微微点头致意并热情打招呼问好,"先生/小姐""午安""晚上好"。在迎接客人时要注意三个问题。

(1)坚持一视同仁。不管客人是内宾还是外宾,熟客还是第一次来用餐的客人,都要主动热情地迎接,不可厚此薄彼。

(2)迎客时要主动接过衣帽,在征得客人同意后将客人衣帽放好。

(3)如果餐厅坐位已满或有的客人需要等人聚齐时,可以先请客人在门口休息室或沙发上等候。若客人有急事,一般不要安排客人拼桌就餐,以免引起双方难堪,可安排客人到附近餐厅就餐。

(二)问清客人基本情况

客人前来用餐,一般情况下要说"请问先生/小姐,一共几位",或问

"先生/小姐,您有订餐吗""您已订位了吗",然后根据客人具体情况安排餐位,引导客人入座。对有订餐、订位的客人,直接将客人引导到已经预订的坐位上用餐。如果是男女宾客一起进来,领台员应先问候女宾,然后再问候男宾。

(三)引送客人到餐位

"迎客走在前、送客走在后、客过要让路、同走不抢道",这是餐厅服务人员迎送宾客时应掌握的礼貌常识。

(1)宾客初来,对餐厅环境不熟悉,引座员应礼貌迎客走在前面,目的是为客人引路入座。引座时,应对宾客招呼"请跟我来",同时伴之以手势。手势要求规范适度。在给客人指引大致方向时,应将手臂自然弯曲,手指并拢,手掌心向上,以肘关节为轴,指向目标,动作幅度不要过大过猛,同时眼睛要引导宾客向目标望去。这里切忌用一根手指指指点点,显得很不庄重。

(2)引座员领宾客时,应在宾客左前方1米左右的距离行走,并不时回头示意宾客。

(3)引送客人时要帮助客人选择合适的餐位。

①考虑客人人数,尽量利用餐位,方便客人用餐。除团体客人外,多人一起前来用餐,要尽可能安排在同一餐厅内。

②尊重客人意愿,安排合适的餐位。如情侣或谈生意的客人,要安排靠边角比较清静的餐位;聚会客人要安排在中间的大餐桌上;年老体弱的宾客用餐,其坐位应尽可能安排在行走路线较短、出入比较方便并且较为安静的位置;当贵宾光临时,要把他们安排在本餐厅最好的位置就座;带小孩的客人,要把小孩安排在靠墙角、不易随便下位乱跑的餐位上,等等。

③注意餐厅各区域的忙闲程度,合理调配客人。一般餐厅是划片分区提供服务的,引领客人时就要注意各区域的忙闲程度,不可过分集中,特别是翻台率较高时更要注意,以提高餐位利用率。

④讲究礼仪,尊重客人风俗习惯,迎接欢送客人应坚持先来后到的原则。由于西方国家存在女士优先的思想,因此,多人一起前来用餐,迎接欢送客人都是坚持先女宾后男宾,先主宾后随从,以尊重客人的风俗习惯。

(四)为客人拉椅让座

引导客人来到餐位后,领位员先问"这个位置您满意吗",然后再拉椅让座。其具体做法是:双手将椅子拉出,右腿在前,膝盖顶住椅子后部,待宾客曲腿入座的同时,顺势将椅子推向前方。推椅子动作要自然、适度,注意与客人的默契合作,使客坐稳。如有多位客人就餐,应首先照顾年长者或女宾入座。这时要注意三个问题。

(1)拉椅子让座同样要坚持先女宾后男宾、先主宾后随从的原则。一般情况下,应将女宾让到面向餐厅门口的餐位上。

(2)如同批客人人数较多时,可示意性地为其中一两位客人拉椅让座。

(3)客人入座后,领位员应把客人介绍给桌面服务员。如果桌面服务员正在忙着接待别的客人,可请客人稍候,给客人倒上茶水,然后将点菜单递送给客人。回到餐厅门口去迎接别的客人时,应主动向客人打招呼说"希望您吃得满意"。

三、客人用餐服务礼貌礼仪

(一)斟茶服务

待宾客入座后,应为宾客斟茶递香巾。上茶时将茶杯放在托盘里,轻轻放置在餐桌上。放茶杯时,切忌以手指接触茶杯杯口。需要续茶时,应右手握壶把,左手按壶盖,将茶水徐徐倒入杯内,注意不要将水倒得太满,以免外溢,约占水杯的 3/4 即可。分发香巾时要放在小碟内,用夹钳递给宾客。

(二)点菜服务

1.菜单服务

值台员要随时注意宾客要菜单的示意,适时地递上菜单。递送的菜单应干净无污损。

(1)递送菜单时要注意态度恭敬,不可将菜单往桌上一扔或是随便塞给客人,或不待客人问话即一走了之,这是很不礼貌的举动。

(2)如男女客人一起用餐时,应将菜单先给女士,如很多人一起用餐,最好将菜单递给主宾,然后按逆时针方向绕桌送上菜单。

(3)客人考虑点菜时,值台员不要催促,或是以动作(如敲敲打打等)来显示不耐烦,可站在旁边。站立姿势要端正,距离要适度,不要双手环抱于胸前或叉腰,也不要手扶桌面或椅背,脚不能蹬在椅子上,切忌手搭在椅子上直摇、脚蹬在椅子上直晃,使客人有如坐针毡之感。

2.推销菜点服务

观察客人嗜好,了解客人就餐目的,向客人重点介绍各种特色的菜点。

(1)观察客人嗜好。餐厅客人情况复杂,来自不同国家、地区,生活环境各不相同,消费水平也不一样。因此,只有认真观察客人嗜好、禁忌后,才能有针对性地帮助客人选菜配菜,让客人吃得满意。

(2)介绍饮食产品。餐厅服务过程就是饮食产品的推销过程,一个餐厅的菜单一般有40～50种产品,客人具体需要哪些菜点,是由多种因素决定的。对有身份地位的客人,可先介绍高档产品;专家学者,多介绍清淡食品;不同季节推销时令产品等。在点菜过程中,尽量突出不同产品的风味特点、吃法,刺激客人需求。

(3)注意客人需求。要尊重客人的民间习俗和自身特点,尽量满足他们的特殊需求。当回答客人、征询意见、介绍和推荐本餐厅的特色和时令菜肴时,要顺便介绍一下所点菜肴的烹制时间,以免客人因久等而不耐烦。同时要注意观察揣摩客人的心情和反应,即要察言观色,不要勉强或硬性推荐。

等待宾客点菜时,服务人员要集中精力,随时准备记录。同宾客谈话时,上半身略微前倾,始终保持面带笑容,客人点的每道菜和饮料等,都要认真记录。如果宾客点的菜今日没有现货供应,要礼貌致歉,求得宾客谅解。在岗服务人员最好与厨房及时沟通,了解今日菜肴供应情况。如果宾客点出菜单上没有的菜时,服务人员也不要不假思索立即予以回绝。可以说"对不起,这道菜目前菜单上没有,请允许我马上与厨师长商量一下,看能否尽可能满足您的要求"等,这样,既不失礼貌,又可以体现出本餐厅想客人之所想,满足客人特殊要求的良好服务特色。

(三)席间服务

1.斟酒服务

服务人员在为客人斟酒水时,要先征得宾客同意,讲究规格和操作程序。

(1)凡是客人点用的酒水,开瓶前,服务员应左手托瓶底,右手扶瓶颈,商标向客人,请其辨认(见图 7-1)。这主要包含着三层意思:一是表示对客人的尊重,二是核对选酒有无差错,三是证明商品质量可靠。斟酒多少的程度,要根据各类酒的类别和要求进行。斟酒时手指不要触摸酒杯杯口或将酒滴落到宾客身上(见图 7-2)。

(2)斟酒时应先主宾、后主人,然后按顺时针方向依次绕台斟酒。如果是两名服务员服务时,应一个从主宾开始,另一个从副主宾起,依次绕台斟酒(见图 7-3)。

图 7-1

图 7-2

图 7-3

2.上菜服务

餐厅服务要讲究效率,节约客人时间。一般来说,客人点菜后10分钟内凉菜要摆上台,热菜不超过20分钟。

(1)传菜时要使用托盘取菜,要做到菜点的拼摆图案不因经历送菜过程而受到破坏,并注意托盘内热菜必须热上,凉菜必须凉上。

(2)酒店餐厅服务员对于厨师做出的菜肴要做到"五不取":即数量不足不取;温度不够不取;颜色不正不取;配料、调料不齐不取;器皿不洁、破损和不合乎规格不取。

(3)服务人员在餐厅服务时,应做到"三轻":即走路轻、说话轻、操作轻。取菜时要做到端平走稳,汤汁不洒,走菜及时,不拖不压。从餐厅到厨房要力求做到忙而不乱,靠右行走,不冲不跑,不在同事中穿来穿去。走菜时要保持身体平衡,注意观察周围的情况,保证菜点和汤汁不洒、不滴。将菜盘放到餐桌时不能放下后推盘,撤菜时应直接端起而不能拉盘。餐厅操作要按规程要求,斟酒水在客人的右侧,上菜从客人的右侧,分菜从客人的左侧,而餐中撤盘则从客人的右侧。

(4)上菜时要选择操作位置,上菜的位置要在陪座之间,一般不要在主宾和主人之间。上菜前,在菜盘中放一副大号的叉、匙,服务员双手将菜放在餐桌的中央,同时报上菜名,必要时简要介绍所上菜肴的特色掌故、食用方法、风味特点等,然后请宾客品尝。有的风味食品如需要较为详细介绍,应事先征得客人的同意。

(5)服务人员每上一道新菜,须将前一道菜移至副主人一侧,将新菜放在主宾、主人面前,以示尊重。餐台上菜一般只留下两道,当第三道菜上桌时,餐台上原有的两道菜就应撤下一道。上菜和撤菜前,要事先打招呼,征询宾客的意见,待宾客应允后方可操作,以免失礼。撤菜的位置与上菜的位置相同。掌握正确的上菜和撤菜方法,能为宾主之间创造良好而和谐的气氛,不至于中断或影响进餐的正常进行。

3.派菜服务

派菜是由服务员使用派菜用的叉、匙,依次将热菜分派给宾客。

(1)顺序是先客人,后主人;先女宾,后男宾;先主要宾客,后一般宾客。如果是一个人服务,可先从主宾开始,按顺时针的顺序逐次派菜。

(2)派菜服务员用左手垫上布将热菜盘托起,右手拿派菜用的叉、匙进行分派。服务员要站在宾客左侧,站立要稳,身子不能倾斜在宾客身上,腰部稍微弯曲。派菜时呼吸要均匀,可以边派菜边向宾客讲明菜点的名称,但要注意说话时头部不要距离宾客太近。边讲边派菜时,一定要注意力集中,熟练地掌握叉、匙夹菜的技巧,在宾客面前操作自如。

(3)派菜时要掌握好数量,做到分让均匀,特别是主菜。派菜要做到一勺准,不允许把一勺菜分让给两位宾客,更不允许从宾客的盘中往外拨菜。

4. 撤盘服务

当整桌的宾客把刀、叉并放在盘子里,汤匙放在汤盘里,表示已经用餐完毕时,方可撤下餐具。但目前也有一些外宾不是很注重这方面礼仪,遇到这种情况时,服务员可上前有礼貌地询问一下,征得客人同意后撤下盘子,不要贸然行事。

(1)撤餐具时应按逆时针方向进行,从宾客的左侧用左手将盘子撤下;如果是西餐宴会服务撤餐具时,要从宾客的右侧撤,要用右手撤盘,左手接盘。

(2)如果餐桌上有女宾,则应从女宾开始撤盘。撤盘时不要一次过多,以免发生意外事故。

(3)撤下的餐具要放到就近服务桌上的托盘里,不要当着宾客的面刮盘子内的剩菜或把盘子在餐桌上堆起很高再撤掉。

5. 其他服务

(1)有的外宾对中餐餐具很好奇,虽然不会用,但也愿意尝试一下,如用筷子夹饺子等。当遇到他因使用方法不当,夹不上东西时,服务员应主动上前询问"我能帮助您吗",在宾客同意后,取用一双备用筷,为其做正确使用的示范动作。但要注意,示范时让客人自己夹菜,服务员不要用筷子来回摆弄客人盘中的菜肴。

(2)如果宾客不慎将餐具掉落到地上,服务员应迅速上前取走,马上为其更换干净餐具,绝不可在客人面前用布擦一下再递给客人继续使用。

(3)如果有宾客的电话,服务员应轻轻走到客人身边,轻声告诉客人,不可图省事而大声呼唤,以免引得餐厅内其他客人注目。

典型案例

"热情服务"应把握好度

几位久别重逢的老同学一起到某酒店的餐厅用餐。在点菜的时候,服务员热情地向他们推荐了酒店特色菜——麻辣小龙虾,客人们欣然接受。

当麻辣小龙虾上桌后,服务员又热情地向客人介绍本店小龙虾制作的独到之处,客人们表示非常满意。期间,服务员一直非常热情地为客人服务。客人刚吃了一会儿,服务人员就走过来,说:"对不起,先生,给您换一下餐碟好吗?"就这样换了三次。酒菜过半,这些好朋友们谈兴正浓,回忆着过去美好的大学时光,这时,服务员又过来了:"对不起,先生,给您斟酒。"一名客人突然愤怒地冲服务员大声叫道:"你怎么这么烦呀!没见到我们正在说话吗?"服务员一下子就愣住了,不知道怎么办才好。

[评析]

尽管酒店餐厅服务规程明确规定:当客人餐碟中的骨刺杂物超过三分之一时必须及时撤换、当宾客杯中酒水不足三分之一时应及时添至八分满,等等,但是,这些规程的执行是以不干扰客人为原则的。服务员在提供这些服务的时候,应该观察一下宾客的需求,当宾客正谈得兴致很高的时候,是不可以强硬地提供服务的,这时的服务不仅无法满足客人的需求,而且会被客人认为在干扰他的自由。因此在服务过程中,服务员应根据具体情况与宾客保持一定的距离,做到无干扰的热情服务。

四、送客服务礼貌礼仪

餐后服务是饮食优质服务的最后一个环节,其服务质量如何,直接影响客人对餐厅的印象。

(一)询问客人,征求意见

客人用餐结束后,服务员要主动询问客人,征求客人意见和反映。如问"先生/小姐,您觉得满意吗""欢迎您提出宝贵意见""欢迎您下次光临"等。

(二)收款结账,告别客人

客人用餐将要结束时,服务员要准备好账单,请客人过目,请求付款。账单核实无误后,不要用手直接把账单递给宾客,应将其放在收款盘里或收款夹内,账单正面朝下,反面朝上,送至宾客面前,表示礼貌和敬意。

如果是住店客人签字,服务员要立即送上笔,同时有礼貌地请宾客出示酒店欢迎卡或房间钥匙,检查要认真,过目要迅速。不论是签单还是付现金,服务员都应向客人道谢。宾客起身离去时,服务员应及时为宾客拉开座椅,方便其行走。宾客出门前,服务员应注意观察并提醒客人不要遗忘随身携带的物品。要礼貌地将宾客送至餐厅门口,可以说"再见""欢迎您再来"等,并可视情况躬身施礼,目送客人离去。

第二节 餐饮接待服务常用敬语

一、迎客服务敬语

您好。见到您很高兴。
How do you do? Glad to meet you.
欢迎您到我们餐厅来。
You are welcome to dine in our restaurant.

二、领位服务敬语

请问一共几位?
How many people, please?
请往这边走。请跟我来。请坐。
Please come this way. Please follow me. Sit down, please.
请等一等,我马上给您安排。
Please wait a minute, I'll arrange it for you right now.

请等一等,您的桌子马上就准备好,请先看看菜单。
Please wait a moment, your table will be ready right away. Please look at the menu first.

您喜欢坐这里吗?对不起,您跟那位先生(女士)合用一张台好吗?
Would you like to sit here? Excuse me, would you like to share the table with that gentleman(lady)?

对不起,这里有空位吗?
Excuse me, is there any vacant seat?

三、点菜服务敬语

对不起,现在可以点菜吗?
Excuse me, may I take your order now?

您喜欢喝点什么酒?我们有……您喜欢吗?
What wine would you like to have? We have… Would you like…

请尝尝今天的特殊菜好吗?
Would you like to try today's special?

饭后您喜欢吃点甜品吗?
Would you like some desserts?

请问还需要什么?
What else would you like?

真对不起,这个菜需要一定时间,您能多等一会儿吗?
Sorry, it takes some time for this dish, could you wait a little bit longer?

真对不起,这个品种卖完。我跟厨师联系一下,会使您满意的。
I'm very sorry, that dish in not available now. All right, I'll contact the cook and see to it that you are satisfied.

对不起,这种酒只卖零杯,您看杯大一点好吗?
Sorry, this wine is only sold by glass, how about a bigger one?

如果您赶时间的话,我给您安排一些快餐饭菜好吗?
Can I arrange a snack for you if time is pressing for you?

四、上菜服务敬语

现在上菜好吗？真抱歉，耽误了您很长时间。
Would you mind serving now? I'm sorry to make you wait for such a long time.

对不起，这是您的菜吗？
Excuse me, is it yours?

实在对不起，我马上为您重做。请原谅，我把您的菜搞错了。真抱歉，请再多等几分钟。
I'm really sorry. I'll do it again for you at once. Pardon me, I've made a mistake about your dish. I'm awfully sorry, Please wait a few more minutes.

对不起，我问清楚马上就告诉您。
Sorry, I'll let you know when I make sure of it.

给您再添点饭好吗？您喜欢再要点别的吗？
Would you like some more rice? Anything else would you like?

您喜欢吃点水果吗？
Would you like to have some fruits?

您吃饱了吗？
Is it enough?

您吃得满意吗？
Did you enjoy your meal?

我可以撤掉这个盘子吗？
May I take away this dish?

对不起，打扰您了。谢谢您的帮忙。
Sorry to disturb you. Thank you for your help.

五、结账服务敬语

我可以清理桌子吗？
May I clear this table?

现在可以为您结账吗?
May I make out the bill for you now?

请您签字。请您出示房间钥匙。请您写上您的名字和房间号码。
Please sign it. Could you show me your room key, Please? Sign your name and room number on the bill, Please.

对不起,我们这里不可以签单,请付现款好吗?
Sorry, you can't t sign the bill here, cash only. if you please.

一共××元,谢谢。这是找给您的钱。
××Yuan in all. Please, Thank you. This is your change.

六、送客服务敬语

希望您吃得满意。谢谢,欢迎再来。
I hope you enjoyed your dinner. Thank you. Welcome to come back again.

第三节 餐饮宴会服务礼仪规范

一、订餐服务礼仪

(一)岗前准备

订餐员着装清洁、整齐。左胸佩戴员工牌,穿黑色皮鞋。男服务员着西服系领带,女服务员着西服或西服裙、肉色丝袜、黑皮鞋,淡妆上岗。

(二)订餐服务

(1)宾客前来订餐,要拉椅让座,使用服务敬语,微笑服务。对于宾客的询问要礼貌应答,不清楚或不宜解答的问题要想方设法查清或婉言告知,不能使用否定语或作出含混不清的答复。

(2)遇有外宾前来订餐,要使用外语进行服务,最好能使用该宾客本国语言进行接待服务。

(3)主动介绍餐厅情况、历史发展、设施设备;主动推荐餐厅的菜点、食品;主动介绍餐厅的主菜、辅菜、汤类等风味特色;主动明码报价,有针对性地提供适合宾客口味的餐食供客人选择;主动在就餐时间和方式上方便宾客。

(4)在与宾客达成口头订餐协议后,可请宾客逐项填写订餐单。在填写前,对于可能会出现的问题,要与客人讲清。特别要请宾客填清就餐标准、就餐人数、就餐时间、就餐地点、付费方式、就餐布置及要求,最后请宾客签字。

(三)送别客人

订餐完毕,待客人起身后,订餐员应站起来拉椅,送别客人。应将自己的名字或印有餐厅地址、电话号码的餐厅情况的介绍卡送给客人,便于今后联系订餐。送客时服务员应与宾客点头示意,欢迎下次再来。

二、中餐零点服务礼仪

(一)餐前准备

根据宾客进餐情况,选好经认真消毒的餐具、用具,码放在备餐室柜中或服务接手桌上。所供应的酒水饮料在餐前准备好,放入冰箱中冷藏备用。服务员的仪表仪容、个人卫生要达标。按照要求摆台。

(二)迎宾引座

(1)迎宾引座服务员要仪表端庄大方,站立恭候宾客,面带微笑,立于餐厅门口一侧。

(2)见到宾客前来就餐要迎上前去致以问候,并说"欢迎""您早""请"等服务敬语。如遇一队宾客,则先向主宾致意,再向其他宾客问候,若其中有女宾,则应先向女宾问候。

(3)向来宾询问是否已订餐订位和用餐人数,然后引客人入座,递送菜单,并招呼看台员前来服务。

(4)合理安排席位。年轻的宾客安排在靠里边的坐位,老人或残疾人安排在离门口较近的地方就座,年轻的情侣可安排在靠近窗户并可看到景色的位置就座。另外,还应注意尽量不要把太多宾客同时安排在同一区域内,避免相互干扰。

(三) 看台服务

(1) 宾客就座,看台员应立即上前问候,并按就座宾客人数送上茶和香巾,然后手持点菜单记录本立于宾客左侧,记录菜肴名称,并适时向宾客推荐特色菜和时令菜,同时介绍高档菜肴。

(2) 宾客点菜后,应向宾客重复一遍,核对无误后,开出一式二联式三联单据。字迹清楚,类别分明,注明桌号、看台服务号码和宾客的特殊要求,如"清真"字样等。若宾客点了酒水,应先为宾客斟上第一杯酒(可适时为宾客续斟酒水)。上菜要按顺序,先冷菜,后热菜、米饭、汤、甜点、水果等。

(3) 上菜前一定要核对桌号与菜肴名称,在用餐过程中询问是否添菜和加酒。

(4) 用餐完毕,宾客提出结账,看台员用专用收款夹将宾客的账单恭敬地放在宾客面前,夹内账单正面朝下。当宾客起身离座时,看台员应主动上前拉椅、致谢、道别。

(四) 传菜服务

传菜员主要负责前台与厨间的衔接工作,主要工作是将厨房的菜传送到服务桌上,然后把前台撤下来的餐、茶、酒具撤走,送到洗涤间。

(1) 查对订菜单与所做菜肴是否相符,并核对桌号、看台服务号,防止出差。

(2) 走菜平稳,汤汁及时,不拖不压。从厨房取出的菜一律加上盘盖,由看台员送菜到宾客餐桌上再取下。

(3) 及时将餐厅用餐宾客的用餐情况通知厨房,以便掌握好上菜时机,保持餐厅与厨房的协调。

三、西餐零点服务礼仪

(一) 看台服务

(1) 宾客就座后,看台员应首先向宾客致以友好的微笑,并应设法记住宾客的姓名,使用服务欢迎敬语。如"早安,史密斯先生,欢迎您前来就餐"。在问候的同时应在宾客的杯中斟倒冰水(倒水时不要拿起杯来)。然后询问宾客是否要用餐前饮料或开胃品。

(2)接受宾客点菜。宾客点菜时看台员应端正地站在宾客一侧,腰部微弯,保持与宾客适当的距离,并且用事先与厨师商量好的缩写菜名认真记录,字迹要工整,记录完毕,与宾客核对无误后,将订菜单交给传菜员,再由传菜员将订菜单送交厨师和收款台。若宾客订有牛扒、羊扒等菜肴,服务员应问清宾客喜欢几成熟,并在订菜单上注明,菜点好后,根据宾客所订的菜式上齐应用餐具。

(3)点菜程序。从主人或女主人开始,如主人示意请宾客分别点菜,则从主宾开始(主宾一般坐在男或女主人的右边)。如果是一队宾客聚会,则从已选好菜的宾客开始。

(4)接受点菜应按逆时针方向进行,并记下点菜宾客的餐位编号,这样传菜员就可以根据编号准确传菜。有时还应有特殊符号,做到同时来的宾客,同时上菜。

(5)宾客订完菜后,要立即送上酒单(有的餐厅酒单与菜单是合在一起的)并询问宾客是否要订葡萄酒(西方人习惯一般进餐时要有葡萄酒佐餐)。

(二)传菜服务

传菜员在接到订菜单后,首先要按上菜顺序排列,然后交给厨师烹制。根据五不取的原则(与中餐零点传菜中的五不取要求一样)端取菜肴送到传菜接手桌,待看台服务员来取。传菜员接到一份以上的订菜单时,要记住订单的先后顺序,做到先来的宾客先服务、后到的宾客后服务。同时注意将所订主菜集中上桌。

(三)上菜规范

在西餐厅,看台员、传菜员、厨师三个环节要相互配合好,三点一线,才能将上菜服务做好。

早餐:送上果汁—送上蛋类、烤面包、黄油和果酱(撤掉已用完的果汁杯)—送上咖啡或茶—为宾客添加咖啡,同时可以清理台面,撤掉用过的餐具。

正餐(午、晚餐):送上面包和黄油—送上开胃冷盘—送上汤(撤下冷盘)—送上鱼虾类菜肴(撤下汤盘,如客人订了白葡萄酒可为宾客斟酒)—送上主菜(上主菜前要检查餐台上餐具是否符合要求,主菜摆放在宾客的正前方,如牛扒要将主料部分朝向宾客摆放,然后上沙拉调味汁(Salad Dressing)和牛肉汁(Sauce)—送上点心、水果(上点心、水果之前,将餐台上用过的餐具撤掉,餐台上只留下花瓶、蜡烛、水杯、烟缸和牙签筒)—送上咖啡、红茶(送红茶时可送上切好的柠檬片,撤去点心和水果餐具)。

(四)早餐服务

迎宾领位服务同中餐迎宾领位服务。客人入座后,可采取三种方式进行服务。

一是开单点早餐:一般是以蛋类、面包、牛奶、咖啡等为主,另外在用餐前要问清蛋类是煎蛋、煮蛋还是炒蛋及时间要求,同时为客人上饮料或红茶。

二是随要随上:开餐前只摆一般餐盘、水杯或刀叉,所用餐具根据所点早餐的品种随上随摆,使餐具与菜点相匹配。

三是常客用餐:根据客人的要求及习惯上早餐,如果汁、面包、蛋类、芝士、黄油、果酱、咖啡或红茶等。同时,每上一种早点,即摆一种或一套餐具。早餐结账采取用餐完毕即结账的方式,程序同中餐结账。

(五)正餐服务

1. 法式西餐正餐服务

特点是典雅、庄重、周到、细致。一是每一桌配一名服务员和一名服务助手,配合为客人服务。二是客人点菜后,菜食的制作在客人面前完成,半成品请客人过目,然后在带加热炉的小推车上完成制作,装盘后请客人品尝。三是每上一道菜都撤掉空餐具。四是菜点与酒类相匹配。五是每上一道菜都必须清理台面。

2. 俄式西餐正餐服务

特点是菜食的量大、油性大,服务操作不如法式细致。上餐次序为面包—黄油—冷盘—汤类—鱼类—旁碟—主菜—点心—水果—咖啡或者红茶。所有菜都是在厨房预先做好。另外,客人点菜后都由服务员派菜,派菜前先撤空盘,擦净盘,再按顺序给客人派菜。用毕餐后,待客人把刀叉放回盘子以后才撤盘。酒水与饮料服务与法式的相同,比较高雅、细致。

3. 英式西餐正餐服务

特点是上菜程序与法式、俄式相同,其操作实务与法式、俄式又有所区别。一是英式西餐不用餐盘,铺台时不摆餐盘,而是将口布叠好放在吃盘的位置上。二是客人所用餐具,除汤盘和冷盘外,其余都是将菜盘放到客人面前,让客人享用。三是服务过程中一般不派菜。

4. 美式西餐正餐服务

特点是比较自由、快速、简单、大众化,客人入座后,先将水杯翻过来,斟一杯冰水。上菜一律用左手从客人左侧上,撤盘时用右手从客人右侧撤走。主菜上完后上甜品,要先撤盘,整理台面,然后再上,其他餐具一般不动。

(六)撤餐具

撤餐具时一般应按逆时针方向进行,从宾客的身侧把盘子撤下。如餐桌上有女宾,则应先从女宾开始撤餐具。要按顺序一个一个地拿,用左手收,右手接,一次不宜过多,防止发生意外。在主菜盘撤下、上甜点水果之前,要用一块叠好的干净餐巾(或用白刷),把洒落在桌子上的菜、面包屑等扫进一个小盘或银制的小簸箕里。同餐桌上所用过的餐具,可以把银器材放在托盘一边,把所有玻璃器皿放在托盘的另一边,把大盘放在托盘的中间,餐巾放在盘子的最上面。

(七)结账和收款

当服务员看到宾客已将刀叉平放在盘子上,就预示着宾客已就餐完毕,此时可以结账了。服务员应当首先仔细检查账单,账单核实无误后,将其放到收款盘或收款夹里,账单正面朝下,送到宾客面前。宾客付款后,将账单与现金一同送到收款台,然后将零钱与收据一同交给宾客。如是住店宾客签字,服务员应在送上笔后,查对一下饭店欢迎卡或房间钥匙,再让宾客签字。无论签单还是付款现金,服务员都应表示感谢。

四、自助餐服务礼仪

自助餐设有菜台。菜台上摆放着各种精美菜点和餐具,菜台周围配有餐桌和坐椅。自助餐的形式有中式自助餐、西式自助餐和中西结合式自助餐。

(一)开餐前的准备工作

(1)看台员的岗前准备。包括:搞好菜台周围的环境卫生,更换菜台的台布,菜台上可摆放鲜花装饰,将已消毒的餐具码放在菜台的一边,保温用具及厨师在餐厅现场切配菜肴的工具也应准备好。冷菜、热菜、点心、水果要分别依次摆放。热菜上台后应马上用保温锅保温,保温的方法是在保温锅下点燃固体燃料,使锅内的水保持沸腾的状态,使菜肴始终保持一定的温度。准备宾客取菜用的分用匙、叉。

(2)看餐桌服务员的岗前准备。将餐桌椅按规格摆齐整,并清洁周围卫生。按规定摆台,如按零点方式摆台,但不摆餐盘和餐花。准备好酒水饮料,整齐地码放在服务桌上。

(二)看台服务

(1)宾客进入餐厅,服务员有礼貌地欢迎宾客,并为宾客介绍菜点名称、为宾客递送餐盘。

(2)当宾客来菜台取菜,服务员要及时整理菜台,撤下空菜盘,添加菜肴,使菜台整洁美观,菜肴始终丰盛。

(3)看台服务员密切与厨房联系,需添加的菜点要尽快通知厨房,不能等菜台上的菜肴用完后再去取,否则会影响宾客进餐。

(4)随时整理菜台,尽量不要当着宾客的面将菜归类,并将用完的餐盘送到后台。同时,注意及时添加保温锅里的热水,检查固体燃料是否需要更换。

(三)看餐桌服务

(1)宾客入座后,及时询问其所要的酒水并为其进行斟倒。

(2)随时撤掉宾客用过的餐具,保持桌面整洁。宾客每次取菜时,服务员应对餐桌进行小整理,并将餐巾整理好,摆在宾客的餐具旁。

(3)宾客用餐完毕,服务员应拉椅表示谢意。自助餐的上汤、上饮料等与中、西餐零点服务规范相同。

五、酒吧服务礼仪

酒吧由吧台、操作台、酒柜、冷藏柜、展览橱窗等组成,吧台外面用高级的皮塑材料装饰包装。

(一)送酒服务

(1)迎。对前来品尝酒水的宾客表示欢迎。

(2)递。宾客就座后递给宾客酒单。

(3)介。向宾客介绍新的饮料和各种小吃。

(4)送。将宾客选定的酒水和饮品,用托盘从左侧送上。操作时一定要轻拿轻放,手不能触摸杯口,拿杯子的下半部,让宾客感到卫生。有女宾则先给女宾,再给男宾。

(二)调酒服务

(1)调。为不失礼节,一般不背向宾客,转身取背后酒瓶时,也要斜着身子去取,摇晃酒壶的动作不要过大,也不可太做作。

(2)斟。吧台前的宾客应倒满一杯,席座宾客可斟至八分满,斟酒时要由左至右,再由右至左反复斟,使各杯的酒水浓度均匀。

(三)结账服务

(1)结。尽快为宾客结账,要唱收唱付。

(2)谢。客人付款后要对客人表示感谢,并欢迎宾客下次光临。

(3)慎。对于情绪激动或醉酒的宾客,结账时要慎重,最好有与他同来的同伴相陪,避免发生纠纷。

六、中餐宴会服务礼仪

(一)餐前准备

1.按照中餐宴会摆台的要求摆好宴会桌

中餐宴会一般使用圆桌,无论是两桌还是多桌均有相应规范可循。

(1)由两桌组成的小型宴请有两种具体摆放形式(如图7-4所示):①"面门定位""以右为尊",两桌横排时,右桌为尊;②"面门定位""以远为上",两桌竖排时,远桌为上。

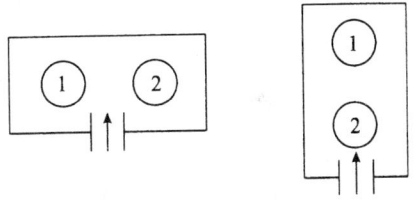

图 7-4 中餐小型宴会桌次安排

(2)三桌以上的团体宴请除了遵循"面门定位""以右为尊""以远为上"的原则外,更要注意"主桌居中""主桌定位"的原则(如图 7-5)。

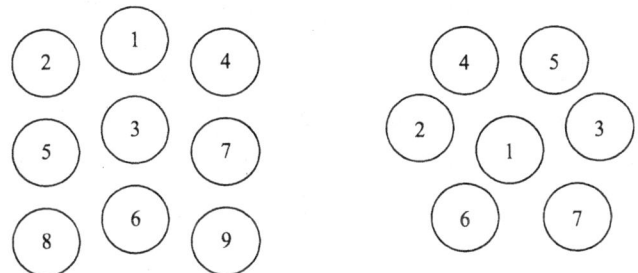

图 7-5 中餐团体宴会桌次安排

中餐宴会上的主桌主要有两种摆放形式:一种是长方形横摆桌,主宾面向众席而坐,此种方式仅在少量特殊商务宴会上使用;另一种是普遍使用的大圆桌,圆桌中央设花坛或围桌,此种方式适合各种场合使用。

此外,中餐宴请时每张餐桌上的位次也有主次尊卑之别。中餐习惯于按职务和身份高低排列席位。如果携夫人出席,通常将女士排在一起,即主宾坐在男主人右侧,其夫人坐在女主人的右侧(如图 7-6)。如遇主宾身份高于主人时,为表示对主宾的尊重,请主宾坐在主人的位子上,主人则坐主宾的位子。

排列位次的基本方法:①主人坐主桌,面门而坐;②多桌宴请时,各桌均有一位主桌主人的代表就座,且所坐位置应与主桌主人同向;③各桌上位次的尊卑,以距离所在桌主人的远近而定,以近为上,以远为下;④各桌均讲究以右为尊。

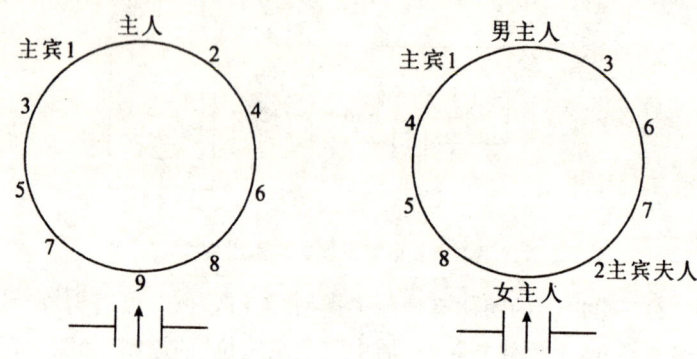

图 7-6 中餐正式宴会座次安排

2. 备好酒水饮料

将宴会使用的各种酒水饮料整齐地摆放在服务桌上,并准备好休息室用的茶杯、茶壶及热水,将洗净消毒的小毛巾,在水中浸湿后取出叠好,放入保温箱内备用。

3. 备好冷菜

宴会开始前 10~15 分钟摆好冷菜,要轻拿轻放,保持冷菜的拼摆造型。同时要注意荤素搭配,颜色调开。有条件的酒店最好用保鲜纸包盖冷菜。

4. 斟好酒水

大型宴会开始前 10 分钟,将烈性酒和葡萄酒斟好。应做到不滴不洒,以八分满为宜。

(二)欢迎宾客

(1)宾客到达时,服务员需热情欢迎,使用服务敬语。引导至休息室入座后,服务员要斟倒茶水或饮料,并送上香巾。

(2)普通宾客的衣帽,服务员接过后可挂到衣帽间较为明显的地方,便于取拿。重要宾客的衣帽可提醒宾客送到餐厅衣物寄存处。

(三)席面服务

(1)宾客进入宴会厅要由服务员引导入座,大型宴会应按座号对号引导宾客入座。

(2)宾客入座,服务员要打开餐巾,铺在宾客膝上或递给宾客,由宾客自己随意铺在膝上。然后根据宾客的要求斟酒水饮料。

(3)为客人斟倒啤酒时要注意轻倒,与杯口距离为1厘米,防止溢出。若宾客要汽水与啤酒一起合用,应先倒汽水,后倒啤酒,以防溢出。

(4)小型宴会要为宾客先倒葡萄酒后倒烈性酒,但切忌站在一个位置为左右两宾客斟酒。

(5)宾主讲话时,服务员要站在服务桌旁侍候,看台服务员还要列队立正,以示礼貌。

(6)当主宾起身敬酒时,要帮助主宾把椅子向后拉,就座时要将椅子向前推。主宾敬酒去其他餐桌,服务员要注意将其餐巾叠好。同时要注意为餐桌上无酒或少酒的宾客斟酒。

(四)上菜服务

(1)大型宴会上菜速度要以主桌为准,全场统一,并按酒店规定的办法去做(看信号或听音乐),做到主桌上哪道菜,其余各桌都上哪道菜,不允许任何一桌提前或错后。

(2)新上的菜要放在主人和主宾面前,每上一道菜服务员都要主动介绍菜名和风味特点,或讲解菜肴的历史典故,撤菜要征求宾客意见,待宾客同意后方可将餐盘撤下。

(3)宴会一般先上凉菜,当凉菜快用完时,开始上热菜。头一道菜一般应是主菜,如鱼翅、海参席。但也有例外,如烤鸭席,主菜烤鸭一般放在后面上。

(4)整只的鸡、鱼要腹部面向主人。若有图案,则图案正面朝向主人;且上菜要讲究菜点搭配。

(5)如菜肴比较多,一般上菜间隔是一道菜用过1/3以后,再开始上下一道菜。另外,宴会用餐每上一道菜要换一次餐盘。

(6)热菜一般都要派菜。派菜时从主人右侧第一位客人开始,最后到主人,应注意份量,防止不够,一般派完后,盘中还应剩下一部分菜。对于需要用手进食的菜,必须同时上净手盅。

(7)宴会进行中,如发现烟灰缸中有两个烟头,就要换上新的烟缸,撤换的方法是用干净的烟缸盖住桌上的烟缸,一起拿下后再把干净的放在餐桌上,以防烟灰扬起,污染食物。

(8)宴会进行中,递送香巾的程序是吃完汤送一次,吃完海鲜类菜肴送一次,吃完水果后再送一次。从宾客的右侧送上,放在每位宾客餐盘的右边。

(9)当餐台上水果用完后,就可撤掉水果盘、餐盘和刀叉,并在餐桌上摆好鲜花,表示宴会结束。

(五)宴会结束工作

宾客用餐完毕,起身离座,服务员应为宾客拉椅子,以方便宾客行走,并提醒宾客不要遗忘个人物品(如手机、香烟、打火机、眼镜、名片盒等),将宾客送到餐厅门口。如为大型宴会,服务员还应列队于餐厅门口两侧,热情欢送宾客。

七、西餐宴会服务礼仪

(一)餐前准备

(1)按照西餐宴会摆台的要求摆好台。西餐宴会一般使用长台,台形一般摆成"一"字形、马蹄形、"U"形、"T"形、"E"形、正方形、鱼骨形、星形、梳子形等,宴会采用何种台形,要根据参加宴会的人数、餐厅的形状以及主办单位的要求来决定。餐台由长台拼合而成。椅子之间的距离不得少于20厘米,餐台两边的椅子应该对称摆放。

(2)西餐宴会的坐次。安排上与中餐有着明显的区别,有的以夫人为第一主人,先生为副主人。"一"字形长台席位安排有两种。一种是以主人为主宾的席位安排在餐台的横向中间,即主人坐在正上方。第一主宾坐在主人的右侧,第三主宾坐在主人的左侧,副主人坐在主人的对面,第二主宾坐在副主人的右侧,第四主宾坐在其左侧(见图7-7)。另一种坐法是主人和副主人坐在长台纵向的两端,主人坐在长台的上方,第一主宾坐在主人的右侧,第三主宾坐在主人的左侧;副主人坐在长台的下方,第二主宾坐在副主人的右侧,第四主宾坐在副主人的左侧。"T"字形餐台席位安排总体上与圆桌相同。主人一般都安排在横向餐台的中间位置,主要宾客则安排在主人的两侧。"U"字形餐台中间处往往不安排坐位。主方、客方坐位交叉(见图7-8)。

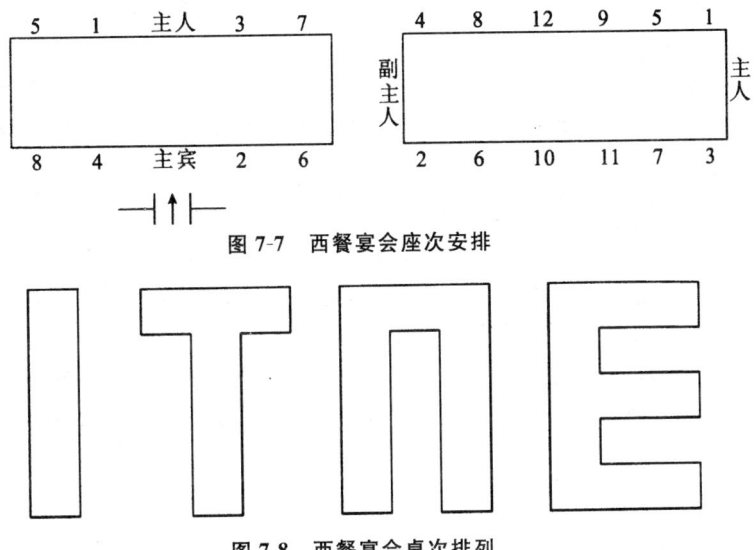

图 7-7 西餐宴会座次安排

图 7-8 西餐宴会桌次排列

(二)宴会开餐服务

(1)迎宾接待。有礼貌地热情接待来宾,同时引领宾客到休息室休息,并对宾客送上餐前饮料及餐前酒品。坐饮的宾客要先在宾客的面前送上杯垫,然后放上饮料;若宾客为立饮,要先给宾客送上餐巾纸,再送饮料。当宾客到齐后,主人表示可以入席时,服务员要立即打开通往餐厅的门,引领宾客入席。

(2)席面服务。为宾客拉椅让座,顺序为女士、重要的宾客、行动不便的宾客和一般宾客。待宾客坐下后,为宾客打开餐巾,然后托着装有各种饮料的托盘,逐一为宾客说明名称,待宾客选定后,为宾客斟饮料。

当宾客准备用开胃冷菜时,服务员应配好相应的酒水(冷菜开胃品一般与烈性酒相配),当宾客基本用完开胃品时就可撤盘(看到全体宾客都放下刀叉方可撤盘),从主宾的位置开始撤,在宾客的右手方向用右手连同刀叉一并撤下。

上汤时汤盘下应加垫盘,然后应从宾客的左手方向用左手把汤上到宾客面前。上汤的顺序是先女士、后男宾、再主人(上菜、斟酒顺序亦然)。

(3)上鱼虾海鲜菜肴前,先撤下汤盘和汤匙,为宾客斟好白葡萄酒,然后上菜。

上主菜(又称大菜)。一般配有几样蔬菜和沙司,此外还有色拉。盛主菜应用大号餐盘,盛色拉应用生菜盘(也可以用小吃盘)。主菜上桌之前,先为宾客斟红葡萄酒。主菜上桌时,要紧跟沙司。

上点心。吃点心用的餐具要根据点心的品种而定。热点心一般用点心匙和中叉,烩水果用茶匙,冰激凌应将专用的冰激凌匙放在垫盘内同时端上去。吃点心时若主人讲话,此时应上香槟酒,斟香槟酒一定要在上点心或宾客讲话之前全部斟好,以方便宾客举杯祝酒。

上干酪。干酪也叫芝士(Cheese),一般由服务员分派,先用一只银盘垫上餐巾,摆上几种干酪,这时应撤掉餐台上餐具、酒具,水杯和饮料不动。

上水果。先上水果盘和洗手碗,然后将水果端至宾客面前,请宾客自己选用。

上香巾。宾客吃完水果后上香巾,按宾客人数将香巾放在小垫碟中,每人一碟,放在宾客左侧。宴会席面服务基本结束,当主人请宾客到休息室休息时,服务员应立即上前为客人拉椅,再去拉开休息室的门请宾客到休息室就座。

(三)宴会休息室服务及结束工作

(1)用餐毕,服务员热情引导宾客到休息室休息,就座后,服务员开始上咖啡。上咖啡的方法是:将咖啡倒好,垫上垫碟,放好咖啡匙,将咖啡放在托盘内托送,另一服务员跟送糖、奶。

(2)上咖啡后,服务员接着送上各种餐后酒品(如白兰地、蜜酒)以及巧克力糖和雪茄烟。注意雪茄烟不要递给女宾。

(3)服务员稍等一刻为宾客续斟一次咖啡和酒品。最后撤掉咖啡具,再上一次饮料,表示宴会至此结束。宾客可自由退席,宾客离开餐厅时,服务员应站在出口的一侧,热情欢送宾客,并欢迎下次光临。

八、鸡尾酒会服务礼仪

鸡尾酒会以供应各种酒水为主,也提供简单的小吃、点心和少量的热菜。鸡尾酒会一般不设坐位,只准备临时吧台、食台,在餐厅四周设小圆桌,桌上放置纸餐巾、烟灰缸、牙签等物品。

(一)准备工作

(1)根据举办单位的要求设立式麦克风、横幅、摆放台形、桌椅,设计布置会标。

(2)准备小方餐桌或小圆桌,准备好餐巾纸、杯、烟缸、牙签筒、鲜花、花瓶等。全部餐桌摆放一致。

(3)备齐各种调酒用具、专用工具及规定的酒水、冰块。

(4)根据宴会规模配备服务人员并进行人员分工。一般以1名服务员服务10~15位宾客的比例配置服务员。任务分工为:专人托送酒水、照管和托送菜点及调配鸡尾酒、提供各种饮料。

(5)酒会开始前几分钟,服务员手托带有酒水的托盘,站在宴会厅入口处欢迎宾客并上迎宾酒。

(二)会中服务

(1)酒品饮料服务。负责托送酒水的服务员,用托盘托送斟好酒水的杯子,自始至终在宾客中巡回,由宾客自己选择托盘上的酒水并另外点鸡尾酒。

服务员上酒时姿势必须规范,用一只手托托盘,另一只手随时准备向前伸展,护住托盘。让酒水时,必须精神集中,注意前后左右,主动将酒品、饮料送给客人。行走时如宾客拥挤不能通过时,要客气地对宾客说"对不起,请让一让",待宾客让开时再通过,切忌用手推拉宾客强行通过。

在祝酒时,托让酒水一定要及时,若使用香槟酒祝酒时,要首先保证人手一杯。

宾客喝完酒要将酒杯放在餐桌上,再从服务员的托盘里去取斟好酒的酒杯,但对于往服务员托盘放空杯而换取新酒杯的宾客,服务员也不必制止。

对于酒会进行到最后所上的冰激凌,服务员托上时一定要精神集中。为了能保证在酒会结束前10分钟上齐,可在上冰激凌的同时,少数人继续托上酒水。

(2)上菜服务。在酒会开始前半小时把各种干果摆上餐桌,前10分钟把各式面包托摆在小桌上。

酒会开始,陆续上各种热菜热点,并随时撤回空盘。由于酒会的桌面小,冷热食品较多,服务中要抓紧清洁桌面,保持整洁。

酒会结束前,给每张小桌上摆放一盘香巾,香巾数量要多于该餐桌人数。

(3)小吃服务。上小吃的服务员最好跟在上酒水服务员的后面,以便宾客取食下酒。上小吃时要分门别类地上,即甜归甜、咸归咸,不要混着上。

九、客房送餐服务礼仪

(一)订餐受理服务

(1)接听电话。订餐员在电话铃声响三声之内接听电话,使用服务敬语、态度热情、语调温和、音色优美、音量适中、用语准确。

(2)接受订餐。对于宾客电话中的订餐要做详细记录,记录后要将宾客所预订的菜点、饮料的名称和数量以及送餐时间、房号与宾客再次核对,订餐完毕要向客人表示感谢。等宾客挂上电话后方可挂上电话。

(3)对于客人的特殊请求,要在订餐单上注明、写清。

(二)送餐服务

(1)送餐服务。服务员用托盘将客人所订食品送到客人房门前,右手托盘,左手敲门,待客人答应后进入房间,将餐食、餐具和用具按客人要求依次摆放好。在摆放好餐食、餐具后,同时将账单送上,以便餐后请客人付款并签字。向客人道谢后退出。

(2)送餐饮料服务。冷饮料为汽水、苏打水、果汁、可乐等。送冷料应当注意备齐杯子,若巧遇来访客人,也应增添杯子,并为客人倒饮料。热饮料为咖啡、红茶、牛奶。应注意将方糖、袋糖、茶匙、垫盘一同备齐,同时应当趁热送餐。酒类为葡萄酒和白酒,注意送上高杯时也应送上餐巾纸,供宾客握杯耳之用。根据客人要求为客人斟酒。

(3)送餐食品服务。早餐果汁或水果种类有番茄汁、橙汁、凤梨汁、葡萄汁和西瓜、香槟、橙子、苹果等。蛋类种类有炒蛋、水卧蛋、蛋包、煮蛋等。面包类有牛角包、丹麦包、烤面包等,果酱和黄油也要同时送上。另外,根据客人需要还可以送上咖啡、红茶、牛奶等。正餐一般为套餐。用餐车将餐具连同菜、汤和面包送入房间布置。再送主菜,然后是点心和水果(或冰激凌),最后是红茶或是咖啡。

(三)餐后服务

(1)送餐员听到客人请求收取餐具的通知后,可根据情况选择收餐具方式。若餐具多则采用餐车收取餐具,若少则可用大托盘收取餐具。但要注意若餐具里还剩有食物,切忌当着客人的面相互倾倒,更不要刮盘、碗。

(2)出房门时,向客人表示感谢,同时轻轻关门。

十、处理特殊情况礼仪

(一)客人要求现场表演

(1)尽量根据客人的要求,选派业务最佳的厨师,携带所需要的原料、调料及洁净的餐具、饮具和活动炉灶,在客人餐桌旁,边操作边细致而热情地介绍。

(2)制成后恭请客人品尝,态度和蔼,举止大方地向客人征求意见。

(二)客人认为某种菜肴不熟

(1)因烹调火候不足时,餐厅领班或值班经理应向客人表示歉意,征得客人同意后重新更换一份,并请客人原谅。

(2)因客人不甚了解菜肴的风味特点,误认为不熟或难以食用时,服务员应有礼貌地说明该菜肴的风味特点,热情介绍制作过程和示范食用方法,使客人消除顾忌。

(3)处理问题时,态度要和蔼、真诚,应避免让客人感到尴尬的现象发生。

(三)菜汤洒出

(1)菜汤洒在桌子上,服务员立即向客人表示歉意,迅速用干净的餐巾垫上或擦干净,不影响客人进餐。

(2)菜汤洒在客人身上,应立即向客人表示歉意,用干净毛巾替客人擦拭,并征求客人意见给客人洗涤。

(四)残疾人士用餐

(1)遇有残疾人士用餐,餐厅可派专人接待,坐位、餐具同客人需求相适应。

(2)服务主动、热情、耐心、细致。服务员会用手势、眼神、语言或动作提供有针对性的服务。

(五)客人醉酒

(1)个别客人饮醉酒,餐厅主管应尽快赶到现场,让客人安静,或请客人离开餐厅,不影响其他客人用餐。

(2)服务过程中注意客人饮酒动态,观察客人的表情变化,针对具体情况适当予以劝阻。

【复习思考题】

1. 简要介绍餐饮接待服务流程中的礼貌礼仪要点。
2. 餐饮接待服务有哪些常用敬语?
3. 订餐服务应遵循哪些礼仪规范?
4. 中餐零点服务应遵循哪些礼仪规范?
5. 西餐零点服务与西餐宴会服务礼仪规范有何异同?
6. 酒吧服务应遵循哪些礼仪规范?
7. 客房送餐服务应遵循哪些礼仪规范?

实战模拟

模拟名称:西餐商务宴会

模拟要求:

1. 结合本章中的西餐服务礼仪知识,模拟练习宴会场地的安排与布置(桌次与座位)。

2. 由班级学生分组分别扮演迎宾员、值台服务员、跑菜员、宴会的来宾等角色。按照宴会的接待程序进行模拟练习。

第八章　客房接待服务礼貌礼仪

学习目的

● 掌握客房服务流程中的礼貌礼仪要点
● 熟悉客房接待服务礼仪规范
● 了解客房接待常用服务敬语

基本内容

● 客房服务流程中的礼貌礼仪要点
● 客房接待常用服务敬语：来店时的问候语、住店期间的应答语、离店时的道别语
● 客房接待服务礼仪规范：进入客房的礼仪、客房整理服务礼仪、开夜床服务礼仪、重要客人服务礼仪、残疾客人服务礼仪、洗衣服务礼仪、来访客人服务礼仪、客房钥匙服务礼仪、醉酒客人服务礼仪、特殊服务礼仪、处理意外事故服务礼仪

第一节　客房接待服务流程中的礼貌礼仪要点

客房是酒店的一个重要组成部分，客房收入是酒店经济收入的主要来源之一。客房服务主要是围绕客人住宿活动展开的，以客人来店、住店、离店等活动规律为主线，以满足客人要求，提高服务质量，使客人满意而归为目的。来店、住店、离店的服务礼貌礼仪贯穿客房服务的始

终,为客人提供礼貌服务的过程同时也是客房实现优质服务的过程。

一、客人来店服务礼貌礼仪

(一)客人来店前准备服务礼貌礼仪

(1)客房服务人员提前进入工作状态。讲究仪容仪表的修饰,按照规定着装,佩戴好工作号牌,整洁自然,端庄大方。

(2)掌握客情。客人到达前,要根据前厅送来的宾客名单,或住宿通知单了解客人的姓名、房号、生活习惯、禁忌、爱好、宗教信仰等情况,以便在接待礼仪服务中有针对性地提供服务。

(3)整理房间。客人预住的房间,要在客人到达前1小时整理好,保持清洁、整齐、卫生、安全。设备要齐全完好,生活用品要充足,符合客房等级规格和定额标准。

(4)检查房间设备、用品。房间整理完后,管理人员要全面检查房间的设备和用品,特别是对VIP客人的房间要逐项检查。

(5)调好客房空气和温度。客人到达前要根据气候和不同地区的实际需要,调节好房间的空气和温度,保持空气新鲜。温度一般应保持在22℃～24℃之间。

(6)准备好香巾茶水。客人入住前,服务人员要根据入住通知单,提前准备好香巾、茶水,以便客人入住即可使用。

(二)客人到店迎接服务礼貌礼仪

客人来时的迎接工作是客房礼貌礼仪工作的开始,它以客人到达楼层为标志,以主动、热情地欢迎客人为重点。迎接时做到态度热情、语言亲切、举止大方、礼貌周到、服务主动,给客人以宾至如归的感觉。

(1)客人来到电梯,楼层服务员在电梯口迎接,主动向客人问好说"先生/小姐,一路辛苦了,欢迎入住我们酒店"。如果是常客,服务人员可以直接道出客人的姓氏说"×先生/小姐,很高兴我们又见面了",客人一定会感到自己受到尊重。打招呼之后要引导客人下电梯,主动接下客人的行李。对客人随身携带的手提包或小件物品,在征得客人同意后再帮助客人提取。贵重行李要做到轻拿轻放,不倒置。

(2)引导客人进入客房。到达房间门口时先开门,礼让客人先进房。服务人员进入房间后应放好客人的行李及物品。

(3)客人坐下后,服务员根据客人人数和要求,送来香巾和茶水,做到人到、茶到、香巾到,让客人产生亲切感。

(4)简单介绍客房的主要设备,包括空调开关、闭路电视节目时间、传呼服务员的按钮和使用方法,饭店服务项目、服务时间,各餐厅主要经营风味、所在楼层和开餐时间等。

(5)介绍宾客住店须知和酒店情况。介绍时要简洁明了,时间不能拖得太长,宾客须知可以让客人自己看。如果接待团体客人,应集中人力具体分工,分别迎接客人。

(6)服务项目和宾客须知介绍完成后,服务人员应该询问客人"还有什么我能为您服务的吗",得到否定后轻声告别,祝客人住宿愉快,轻声退出房间并关上房门。

二、客人住店服务礼貌礼仪

(一)客人入住后的针对性服务礼貌礼仪

(1)熟悉客人的身份。一位优秀的服务员首先必须熟悉自己的服务对象,熟悉的内容包括:客人的国籍与职业、客人的外貌特点、与众不同的习惯或动作,服务人员在第二次见到自己的服务对象时,应尽可能正确地道出客人的姓氏和职业。

(2)观察客人的嗜好忌讳。服务人员通过观察客人的嗜好忌讳可以更好地掌握客人的需求,做到主动热情、服务周到。有的客人喜欢用冰块,有的客人爱喝红茶或绿茶,有些外国客人只喝咖啡,欧美人忌讳"13"这个数字和"星期五",泰国人忌讳睡觉时头朝西等。服务人员都应该有所了解,在服务的过程中通过观察,才能提前做好准备,有针对性地提供服务。

(3)注意客人的身体变化。客人住店期间,人地生疏,有时水土不服,加上每天外出游览参观或经商谈判等,十分辛苦。因此,服务人员要注意客人的身体变化,对年老体弱的客人尤其要加倍关心,对身体有病的客人要热情照顾。这样,不仅可以有针对性地提供优质服务,而且可以获得客人的长期好感,感觉自己受到了尊重。

(4)掌握客人的特殊要求。住店客人的习惯各不相同,有的早出晚归,有的晚出晚归。他们除了需要日常生活服务外,还有一些特殊要求,如客人生日、朋友聚会、结婚纪念日、宾客节假日聚会……因此,客房服务人员要了解这些特殊需求,同时,服务人员应注意适时、恰当地推销酒店的其他设施。例如,客人打算利用客房开小型洽谈会,服务人员可以推荐客人到酒店的会议室,客人的生日聚会可到大堂吧进行。

(二)客人入住后的循环性服务礼貌礼仪

客人住店期间的工作是琐碎的、细致的,具有涉及面广、持续时间长的特点,大量服务工作是循环往复进行的,客房服务人员每天都要坚持重复做好下列工作。

(1)循环打扫房间,撤换棉织品,补充客人生活用品,打扫卫生间,撤换浴巾、面巾、垫脚巾,补充香皂、卫生纸和洗漱用品等。

(2)到客房收集客人要洗的衣服,检查收集洗衣袋、点清数目、填好账单,并将给客人洗好的衣服送至客房,请客人查收。

(3)下午整理房间和卫生间,要更换热水瓶以及客人用过的茶具、水杯、烟灰缸、纸箱等,保持客房清洁、整齐、舒适。

(4)按计划打扫楼层环境卫生和客房、卫生间,保持高处门窗玻璃、灯管、墙角等隐蔽处的卫生。

(5)分发报纸、信件和邮件,清理各种单据,及时将账单送到收款处,补充楼层服务台用品和商品,满足客人要求。

(6)楼层服务员注意住房动态,根据客人需求或特殊需要,提供迎接服务和随机服务。客人进、出,服务人员要保管好钥匙。

(7)晚间整理好房间,按照我国大部分地区的情况,冬季晚6:00以后,夏季晚7:00后到客房整理,更换冷热水,撤换茶具、水杯,补充茶叶、清理烟灰缸、清洁纸篓、拉好窗帘、调节好温度、打开床头灯、摆好拖鞋、掀开被角成45°角,为客人休息提供方便。

(三)客人入住后的日常性服务礼貌礼仪

客人入住以后,服务人员除了为客人提供循环性服务外,还要为客人提供日常性服务,主要包括如下内容。

(1)服务人员早上第一次进房,要做好各项准备工作,包括客房当天撤换的棉织品、各种生活用品、清扫工具、暖水瓶及客人早起所需的物品等,但不要进出次数太多,引起客人反感。

(2)日常服务过程中要坚持"不叫不扰,随叫随到,仔细稳妥,热情周到"的原则。清扫房间时,尽可能在客人外出吃饭或办事时进行,对久留在客房或不外出的客人,在征得客人同意后清扫。

(3)每次进房,先敲门,征得客人同意后再进入。在客房内不许打私人电话,不得动用、翻阅客人的物品。服务人员不能根据主观臆断将客人的物品处理掉。

(4)客人发电报、电传或邮寄物件,服务人员应主动告诉客人地点、服务时间。如果有客人的信件、邮件、电报等,应及时送入房间,当面交给客人,并做好签收工作。客人委托代订、代购和代修事项要问清记准,详细登记,重复并确认,然后及时送给有关部门并按时送还客人。

(5)客人自购的花草或装饰物品,服务人员不要动用或搬动,客人外出,不要随意浇水,防止坏死,引起客人投诉。

(6)每天整理房间,定时检查和补充客房冰箱内的饮料,凡是客人用过的饮料,要点清数目填好账单,请客人签字。特别是对当天离店的房间要及时清点,防止跑账、漏账。

(7)日常服务过程中,避免与客人发生口角。如果遇到个别客人言行失礼和举止粗鲁,服务员应保持冷静,有礼有节,不卑不亢,不可采用简单粗暴的方式,必要时请有关部门处理。

三、客人离店服务礼貌礼仪

客人离店时服务的礼貌礼仪,是客房礼貌服务的结尾和延伸。客人离店时的服务工作,既是客人对客房服务的最后印象,也是酒店争取回头客的重要时刻。

(1)服务人员进入客房后要向客人表示问候,征求客人意见,有没有事情需要帮助。有行李的客人,特别是团体客人,要通知行李员帮助客人提送行李。

(2)客人离房要向客人告别,祝旅客一路平安,欢迎下次光临。一般将客人送到电梯口,重要客人或老弱病残者送到前厅,给予特别照顾。服务员应主动征求意见,以便不断改进服务工作。若发现客人有不满意的地方或未尽事宜,要在客人离店之前设法补救。

(3)客人离店后要迅速检查房间,包括枕头下、床头柜、抽屉、衣柜、卫生间、阳台等。检查的目的是看客人有无遗忘、遗留或遗弃的物品,房间设备有无损坏、客房用品有无丢失。如果发现遗留或遗忘物应尽可能归还原主;若客人已走,则按房号、时间、遗物名称等进行登记,及时报告;如果客房物品缺少或设施遭到破坏,应立即与总台联系,一般不直接与客人交涉,不可伤害客人的感情和自尊心。

第二节 客房接待常用服务敬语

一、客人来店时的问候敬语

您好!见到您很高兴。
How do you do? I'm glad to see you.
欢迎您来我们酒店。
Welcome to our hotel.
夫人,早上好。
Good morning, Madam.
史密斯先生,中午好。
Good afternoon, Mr. Smith.
您好吗?好久不见了。
I haven't seen you for a long time. How are you?
我可以帮您拿行李吧?
May I help you with your luggage?
请这边走。
This way, please.
这是您的房间,请进。
This is your room, Please go in.

我是房间服务员,有什么我能为您服务的吗?
I'm the room attendant, Is there anything I can do for you?
我非常高兴能为您服务。
I'm glad to serve you.
旅途愉快吗?
Did you have a nice trip?
有事请打电话到服务台,号码是……
Please ring up the Service Counter when you need our service. Our number is…
请好好休息,再见!
Have a good rest, Good-bye!
祝您节日愉快!
Wish you a happy festival!
圣诞快乐!
Merry Christmas!
新年快乐!
Happy Hew Year!
祝您玩得开心!
Have a good day!

二、客人住店期间的应答敬语

好,我马上就去办。
OK, I'll do it immediately.
我随时为您提供服务。
I'm always at your service.
我们马上给您送到房间。
We send it to your room right now.
对不起,让您久等了。
Sorry to keep you waiting so long.

对不起，等我弄清楚了再答复您。
Sorry, Will tell you when I am sure.
请您重复一遍行吗？
I beg your pardon?
对不起，打扰您了。
I'm sorry to disturb you.
我现在可以打扫房间吗？
May I clean your room now?
史密斯先生，听说您不舒服，我们感到很不安。
Mr. Smith, We're sorry to hear that you are not well.
您现在好一些了吗？
Are you feeling better now?
需不需要请医生看看？
Shall we send for a doctor?
我陪您去好吗？
Shall I accompany you?
请好好休息。
Please have a good rest.
希望您早日恢复健康。
Hope you will be all right soon.
您有衣服要洗吗？
Do you have anything to be cleaned?
对不起，洗衣房把您的衬衣洗坏了。
Sorry, your shirt was damaged in the wash.
如果您需要擦皮鞋，请将鞋放在门外。
If you want to have your shoes polished, Please put them outside the door.

三、客人离店时的道别敬语

请对我们的工作提出宝贵意见。
Your comments and suggestions are welcome.

晚上好,先生,请问您是不是明天走?
Good evening, Sir. Are you leaving tomorrow?
请告诉我您今天早上大概是什么时候走?
Would you tell me what time you will leave tomorrow morning?
请您到一楼大厅付账。
You can pay in the lobby on the groud floor, Please.
欢迎您下次再来,再见!
Welcome to come here again. Good-bye!

第三节　客房接待服务礼仪规范

一、进入客房的礼仪

当服务人员有事要进入客房时,进房前一定要先敲门。正确的敲门方法是:用食指关节,力度适中,缓慢而有节奏地敲门。

每次一般为三下,敲两次,即"咚、咚、咚、咚、咚、咚"。如果按门铃,应在三下之间稍稍停顿,不可按住不放,同时清晰地报称"客房服务",等待客人反应。如听到客人有回应,服务员应说:"我是客房服务员,请问我现在能进来为您清洁房间吗?"当听到客人的肯定答复或确信房内无人后方可进入。进门后,无论客人是否在房间内都应将门打开。

在敲门时,服务员应灵活处理以下三种情况。

(1)敲门时,门已开或者客人来开门,要有礼貌地向客人问好,并征得客人允许,方可进入。

(2)敲门时,房间内无人答应,服务员进门以后发现客人在房间里或在卫生间,若客人穿戴整齐,要立即向客人问好,并征询客人意见,是否可以开始工作,提供服务;若客人衣冠不整,应马上道歉,退出房间,把门关好。

(3)若房间门上挂着"请勿打扰"牌,服务人员不应打扰。若挂"请勿打扰"牌超过下午2点,由客房服务员通知客房部主管或大堂副理,打电话询问客人并定出整理房间时间。若房间内无人接听电话,则由客房部主管、大堂副理、保安人员一起开门入房。若有异常现象,则由大堂副理负责协调处理。若客人忘记了取下"请勿打扰"牌,则客房服务员可以安排房间清理,留言告诉客人。

二、客房整理服务礼仪

(1)客人整天在房间内且不愿客房服务员整理房间,客房服务员应先设法了解原因。如果客人因要休息而不愿整理房间,应主动征求客人意见,最好能约定时间安排整理。如果客人不是因为要休息,而是有异常行为,应通知领班及保安部,同时密切注意该房动静。

(2)整理房间时,客人还在房内,服务员应礼貌地询问客人此时是否可以整理房间。在清理过程中,房门应全开,动作要轻而迅速,不要东张西望,不要与客人长谈。如果客人问话,应礼貌地注视客人并回答,遇到来访客人,应主动询问客人是否可以继续清理。清理完毕,向客人道谢,并主动问客人是否需要其他服务,再次向客人道谢,然后退出房间,并轻轻关上房门。

(3)在清理房间时,客人从外面回来,服务员要有礼貌地请客人出示房间钥匙或房卡,确定这是该客人的房间,询问客人是否需稍后再整理房间,如可以继续清理,应尽快清理完,以便客人休息。

(4)客房服务员在整理房间时,如发现客房内有大量现金,应及时通知领班、保安部和大堂副理,由大堂副理在保安部和楼层领班陪同下,将房门反锁。客人回来后,由大堂副理开启房门,同时请客人清点现金。大堂副理应提醒客人将现金存放在酒店的免费保险箱内。

三、开夜床服务礼仪

(1)开夜床时发现房门上挂着"请勿打扰"的牌子或上双重锁,服务员不能打扰客人,服务员应将留言条从门下塞入客房,提醒客人如果需要服务,请通知客房服务中心。

(2)晚上开夜床发现床上放着客人的许多物品,服务员暂不要开夜床,以免引起误会和投诉。服务员应在该床头柜上放一张留言条给客人,告诉客人不开夜床的原因,请客人在需要服务时通知客房服务中心,由客房服务中心安排服务员服务。

四、重要客人(VIP)服务礼仪

对于 VIP 客人,一般都是由酒店的高层人员亲自服务。作为接待 VIP 的服务人员,要求综合素质较高而且接待能力较强,礼仪规范要求更高。

(1)在重要客人来店之前,服务员事先要了解重要客人的情况(姓名、性别、身份、国籍、抵离时间、入住天数和同行人员等)。对房间安全设备进行全面检查,对房间进行大清理,并且要铺三张床单,在写字台上摆上鲜花,在茶几上摆上总经理名片和致意礼品。当然,这只是一部分基本的工作和礼节,每个酒店可以根据自己的传统或对 VIP 客人的特殊欢迎礼节进行。

(2)当 VIP 客人抵店时,服务人员应在楼梯口或客房附近的地方表示欢迎。按客人到房的人数送上毛巾和热茶。并根据客人的情况,简要介绍客房设备的使用方法。

五、残疾客人服务礼仪

接待残疾客人前来住店,是酒店宾馆的一项特别服务。

(1)在任何时候、任何场所都应表示尊重,不许投以讥笑或歧视的眼光。

(2)指定责任心强、热情礼貌的服务员专人护理接待。客人上下楼、进餐厅、购买商品等不方便时,由专职服务员提供帮助。服务员要主动热情,照顾周到,针对性强。

(3)在接待过程中,客人如不主动介绍,不得打听客人残疾原因,以免引起客人反感。

六、洗衣服务礼仪

洗衣服务,一般是客人在前一天晚上将要洗的衣服放在浴室的洗衣袋里,由服务人员将衣服送往洗衣房洗涤。但有时客人需要特快洗衣服,服务员应根据客人们要求灵活处理。

(1)服务员首先要了解客人要求洗衣在什么时间内完成,如果在正常的特快洗衣时间内,应立即通知洗衣房进行洗涤。如果客人要求在极短的时间内完成,服务员应先跟洗衣房联系,再决定洗涤。

(2)在客人提前离开饭店而客人的衣服还未洗好时,不管是何种原因,服务员都应该向客人道歉,将客人衣服的洗涤情况向客人说明。如果来得及,应该马上洗好送到客人房间。如果时间已经来不及,也应该包装好送到客人的房间,根据衣服洗涤情况给客人酌情减免洗衣费。

七、来访客人服务礼仪

(1)如果有闲杂人员在楼层走廊徘徊,只要他(她)不是酒店的员工,客房服务员都要主动上前询问客人是否需要帮助。即使是访客,也要礼貌地解释说明,使其离开楼层。如有疑点,应及时通知保安及大堂副理,以保证店内客人的安全。不要喧哗、责备闲杂人员,礼貌与谨慎同样重要。

(2)访客来访时,服务员应向访客问好,询问访客拜访哪位客人,核对被访客人姓名、房号是否一致。在征得客人同意后,请访客办理登记手续,才能指引访客到客人房间。

(3)遇到住客不愿见访客时,服务人员要礼貌地向访客说明客人需要休息或在办事情,不便接待客人,请访客到大堂问询处,为其提供留言服务。遇到访客不愿离开或有骚扰住客的迹象,应及时通知保安部或大堂副理。值得注意的是:不要对访客直接说住客不愿接见,即不要将责任推给住客,同时不能让访客在楼层停留或在楼层等待住客。

(4)有时访客带有住客签名的便条但无房间钥匙,要进入客房(住客不在)取物品,服务员应先将便条拿到总台,核对签名无误后办理访客登记手续,然后陪访客到客房取便条上所标明的物品。待住客回店后,服务员应该向住客说明。

(5)客人外出时,交代来访客人可以在其房中等待,服务员更应该仔细谨慎,向住客了解来访者姓名及主要特征。来访客人到了楼层,经过辨别确认后,请来访者办理访客登记。来访者到达房间后,客人未回来时,如访客要带物品外出,服务员应及时上前询问,并做好记录。

(6)服务员在为客人提供服务的过程中,访客时间已到但访客仍未离开客房,服务员应礼貌地向访客说明访客时间已到。如果住客没有挽留访客的言行,服务员应尽力说服访客离开;如果访客不愿离开,应将此情况报告给大堂副理及保安部。

八、客房钥匙服务礼仪

(1)客人称钥匙遗忘在房内,要求客房服务员为其开门时,服务员应请客人出示欢迎卡,核对日期、房号、姓名,核对无误以后,可以给客人开门;如果客人无欢迎卡,则请总台核对身份,总台核对身份无误后,如果是十分熟悉的客人,可以给其开门。

(2)客人将房间钥匙弄丢,但又有急事外出,来不及换房,服务员应安慰客人,尽快通知主管人员或大堂副理,由主管或大堂副理当着客人的面,将房门反锁,等客人回来后,再通知大堂副理或主管人员开锁,事后要将房锁进行更换。

(3)访客带有住客房间钥匙并要进入客房(住客不在)取物品,服务人员首先要礼貌地了解访客对住客资料的掌握程度(姓名、国籍、性别、公司名称、与住客关系、入住日期等),核实无误后方可让其进入。

九、醉酒客人服务礼仪

宾客住店期间酗酒现象时有发生。酗酒客人破坏性较大,轻则举止失态,重则失去理智。服务人员应机警、保持理智,根据实际情况分类处理。

(1)对因醉酒而大吵大闹的客人要留意注视。一般不予干涉,要报告部门办公室,并通知保安部。

(2)对随地呕吐的醉客要视情况处理。对呕吐过的地面要及时处理。

(3)对醉客纠缠不休要机警应付,礼貌回避。不要说"您喝多了"等刺激话,而要说"您用茶吗""请早些休息吧"。

(4)对倒地不起、不省人事的醉客,要同保安人员一起将客人搀扶至客房,同时报告上级领导,切不可单独搀扶客人进客房或帮助客人入寝。

(5)如醉客破坏或侵害他人行为严重,要通知保安人员出面处理。另外,夜班人员注意勤在醉客房间外巡视,防止客人发生伤害事故或出现意外火灾。

十、特殊服务礼仪

根据宗教信仰、国籍地区不同,每个人都有本民族和本国家的节日,有针对性地为他们提供节日礼品、创造条件过好节假日,是酒店提高知名度的一个必备的服务项目。

(1)为客人过生日。根据客人填写的《住宿登记表》所登记的出生日期,为客人送上鲜花、生日蛋糕或酒店的一些纪念品、小礼物,使客人感到"宾至如归"、无比惊喜,给客人留下永恒的回忆。

(2)客人旅行结婚服务。客人旅行中在酒店举行婚礼,酒店要具体、明确了解客人国籍、姓名、房号、结婚时间、婚礼仪式、客房布置要求等。制定客房布置方案,准备好各种用品,房间布置要专人负责,做到整齐、美观、高雅,有浓厚的婚礼气氛。客人结婚期间,组织服务员参加婚礼,送祝贺卡、纪念性结婚礼物。向客人祝贺新婚要热情礼貌、服务优良,让客人终身难忘。

十一、处理意外事故的礼仪

(1)宾客致伤。服务人员要表示同情。客人因自然事故致伤,服务员应查清致伤原因,根据客人情况向上级领导汇报,听取领导的处理意见,就是否请接待单位来人或马上到医院治疗征询宾客意见。客人如果在酒店疗养,以不打扰客人休息为前提,服务员应增加服务次数,尽量满足客人要求。

(2)突发性疾病。如果宾客突发性疾病发作,在没有医务人员的情况下,酒店任何人员不可对客人施以任何治疗。服务员要及时联系患者的亲属、朋友、陪同等同住酒店或较容易联系的人员。服务人员不得为客人代买药品,应及时通知大堂副理,由大堂副理通知酒店医生到客人房间,再由医生决定是否从医疗室拿药给病人。

(3)客人物品丢失。在客人住店期间,行李或随身携带的小物品(包括贵重物品),由于种种原因,可能丢失,客人请求找回。这类事情的处理方式是:安慰并帮助客人回忆物品可能丢失的地方。在查找过程中,请客人耐心等待,物品找回后,迅速交给客人。经多方查找无结果,或原因不详,只要不是在客房内丢失的,酒店不负赔偿责任,但要向客人耐心解释。

【复习思考题】

1. 客房服务流程中的礼貌礼仪要注意哪些内容?
2. 客房接待常用服务敬语有哪些?
3. 在接待重要客人(VIP)时,应注意哪些礼貌礼仪?
4. 客房服务员进入客房应注意哪些礼仪规范?
5. 怎样礼貌地为客人提供合理而可行的特别服务?

典型案例

一瓶用剩的法国护发液

一天晚上,一位三十多岁、服饰考究的女客人面带怒色地来到酒店大堂刘副理面前投诉说:"先生,我刚才回房发现我带来放在卫生间盥洗台上的护发液不见了,肯定是让服务员给扔掉了!"刘副理马上说道:"小姐,对不起,给您添麻烦了。那么您是否可以使用本酒店提供的洗发液呢?""不行啊,我多年来一直使用那种法国的名牌护发液,所以外出旅行也带上它,其他洗发液我不习惯使用。"刘副理见出现了僵局,觉得应该先到现场调查一下再说,于是他对客人说:"小姐,您可以带我到房间去看看情况吗?""好吧。"客人答应道。

刘副理跟着女客人走进她客房的卫生间,见盥洗台右角上整齐地摆放着客人的盥洗用品和化妆盒,只是没有护发液。刘副理马上把当班服务员小甘叫来,问她是否见到客人的一瓶护发液。小甘承认是她处理掉的,因为她通过半透明的瓶子看到瓶底只剩一点护发液,估计没什么用了,反正酒店提供四星级档次的高级洗发液,就把那瓶护发液收拾掉了。客人表示,恰恰这最后一点护发液是她留着最后一晚用的,明天她就要乘飞机回香港了。

到这里,事情的真相已完全搞清楚了。为了打消客人的怨气,使客人满意,刘副理当即表示:"这件事确实是我们酒店的过错。给您带来麻烦,实在抱歉。小姐,看来这种外国护发液在本地没有卖,是否可以这样办,我们照价赔偿,今晚上您就使用本酒店的洗发液吧——其实,本酒店的洗发液质量是不错的,您试用后或许会喜欢的。"客人见刘副理赔礼道歉,态度诚恳,气也消了,又想到并没有受到多少经济损失,只是生活习惯受到一点影响,让酒店赔偿未免过分,便对刘副理说:"先生,您这么说,我就不好意思了,赔偿就不必啦。""只是委屈您了。"刘副理歉意地说。"没关系。"客人最后完全原谅了酒店的过失。

[评析]

本例中客房服务员小甘原本好心帮客人处理剩余用品,没想到客人不但不领情,而且大为不满,提出投诉。问题就出在小甘不完全了解涉外酒店客房服务严格的程序和规范要求,特别是不了解住人房和走客房清扫规范的区别。服务员在清扫过程中,对属于客人的一切东西,只能稍加整理,尽量不要触动,也不能随意挪动位置,更不能想当然地将空瓶或纸盒之类的东西扔掉。这正是住人房与走客房清扫规范的区别所在。

小甘好心反招投诉的教训,还在于服务员对客人租用客房必须树立一种明确的观念,即:客人一旦办好入住登记手续,交了房租,就形成了酒店与客人的契约关系。客人是这个房间租用期间唯一的主人和占有人,享有房间租期内的使用权。酒店方面有义务尊重客人的权利,包括清扫房间也不例外。

第九章 酒店公务商务礼貌礼仪

学习目的

- 掌握酒店行政公务礼貌礼仪
- 掌握会议与宴请礼仪规范
- 熟悉酒店对外迎送礼貌礼仪

基本内容

- 酒店行政公务礼貌礼仪:办公室礼貌礼仪、上下级之间礼貌礼仪、同事之间礼貌礼仪
- 酒店对外商务礼貌礼仪:迎送礼貌礼仪、会访礼貌礼仪、宴请礼仪规范、签字仪式礼仪、开幕剪彩礼仪

第一节 酒店行政公务礼貌礼仪

酒店的公务商务活动是酒店与社会各界联系的主要方式之一。酒店员工掌握公务商务活动中的礼貌礼仪,是有效地安排、组织、参与公务商务活动的重要基础。同时,对加强人际交往与合作、增进各方感情与友谊、赢得多方的理解与支持,都具有重要意义。

一、办公室礼貌礼仪

(一)讲究卫生、符合习惯

公共卫生体现了集体中的每个员工对他人、对社会的尊敬和负责。酒店员工应讲究个人和公共卫生,服装整洁,设备、用具、食品等都要符合本行业的卫生规定和人们的心理习惯。

(二)相互尊重、注意小节

酒店员工在社交场所和办公室能约束自己注意小节,体现了对他人的尊重。不以职位论尊卑,对上级、同事和下级应一视同仁;不要无端进入他人的办公室、工作场所打扰别人,更不要在工作时间说闲话、聊天;进入工作场所要注意站姿、坐姿,不要斜倚或坐在别人办公桌上,当他人出现了礼仪礼节不周之处,不要斤斤计较、耿耿于怀,每位员工应该严于律己、宽以待人。

(三)互相协调、互相支持

同事之间,工作各有分工,但同时又需要互相配合和协作。基本礼仪规则是:同心协力、克己奉公。在与他人的配合中要守信、守时、守约。不得轻许而失信,要真诚主动地帮助他人。自己分内工作不要轻易推给他人。需要求助于他人时要以请求的态度与对方商量。在工作时间内外出要打招呼,交代清楚自己的去向和需要代为办理、应酬的事。能主动承担任务,出现问题时不推诿责任。

二、上下级之间礼貌礼仪

在上下级的关系中,礼仪礼貌的基本规则是:下级应该尊敬上级,但不能谄媚奉承;上级对下级要知人善任,任人唯贤。

上级布置的工作任务要坚决完成,其正确的意见和指示要坚决执行。如果上级的指示和安排意见没有失误,即使不符合自己的想法,也要照上级安排去做。这不仅是工作顺利开展的重要保证,也是作为下级最基本的礼节礼貌。当在工作中发现了上级的错误时,正确的态度应该是沉着冷静,避开人多时找上级诚恳地指出,并提出自己的看法和解决问题的正确方法。在提意见时注意方式方法。

在与上级接触交往时,不要轻易打断会议或正在进行的工作。工作时间内与领导谈话要简洁明快,不要绕圈子。在上级的办公室内,不要随意翻阅公文、信件,不能言行无状。在工作场合以外与上级领导人相遇,也应主动打招呼或致意。

三、同事之间礼貌礼仪

同事之间相处的重要原则是尊重他人,与人为善;严于律己,宽以待人;言必信,行必果,互信不疑,待人以诚。

(1)同事之间关系应是君子之交淡如水。不可在众多同事中仅与一个人或数人交往过密。否则一旦发生矛盾,就会处于一种孤独的境地,这不仅不利于个人的情绪,而且还会影响酒店整体工作的效果。

(2)同事相处,说话风趣、具有幽默感是同事间交往中可贵的情趣。一个有幽默感的人总是比严肃而呆板的人更容易获得别人的认同。但是同事之间的幽默、玩笑应掌握分寸。

(3)与同事相处要不骄不躁,不卑不亢。同事之间的能力和水平会有差异,应做到在能力比自己强的同事面前不卑不亢,当自己有不懂的问题向同事请教时,应该谦虚、真诚,衷心感谢同事对你的帮助。在能力水平比自己低的同事面前不骄不躁,当同事向你请教时,应该尽自己的努力帮助同事。当发现同事出现偏差或错误时,应该及时诚恳地提出。

(4)经济往来要清楚。借别人的钱、物一定要注意好借好还,如期结清。如果不能按期,则须向对方说明归还的准确日期。有意无意地占了别人的便宜,都会在对方的心目中降低自己的人格。

(5)害人之心不可有。气量小、存心报复和开恶意的玩笑、捉弄他人是十分失礼的。对他人的成就或幸运产生嫉妒和愤愤不平,借机泄私愤,或寻衅滋事,或造谣中伤、损害他人是绝不可以的。

(6)学会消除误会。同事之间一旦发生了分歧或误会,对工作中的意见分歧要严格控制并使之不发展成个人之争。对于别人的误解、冤屈也要心地坦然,仔细分析原因,选择适当时机和适宜方式谋求解决,只要争取理解,误会则不难消除。如果双方都不理解对方,一味各自表白自己,强调自己的观点和理由,都是不符合同事之间的交往礼节的。

(7)发现对方有意中伤自己时,要保持冷静。如果是听第三者传递的消息,则应进行核实,同时反省一下自己是否有失礼的地方。如果是无关大局的小事,可以一笑了之。如果是关键问题则可在正式场合或会上作必要的说明,以澄清事实。

第二节 酒店对外商务礼貌礼仪

酒店对外商务活动包括迎送活动、会见、会谈、宴请、参加各种文娱活动、签字仪式等。这些活动都有一定的礼貌礼仪准则,随着国际交往的日益密切,高星级酒店及其员工,都有可能配合外事部门承担某些方面的接待任务,或为酒店的经营参与某些对外商务活动。

一、迎送礼貌礼仪

酒店在对外商务活动中,大至与其他组织的交往,小到与宾客个人的往来,都离不开"迎送"这一重要环节。一次周密的迎送活动能使来宾产生良好的印象,同时也留下美好的回忆。

(一)主动迎接

只要有来访者,酒店工作人员都应主动招呼,礼貌应答,并委婉而迅速地了解来访者的身份、来访目的与具体要求,以便尽快决定接待规格、程序和方式。见到生人爱理不理,冷面相待,甚至无礼盘问等都不应是酒店工作人员之所为。

(二)热情接待

对所有来访者都应一视同仁,平等相待,主动起身让坐,倒茶斟水,以示热情与友好。对特别重要的来访者,应由负责人亲自出面接待,并立即传报上级领导。对一般来访者也不应有所怠慢,一人在接待时,其他同事也应有相应的礼节性表示,因为亲切、友好的交往氛围要靠全体工作人员共同努力才能形成。

(三)认真应答

不论来访者提出什么问题或要求,工作人员都应耐心灵活作答,实事求是地提供有关信息,真心实意地协助解决。但同时也应注意保守酒店的机密。

(四)友好相送

来访者提出告辞时,应起身相送;离别时,应提醒其检查所带物品,以免遗忘。送客应目送一程,将来访者送至门口即返回,或客人刚一走立即返身关门等做法,都是极不礼貌的。至于较为重要的来访者,则应相应提高送别规格。

二、会访礼貌礼仪

在平时工作中,酒店经常要为主宾双方安排会见和会谈,有时也以主体的身份直接参与各种会访活动。

(一)会见礼仪规范

通常,会见安排在会客室为多,当然在环境优美的办公室内进行会谈也未尝不可。在会客室会见的座位安排有一定的程序,不可过于随意,以免破坏会见应有的气氛。一般来说,主宾、主人席应安排在面对正门位置,客人位于主人之右,其他宾客按礼宾顺序在主宾一侧就座,主方陪同均坐于主人一侧。来宾过多座位不够时,可在后排加座。如有译员和记录员,则分别坐在主人和主宾之后(如图9-1所示)。

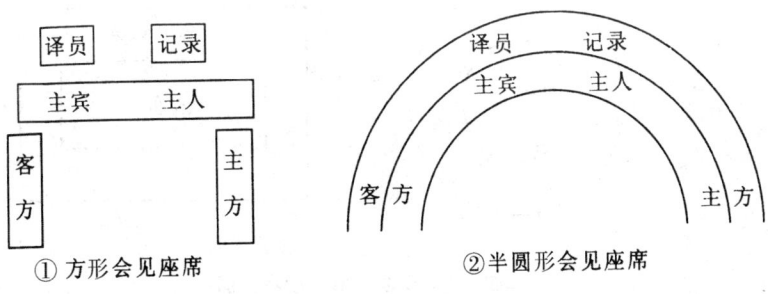

图9-1 会见座席示意图

(二)会谈礼仪

双边会谈应以长方形桌为首选会谈桌,宾主相对而坐,以正门为准,主方就座于背门一侧,客方则面门而坐。主人居中,主宾与之相对,其他人应按礼宾顺序左右排列,翻译一般应安排于主人的右侧后方(如图9-2,①所示)。若会谈长桌一端向正门,则以入门方向为准,主客双方分别就座于长桌的左右两侧(如图9-2,②所示)。

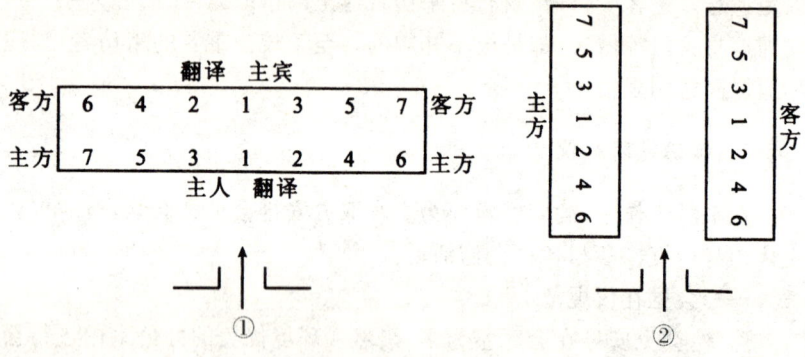

图9-2 双边会谈座席示意图

多边会谈的座位摆放最好呈圆形或方形,以示各方平等(如图9-3所示)。

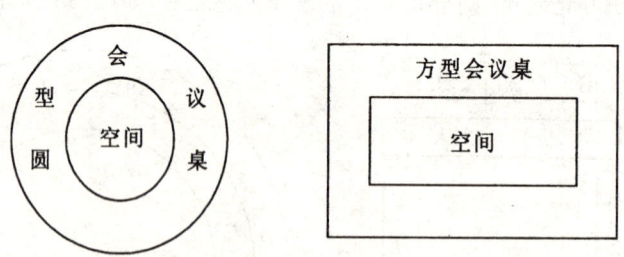

图9-3 多边会谈座席示意图

会见、会谈场所除了安排好座位外,如有合影,事先要排好合影人员位置图,人数多时还应准备阶梯架。合影时主人和主宾居中,按礼宾秩序,主客双方间隔排列。第一列人员既要考虑人员身份,也要考虑场地大小,即能否都摄入镜头。一般来说,两端均由主方人员把边。

(三)拜访礼仪规范

拜访是一种行之有效的沟通信息、交换意见、融洽关系、增进感情的工作方式,因而常见于酒店对外公务活动中。

拜访一般有两种形式:一为事务性拜访;二为礼节性拜访。相对会见与会谈而言,拜访多了些随意与灵活,少了些程式化的色彩。但旅游公关活动中的拜访不同于一般的私人拜访,它是有一定礼仪规范的。因此,酒店工作人员在拜访活动中应遵守下列礼貌礼仪。

1. 提前约定,表达来意

无论是事务性拜访还是礼节性拜访,工作人员都应在事先通过各种方式(如电话、信函等)与拜访对象进行预约,并告知拜访的目的与要求,同时商定访问的时间。若对方因故无法接见,则不应强人所难。最好不要充当"不速之客"。不得已而为之时,应向对方表示歉意并道出真实原委,以求得对方谅解,否则是十分冒昧的。

2. 认真准备,如约登门

拜访应有备而去,即对拜访的对象、拜访目的的基本情况应事先做到胸中有数。出发前要认真做好相关的准备工作,尤其应重视个人仪表,使对方产生良好的"第一印象"。登门拜访定要守时,如因故不能按时到达,应及早通知对方,并说明原因,以免对方久候。无故失约,又不及时相告是对人极不尊重的表现,工作中应竭力避免。

3. 言谈得体,举止文明

拜访时应做到有礼有节、言谈得体、举止文明,即不说不符合职业角色的话,不做不符合职业角色的事。出言不逊、举止粗俗,不仅会破坏拜访者的个人形象,招致拜访对象的反感或不悦,甚至还会有损拜访者所代表企业的形象,因而应格外注意个人的言行举止。

4. 真诚致谢,主动告辞

拜访时间不宜过长,问题解决、目的达到之后应对对方的合作表示感谢,并主动起身告辞。逗留时间过长,难免会使对方的正常工作或生活受到影响,这无疑是对拜访对象的不敬。

三、宴请礼仪规范

无论是国外还是国内,宴请都是一种常见的民间或官方的礼仪活动,其目的通常是应酬答谢、祝贺共勉、联络感情、加强了解、增进友谊,等等。就内容来说:宴请一般有三种,即礼节性的、交谊性的和工作性的。在实际中,有时三种交互为用。从形式上看,常见的宴请有宴会、招待会、茶会、工作餐四种。相比较来说,招待会和茶会随意性较大;工作餐则是一种非正式的宴请形式;宴会是正式的宴请方式,其中,晚宴则最为隆重。如今,宴请作为一种表情达意、融洽关系、活跃气氛所不可缺少的重要手段被广泛运用于现代酒店公关活动之中,因而学习并掌握有关的宴请礼仪,也就成了酒店服务与管理工作的一项重要内容。

(一)宴请的组织

组织好一次成功的尤其是规模较大的宴请,绝非一件容易的事,这里面有大量基础性的工作需要逐一落实到位。

1. 确定对象和规格

确定宴请对象、规格和范围取决于宴请的性质、目的、主宾的身份、惯例及经费等。

2. 选择时间和地点

所确定的宴请时间和地点应对主宾双方都适宜。注意不要选择对方有重要活动或有禁忌的日子和时间。

3. 提前邀请

宴请时间、地点正式确定之后,应提前一周左右向对方发出邀请函,以便宾客们有时间及早做好准备。对较为重要的宴请活动,一般均应发请柬,这既是礼貌,也可供宾客备忘之用。请柬内容除包括活动时间、地点、形式和主人姓名外,还可在请柬左下方注上"R. S. V. P"("请答复"的法文缩写)的字样,右下角注明联系方式。如果需要宾客着礼服出席,则须在联系方式下加上"Dress:Formal"的字样。

4. 订菜排座

宴请的酒菜应以客人喜好以及宴请形式、规格为标准进行预订。席位座次的安排要符合礼宾原则。中餐宴会通常使用圆桌,西餐宴会多用长方桌。桌子间距离要适当,过小显得拥挤,过大显得稀疏,在安排上应以利于席间交谈与增进友谊为主旨。

5. 适选陪同

宴请无论是正式的还是非正式的,一般都应适当选派一定数量的陪同人员,以便调节宴请气氛。但是所选派的陪同人数不宜过多,不然容易形成"喧宾夺主"的局面。

(二)宴请的接待礼仪规范

宴请成功与否,除了缜密策划、精心准备外,贯穿于宴请始终的周到服务也是其中一个重要的因素。以下几个环节在宴请接待过程中必须很好把握。

1. 提前迎宾

主人及陪同人员应在约定时间前15~30分钟到达宴请现场,不得迟到。在宾客到达时,主人应热情迎接,主动招呼问候;必要时接待人员或服务人员应协助来宾脱挂外衣、帽子、围巾等,以充分体现对来宾的热情友好。

2. 引宾入席

按礼宾顺序引领宾客进入休息厅或直接进入宴会厅。休息厅内应有身份相当的接待人员陪同、照料客人;服务人员应及时递送茶水、饮料。当主人陪同主宾进入宴会厅主桌后,接待人员即可引领其他宾客相继入厅按序就座。

3. 致辞祝酒

正式宴会一般有致辞。致辞时,服务人员应和其他所有出席者一起停止一切活动,专心聆听,以示尊重。致辞毕则祝酒。服务人员应在致辞将结束时把酒斟足,供来宾们祝酒用。

4. 侍应顺序

按国际惯例,侍应顺序从男主人右侧的女主宾或男主宾开始,接着是男主人,由此自右向左按顺时针方向进行。上菜、派菜、分汤均按此顺序。此外,应从宾客的左侧上菜、派菜、分汤,斟酒则应从其右侧进行,只需斟至酒杯容量的2/3即可。

5.宴请结束

宴请即将结束时,服务人员与其他接待人员应主动上前协助宾客离席。临别前,主人应对来宾的出席表示谢意,而后握手话别;接待人员应负责将来宾送到正门口或车门前,必要时还应协助宾客上车,并目送其远行。

(三)赴宴礼仪规范

赴宴过程中,尤其是席间的一言一行、一举一动都须掌握必要的礼仪分寸。这对在宴席上从容地表现自我,塑造良好形象是非常必要的。

1.接受邀请

接到宴请之邀后,不论出席与否均应尽早给对方以明确答复,以便主人妥善安排。万一临时因故无法应邀出席,则须尽早通知对方,深表歉意并做必要的解释。

2.按时赴宴

按时出席宴请是礼貌的体现。一般可按规定时间提前或延后不超过 5 分钟到达。过早、过迟出席都会被视为失礼。

3.抵达致意

到达宴请场所后,应主动趋前向主人问好致意。必要时,可按宴请性质和当地习俗,赠送花束或花篮;而后随主人或迎宾人员引领步入休息厅或宴会厅。

4.礼貌入席

了解自己的桌次和座位,按序就座;最好不要随意更换座位。如邻座是年长者或妇女,则应主动为其拉座椅。

5.席间交谈

参加任何宴请,切莫始终缄默不语,也不应只同熟人或左右邻座说话。如互不相识,可先自我介绍。席间交谈应选同桌人共同关心的话题为妥。

6.文明用餐

用餐坐姿端正、自然,入座后不可随意拨动桌上的餐具。待主人招呼后方可进餐。吃相要文雅。热食待凉后再吃,切勿用嘴乱吹。鱼刺、肉骨等应放置骨碟内。口嚼食物时切忌说话。喝汤应借助于勺匙。喝茶或咖啡时,应右手拿杯把,左手端杯碟。尽量不要当众剔牙,万不得已时应用手或口布遮挡,剔过的牙签应折断后放置在骨碟内。

7.祝酒碰杯

主人祝酒致辞时,应停止一切活动,认真聆听,不可做无关动作。主人前来碰杯或相互问候碰杯时,应目视对方,面带微笑,点头致意。人多时也可同时举杯共祝,不必一一对碰。

8.致谢辞行

宴请结束后,应有礼貌地主动向主人握手道谢。参加正式宴会后的2~3天内,也可向主人书面致谢。若因故需提前退席,须向主人说明后方可离去,切莫不辞而别。

四、签字仪式礼仪

在涉外交往、商务合作等社会经济生活中,人们往往就政治、经济、科技、文化等某个领域内的相互关系达成合同或协议,并且一般要举行签字仪式。在日常经营中,旅游企业也经常负责接待一些签字仪式的设计和服务工作,因而旅游从业人员尤其是酒店宴会销售部人员,必须对签字仪式的运作过程及相关礼仪规范有所了解。

(一)签字仪式的准备工作

签字仪式是在记录各方达成共识和协议的文本上签字,因此,所要签署的文本是签字仪式的主要对象,必须精心制作,精心准备。一般来说要做好以下几个方面的工作。

1.文本的准备

(1)确定文本定稿。文本定稿是通过谈判和磋商,最终确定的会谈正式文件以及各项具体条款及其表述。在会谈过程中,各方都可以提出会谈文件的草案,也都可以对具体条款和表述提出修改意见。因此,谈判过程就是确定文本定稿的过程,只有准备好各方认可的文本定稿后,才能举行签字仪式。

(2)确定文本语言。在签署涉外缔约时,如双方使用不同的语言文字,签字文本应当用双方的文字写成。按照主权平等的原则,用这两种文字书写、印刷的文本具有同等效力。必要时,还可以使用第三种文字。根据《中华人民共和国缔结条约程序法》的规定,我国与外国签订双边条约,双方均不熟悉对方的语言,除了用双方的语言制作文本外,还可以用双方共同熟悉的第三种语言增加一种文本,并具有同等效力。在国际组织框架内的多边谈判,最后文本定稿的起草和印刷,则应该使用该国际组织所规定的正式语言;非国际组织框架内的多边谈判,最后文件的起草和印制所使用的语言由各方协商确定。

当使用不同文字起草和印制的文本,对某些条款产生不同理解和解释时,还应当规定以某一种文字的文本含义为准。如《保护工业产权巴黎公约》第二十九条第一项规定:本议定书仅在一个法文原本上签字,并递交瑞典政府保存。正式文本要由总干事与有关政府协商后,以英、德、意、葡、俄、西以及大会指定的其他文字制定。如对各种文本的解释有不同的意见,应以法文文本为准。

(3)确定文本的正本与副本。正本即在签字仪式上被双方签署的对象,它与会谈最终形成并印制发行的文字文本是两个不同的概念。因为,缔约各方可以在每一种文字文本上签字,也可以仅在一个共同商定的文本上签字,因此,文字文本不一定都成为签字文本。双边会谈或者缔约方数量不太多的多边会谈,如三方会谈、四方会谈,正本的数量根据缔约方的数量而定,各方各保存正本一份,且都必须在每份正本上的每种文字文本上签字。缔约方数量较多或者是国际组织框架内的会谈,正本可以只制定一份,由各方签字后转交东道国(方)或发起缔约的国际组织进行保存。如《中华人民共和国加入世界贸易组织议定书》规定,该议定书签字后交存世界贸易组织总干事,总干事则向世界贸易组织每一个成员国和中国提供一份副本。

有时为了工作的方便,会议的主办方会将会谈的正式文本印制若干副本,副本的法定效力、印制数量和各方保存的份数,由缔约各方根据实际需要确定,并在条款中加以规定。一般而言,副本文本不用签字、盖章,或者只盖章、不签字。

(4)校印与盖章。校印即根据定稿校对、印制正本和副本。签字文本排版后,必须经过严格的校对,确认无误后才能最后交付印刷、装订。为了保证文本在签字后立即生效,一般在举行签字仪式前,先在签字文本上盖上双方的公章，这样，文本一经签字便具有法定效力，而外交方面的签字文本需事先加盖火漆印。

2. 商定参加人员

(1) 签字人员。签字人员是签字仪式上的主体，签字人既可以是双方参加谈判的主导人员，也可为了表示重视另派更高级别的官员作为签字人员。签字人员的职务和身份应当一致或大致相等。如企业之间举行签字仪式，一方由董事长签字，另一方也应当由董事长出面，没有十分特殊的情况，不应当派级别较低的人员签字。

(2) 签字见证人。见证人主要是参加会谈的人员。有时也可邀请保证人、协调人、律师、公证机关的公证人员参加。

(3) 签字助签人。助签人的主要工作是在签字过程中帮助签字人员翻揭被签文本，指明需要签字之处。由于涉外签字的文本由中外文印成，各方签字的位置不一，一旦签错，就会造成文本作废，甚至导致签字仪式的失败，故助签人必须参加谈判的全过程，参与文本的整理、起草和制作工作。双边签字时，助签人应事先商定；多边签字时，既可以事先商定助签人，也可由主方委派一名助签人，依次协助各方签字。

目前，会展服务中常派礼仪小姐担当助签人，但仅适用于一些喜庆性的签字仪式，而且事先一定要对礼仪小姐进行培训，使其熟悉文本并了解签字程序。

3. 现场布置和物品准备

举行签字仪式的场地，一般要根据参加签字仪式的人员规格、人数多少以及协议内容的重要程度来确定。大多数签字仪式都选择在酒店会议厅或东道主的会客厅、洽谈室举行，但无论选择在何处举办，都应该征得对方的同意。

签字仪式正式开始前，事先应该布置好签字厅。通常的做法是：在签字厅内设置一张长方桌作为签字桌，桌面上覆盖深绿色台呢布（要注意签字双方的颜色忌讳），桌后放两把椅子，作为双方签字人的座位，一般是主人左、客人右；座位前放置好各自保存的文本，文本前摆放签字笔、吸墨器等签字文具；桌子中央摆一副旗架，上面悬挂签字双方的公司标志或国旗（如图9-4、图9-5所示）。

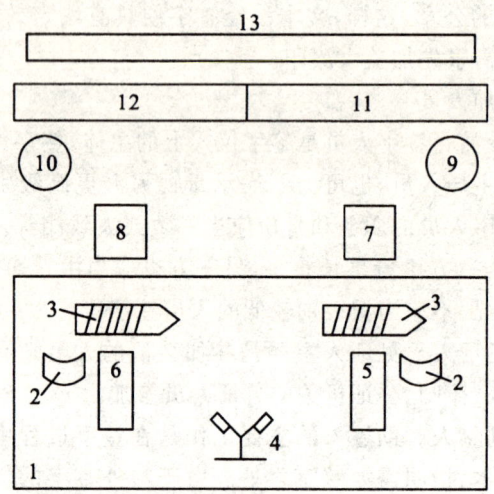

图 9-4 签字仪式现场布置图

1—签字桌 2—吸墨器 3—签字笔 4—旗架 5—主方保存文本 6—客方保存文本
7—主方签字人席位 8—客方签字人席位 9—主方助签人 10—客方助签人
11—主方参加人员位置 12—客方参加人员位置 13—会标

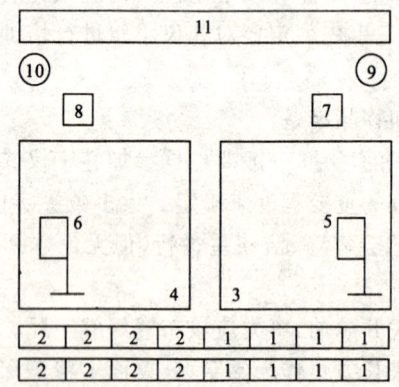

图 9-5 签字仪式现场布置图

1—主方参加人员位置 2—客方参加人员位置 3—主方签字桌 4—客方签字桌
5—主方国旗 6—客方国旗 7—主方签字人席位 8—客方签字人席位
9—主方助签人 10—客方助签人 11—会标

多边签字则按礼宾次序安排各方签字代表的座次,一般按英文国名第一个字母的顺序排列,也可按事先商定的顺序排列。排在第一位的居中,第二位排在其右边,第三位排在其左边,依次类推。签字桌上可放置各方签字人员的席卡,席卡一般写明签约的国家或组织的名称、签字人的职务及姓名。(如图 9-6、图 9-7 所示)此外,涉外签字仪式应当用中英文两种文字标识。

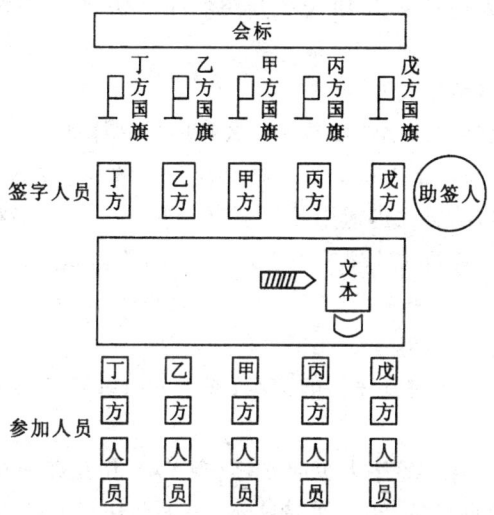

图 9-6　多边签字仪式现场布置图

图 9-7　多边签字仪式现场图

(二)签字仪式的程序

签字仪式的程序分为单纯性签字仪式程序和复合性签字仪式程序两种。单纯性签字仪式程序仅有签字的过程,不安排讲话、致辞;复合性签字仪式程序除签字过程外,还要安排各方领导人致辞等活动。下面以复合性签字仪式程序为例,介绍具体的签字程序。

(1)签字各方参加人员在工作人员的安排下进入预定的位置。

(2)主持人向全体参加人员介绍签字各方的主要领导以及其他贵宾。

(3)宣布签字仪式开始。

(4)各方签字(即单纯性签字仪式程序),具体如下:

①助签人为签字人员翻揭文本,指明签字处,签字人员在各自保存的文本上签字,助签人迅速用吸墨器(纸)吸干。如系多种文字印制的文本,签字人需在每种文字文本上逐一签字,不能遗漏。

②各方在各自保存的文本上签字后,由助签人合上文本,在签字人的身后互相传递文本,不宜在桌上移动传递。

③助签人打开对方保存的文本,签字人员在对方保存的文本上逐一签字。

④签字毕,各方签字人员起立,交换文本,相互握手致意。这时,双方签字人员应面向前方,一手持文本,一手握住对方的手,以便记者和工作人员摄影留念。

⑤多边缔约签字。如只需在一份文本上签字,由主持人按英文(或文本的主要文字)国名第一个字母的顺序报国家名称和签字人姓名、职务,由助签人依次请各缔约方签字;也可由文本保存国或主办国先签字,其他各方再按一定的顺序依次签字。

(5)主持人请各方领导人先后致辞。致辞的顺序是:双边签字仪式为先主后客,多边签字仪式按签字顺序致辞。有时致辞活动也可安排在签字之前。

(6)举行小型酒会,举杯庆贺。

(7)联合举行记者招待会或新闻发布会。

五、开幕剪彩礼仪

无论是哪一类的公司,均需要举行开业典礼或者会议开幕仪式,酒店、旅行社等旅游企业也不例外,都应按照国际惯例注重这些活动中的礼节礼仪。

(一)剪彩礼仪规范

在大型展销会、展览会或博览会开幕以及企业开业时,一般要举行隆重的剪彩仪式,以期引起参展人员和社会各界的重视。剪彩作为一种庆典形式,已经形成了一套比较严格的礼仪规范,无论剪彩仪式有多大的规模,都必须注意以下基本礼仪。

(1)提前一周或半个月,向有关单位和个人发送请柬或刊登广告,对剪彩者应发出郑重邀请。

(2)按照"庄重、喜庆、科学"的原则,精心布置会场,尤其要注意安排好出席者(剪彩者、来宾和本单位领导)的座次;剪彩仪式的时间以短为佳,一般不应超过1小时,短则15分钟即可。

(3)主持人宣布剪彩仪式正式开始,介绍重要来宾,并鼓掌向与会人员表示谢意。此时,组织者应请乐队奏乐或燃放鞭炮,以烘托会场的热烈气氛。

(4)安排简短致辞。致辞顺序一般为:东道主的代表—向东道主或展览会召开表示祝贺的上级主管部门领导—地方政府及其他协作单位的代表,致辞的内容应言简意赅、充满热情。

(5)主持人宣布剪彩开始,剪彩者应在礼仪小姐的引导下稳步走向各自的位置,如果有几位剪彩者,应该让主剪彩者走在前面;主席台上的人员或一般来宾在剪彩者之后1~2米处站立;当礼仪小姐用托盘呈上白手套和剪刀时,剪彩者要用微笑表示谢意并随即接过手套和剪刀;剪彩前要向手拉缎带的礼仪小姐点头示意,然后表情庄重、全神贯注地将缎带剪开(如果同时有几位剪彩者,则处在外端的剪彩者要用眼睛余光注视主剪彩者的动作,争取同时剪断彩带),同时要和礼仪小姐配合,让彩球落入托盘中;在放好剪刀后,剪彩者应转身向四周的人们鼓掌致意,并与主人进行礼节性的谈话,祝贺公司开业或展览会成功召开,然后在礼仪小姐的引领下退场。

(6)剪彩完毕,主持人要再一次衷心感谢各位来宾的莅临;组织者通常还要安排酒会或以自助餐招待来宾,也可以赠送有纪念价值的小礼品。

(二)开幕式礼仪规范

开幕式是展览会的重要仪式和主要公关工作之一。举办开幕式的主要目的是营造现场气氛、扩大展览影响,若能和新闻报导结合起来,则更能产生明显的宣传效果。展览会开幕式的礼仪规范主要有以下一些内容。

(1)精心准备。筹备展览会的开幕式,首先要确定时间、地点、规模、参加人员、议程安排及预算等事宜。内部人员尽早指定,外部人员尽早邀请或协商确定,前者落实后要明确分配任务,后者落实后要商量发言稿、告知开幕式的具体活动安排。

(2)拟定邀请参加人员名单,并编印请柬、安排寄发;请柬的措辞、格式、版面一般是固定的,但也可以根据需要进行创新,有时还应在请柬上注明"请尽快回复(R.S.V.P)"或附上回执;对重要的邀请对象,一般由东道主主要领导亲自邀请,并在寄发请柬后打电话再次确认;发言稿要提前写好,以便发言人和组织者有时间相互交换阅读,并修改、打印。

(3)按照"喜庆、隆重、科学、安全"的要求,精心布置开幕式会场。提前制作、悬挂横幅;安排好发言台、主席台上人员及一般来宾的座次,仔细检查话筒、扩音器、同声传译等设备,检修照明、空调设备并安排专人控制;设计好服务人员的人数、服务区域及主要职责。

(4)在会场入口处设立签到处,负责维持入场秩序,检查和收取请柬、索取来宾名片或请求签到、发放胸牌或胸花以及会议资料袋(内有展览会资料、发言稿、主席台来宾名单、开幕式议程、纪念品等);嘉宾到来后,接待人员应热情礼貌迎接,对重要人物一般要安排休息室,等主席台上的人到齐了一起引领上台;签到处收到的名片是很有价值的资料,组织者应安排专人收集、分类整理和保存,并在开幕式结束后提交给公司有关部门,以供进行深入联系,促进实质性的交易。

(5)若开幕式的内容包括参观展台,则应精心设计好参观路线,并提前通知相关展台;参观过程中,应安排好领路人员、讲解人员和采访、摄影等其他人员。若重要来宾在参观完后要离开,则要护送上车,并礼貌地目送离去。

(6)根据当地行业法规和传统习俗,通知有关部门做好停车、接待、引路、消防、保卫等工作。

【复习思考题】

1. 办公室礼貌礼仪应注意哪些问题?上下级之间的礼貌礼仪有哪些?同事间相处应注意哪些礼貌礼仪?

2. 作为酒店的一名上层管理人员,在代表酒店与对方客户谈判时应注意哪些礼貌礼仪?

3. 宴请礼仪规范与赴宴礼仪规范各有哪些内容?

4. 签字仪式的程序有哪些步骤?

典型案例

特别的开业典礼

2006年8月8月,是南方卓悦大酒店隆重开业的日子。

这一天,酒店上空彩球高悬,四周彩旗飘扬,身着鲜艳旗袍的礼仪小姐站立在店门两侧,她们的身后是摆放整齐的鲜花、花篮,所有员工服饰一新,面目清洁,精神焕发,整个酒店沉浸在喜庆的气氛中。

开业典礼在店前广场举行。上午11时许,应邀前来参加庆典的有关领导、各界友人、新闻记者陆续到齐。正在举行剪彩之际,天空突然下起了倾盆大雨,典礼只好移至厅内,一时间,大厅内挤满了参加庆典的人员和避雨的行人。典礼仪式在音乐和雨声中隆重举行,整个厅内灯光齐亮,使得庆典别具一番特色。

典礼完毕,雨仍在下着,厅内避雨的行人,短时间内根本无法离去,许多人焦急地盯着厅外。这时,酒店经理突然宣布:"今天能聚集到我们酒店的都是我们的嘉宾,这是天意,希望大家都能同敝店共享今天的喜庆,我代表酒店真诚邀请诸位到餐厅共进午餐,当然一切费用全免。"语音刚落,大厅内响起了雷鸣般的掌声。

虽然,酒店开业额外多花了一笔午餐费,但酒店的名字在新闻媒体及众多顾客的宣传下却迅速传播开来,致使酒店的生意格外红火。

[评析]

开业典礼是企业的大喜日子,是气氛热烈而又隆重的庆祝仪式,既表明企业对此项活动庄重、严肃的态度,又可借此扩大企业的社会影响,提高企业的知名度和美誉度。该酒店的经理乘开业典礼之机请避雨的行人共享开业的喜庆,借此树立企业形象,收到了意想不到的效果,成为企业发展的一个里程碑。这一举动也很好地体现了该酒店经理的组织能力、社交水平及文化素养。

第三编 旅行社应用

第十章 旅行社接待礼貌礼仪核心
——公关沟通服务

学习目的

● 掌握旅行社公关沟通的概念与作用
● 掌握旅行社一般接待礼仪与特殊团队接待礼仪
● 熟悉旅行社公关沟通的种类
● 了解旅行社公关沟通的媒介

基本内容

● 旅行社接待公关沟通中的礼貌礼仪观：旅行社公关沟通的概念、种类与作用，旅行社公关沟通的媒介
● 旅行社接待服务礼仪的要求与形式：旅行社一般接待礼仪、特殊团队接待礼仪

第一节 旅行社接待与公关沟通中的礼貌礼仪

旅行社是旅游活动的组织者、安排者和联系者，在整个旅游活动中处于核心地位。要保证旅游活动的圆满成功，旅行社就必须和游客、参观游览点、酒店、餐馆、交通运输和邮电通信部门等方面保持良好的关系和无障碍的公关沟通。沟通效果的好坏，将直接影响到旅行社的经

营和发展。因此,旅行社在接待过程中所体现出的公关沟通服务是旅行社接待和经营管理中的一项重要工作。

一、旅行社公关沟通

(一)旅行社公关沟通的概念

旅行社公关沟通是指旅行社工作人员与内部员工、宾客、相关单位面对面或非面对面地进行双向的信息交流和共享。这种信息的双向交流与共享要求沟通双方达到信息量满足与精神愉快。

(二)旅行社公关沟通的种类

1. 旅行社内部沟通

沟通的种类按其运作方式,主要可分为上行沟通、下行沟通、平行沟通等三种。

(1)上行沟通。这是一种按旅行社内部系统进行的下级与上级的沟通活动。这种沟通属于旅行社内部传播活动中的一种公关沟通现象,又分面对面的沟通和非面对面的沟通两种形式。其沟通的手段包括面对面的口头请示汇报工作、反映情况、征询意见等,非面对面的文件请示、电话请示等。上行沟通是"下情上达"的重要机制,搞好上行沟通,要注意掌握一定的沟通原则与技巧,要扮演好下级的角色。

(2)下行沟通。这是一种按旅行社内部系统进行的一种上级与下级的沟通活动,也分面对面和非面对面的沟通两种形式。它是一种信息从上往下,即从领导往被领导方向的"上情下达"式信息交流。搞好下行沟通,要注意创造民主气氛,调动下属的参与精神。

(3)平行沟通。平行沟通是同行、同事、同级间所进行的一种沟通。平行沟通原指旅行社内部同级间的沟通,也包括旅行社之间同行与同行、同事与同事、同辈与同辈之间的沟通。平行沟通是同级、同辈等层次的沟通,因此在沟通过程中应注意沟通地位的平等性、互利性,沟通要在相互尊重的前提下才能取得好效果。

2. 旅行社对外沟通

人类学教授霍尔(E. T. Hall)将人类沟通类型分为高个人间关系和低个人间关系。旅行社在接待外宾过程中对这两种不同类型的游客,要运用不同的沟通对策。

(1)高个人间关系(High Context)。该类型的特点是:沟通的有效性在很大程度上取决于双方的交往和感情的高投入,如访问、送礼等个人间的交往活动。属于高个人关系文化类型有:中国人、日本人、阿拉伯人、拉丁美洲人、西班牙人和意大利人等。与这类人打交道要注意:需要花较长的时间来进行商务活动,因为在商务关系发展之前,他们需要了解对方许多情况。

(2)低个人间关系(Low Context)。该类型的特点是:沟通的成功主要依赖于用清晰的语言进行直接表达。属于低个人间关系文化类型的有:英国人、法国人、加拿大人、挪威人、瑞典人、丹麦人、德国人和瑞士人等。与这类人打交道时要注意:他们习惯于报告、合同和其他的书面沟通形式,他们喜欢快速进入商务谈判。

(三)公关沟通的作用

1.创造旅行社的凝聚力作用

古语说:"天时不如地利,地利不如人和。"人和是旅行社走向成功的重要因素。凝聚力的强弱是"人和"程度的标准。创造较强的旅行社凝聚力,必须借助于公关沟通。上下之间、左右之间积极地沟通,以此追求旅行社的亲和力、向心力,以形成旅行社的效能。

2.塑造旅行社的良好形象作用

"旅行社形象"是公众对旅行社各种要素形成的综合印象。旅行社形象的形成并非一蹴而就,需要旅行社的领导、成员从一言一行、一点一滴做起,进行方方面面的沟通。在沟通中,传递旅行社的有关信息,推销旅行社形象。

3.排除障碍,消除误解作用

无论旅行社内外,都存在大量的误解与障碍。这些误解与障碍有时表现为强烈的冲突。解决与公众之间的矛盾(即误解、障碍),靠一般的宣传往往是无能为力的,要通过人际间的深入沟通。

4.获取各界支持,创造良好的外部环境作用

进行积极而有效的人际沟通,可以获得社会各界、政府、上级主管部门、新闻界、国际友人、消费者、社区关系等方面的了解、理解、支持和

帮助,使旅行社获得良好的物质、资金、舆论等方面的支持。

二、旅行社公关沟通的媒介

公关沟通所借助的媒介一般有语言(口头语、文字语言)和非语言(一切用于沟通的非语言符号,如声音、姿态、色彩、服饰等)。

(一)语言沟通

公关沟通语言是以真诚为核心,以多种艺术手法为其表现方式,为赢得公众好感而运用的一种交际语言。公关沟通语言包括口头语言和文字语言(书面语言)两种。

1. 热情真诚

浓厚的情感、诚恳的态度、求真求实的精神,都体现了公关沟通语言的特点。作为旅游业企业,旅行社在接待宾客时,一定要用热情真诚的语言与其进行信息沟通,满足其受尊重的需要。

2. 生动幽默

语言运用的目的在于实现交往目的,因此必须生动才能引人注目,激发兴趣,引起欲望,从而采取行动。幽默不仅反映一个人的素养,也反映一个人对交往成功的自信。当我们面对来自四面八方、身份各异、需求多样的顾客时,经常会遇到矛盾、顶撞或尴尬。运用幽默的语言则可以达到缓冲、解围的效果,甚至可化干戈为玉帛。

3. 礼貌得体

礼貌的语言是滋润人际关系的雨露,是沟通旅行社与宾客关系的桥梁,是维系旅行社接待人员与宾客良好关系的纽带。运用礼貌的语言主要包括多用敬称、敬词、敬语,语气亲切柔和,语言清晰准确,态度热情真诚,讲话内容平等友好等。语言的得体是指公关沟通语言要与所面对的接受对象所处的语言环境切合、适应。得体才具有艺术效果,得体才能为别人所接受。

4. 准确清晰

语言的准确是指对客观事物的反映和表达不加主观评价,呈现事物的真实面目。清晰的语言是指一种一目了然、一听就懂的语言。准确清晰的语言在沟通过程中,可以使更多的人接受、理解所传达的信息内涵。

5. 富于弹性

富于弹性、"不死不绝"的语言也应是公关语言的重要特点。在与别人交往时,不要把话说死、说绝,表达应留有余地。要避免如"世界一流""全国第一""独一无二""质量最好""服务最佳"等词语,还要避免用"没办法""不可能""不知道""绝对不行"一类在服务行业中禁止使用的语言。只有灵活地运用一些留有回旋余地的交际语言,才不会使自己陷入被动,才会对获得良好的公关沟通效果大有帮助。

(二)非语言沟通

"非语言"是相对于语言存在的类语言、体态语言、环境语言。"非语言"大体可划分为有声非语言和无声非语言两大类。美国的社会心理学家拉莫宾曾提出了一个公式:

信息传递=7%语言+38%语音+55%非语言

1. 有声非语言

有声非语言也称"类语言",主要是通过声音——重音、长音、高音、低音,或者慵懒的声音、欢快的声音、笑的声音、哭的声音等来辅助语言或体态语言表达信息含义。

声音能表达人的情感。譬如同样一句话,有情感地朗诵和毫无情绪地朗读,效果是截然不同的。同时声音可反映人的个性。人们几乎普遍认为:一个人说话声音高、速度快,往往反映出此人精力充沛、性格外向、意识开放、活动能力强;一个人说话慢声细语,则反映这个人的性格内向、行为迟缓、胆小谨慎。声音对加强沟通具有艺术效果。说话的声音洪亮,富于抑扬顿挫、速度快、准确流利,往往对听者更具说服力。总之,旅行社工作人员可以通过对声音的音量、音质、声调、速度等的控制,来提高语言在沟通中的有效性。

2. 无声非语言

无声非语言技巧是利用时间空间、目光表情、手势身姿、气味色彩、风度气质、服饰摆设等因素来进行人际沟通的技巧。

(1)空间语言。人具有一种生物性防卫意识,每个人身体周围的空间,叫身体领域,或称"空间范围圈""个人空间",大家尊重彼此的身体领域,和谐相处。旅行社的接待人员在与宾客进行沟通时,一开始不要急于缩短距离,首先要保持适当的距离,否则会使宾客感到不自然和不安,甚至讨厌。随着交谈的逐步深入,可以有意识地逐步使距离合乎情理地缩小,若此时仍使相互距离保持很远,则会使人产生冷漠感和疏远感。

(2)眼神与表情语言。俗话说"眼睛是心灵之窗",眼神一向被认为是人类最明确的情感表现和沟通符号,在面部表情中占据主导地位。有经验的旅行社接待人员可以通过眼神判断出宾客的要求以及对其所出售的旅游产品感兴趣的程度。研究表明,交谈时,目光接触对方脸部的时间宜占全部谈话时间的30%~60%。超过或低于这一阈值,在一般情况下都是失礼行为。在公关沟通中,要注意运用眼神说话,关键是要传递热情、诚恳、坚定、友善、信任的眼神,同时掌握眼神的频率和时间,使其恰到好处。

(3)手势与体姿语言

手势语是指人们在沟通活动中用来传递信息的各种手势动作。它是仅次于表情的体态语言,在人际沟通中发挥着十分重要的作用。手势语的主要功能是表情达意。表情是指通过某些具体的手势行为来表达自己的情感。如高兴时拍手称快,愤怒时挥舞拳头等;达意是指借运用手势行为表达自己的意图,如手掌向下表示权威,手心向上表示谦虚等。

(4)服饰与色彩语言

服饰语言能表达人的感情,反映人的地位职业、性格爱好及其文化修养。在沟通中,服饰和环境装饰、产品包装颜色的作用主要体现在调节情绪、影响智力、美化环境与人体等方面。另外,色彩对人的生理和心理影响,会制约或作用于工作。有关研究表明,红色为主动色彩,可使人产生积极进取精神;蓝色为被动色彩,可制造一种温柔、轻松的气氛,化解紧张情绪。

总之,旅行社接待人员应科学掌握沟通语言与非语言的作用,充分利用,创造沟通环境,提高自身魅力,增进沟通效果。

第二节 旅行社接待服务礼仪的要求与形式

一、旅行社一般接待礼仪

(一)办公室接待礼仪

办公室是具有专门接待职能的组织机构,是联系旅游业与公众关系的枢纽,是体现旅游业管理水平和精神面貌的窗口。办公室接待是塑造旅游业形象、搞好旅游公关的重要一环。

1. 办公室环境艺术

办公室是旅游业的"脸面",首先应创造一种典雅、舒适、幽静的环境气氛,留给来访者良好的"第一印象"。

有条件的办公室旁可附设接待室。接待室可分中式、西式两种风格。中式接待室一般采用自然光,应突出洁净、朴实、方便以及传统文化等风格;西式接待室一般不采用自然光,多用灯光,应注意营造光线和色彩的柔和、深沉、高雅、豪华格调。无论是中式还是西式接待室,都要注意空气清新,保持适宜的室温、相对的湿度。室内应配备必要的通信和音响设备、宣传资料、接待用品。

2. 办公室接待艺术

对前来造访者,应站起来,用礼貌语言,如"您好""请进""请坐",并献上茶水、糕点等表示欢迎。对熟悉的客人还可以适当寒暄,询问一些有关生活、工作近况等话题,融洽气氛。对初次来访的客人,要采取一定的接待技巧,弄清对方的职业、身份、来意。对涉及重大问题的接待,更要慎重验看对方证件。客人陈述问题要做必要的记录。对来访者的愿望和要求,合理的、能够答复的,要尽快给予明确答复;不合理的或不便马上答复的,应予以委婉推辞,或进行必要的推托。应请示或安排领导接见解决的问题,要事先和主管领导研究,予以妥善安排。应热情送行,并表示欢迎再来。如果需要,分别时要留下今后相互联系的地址和电话。

3.电话接待礼仪

电话接待是现代接待的重要手段,也是办公室接待的重要任务之一。电话接待的礼节主要包括以下几方面。

(1)电话铃响应立即接通,最好不要让铃声超过三遍。

(2)拿起话筒要用礼貌、谦和的语言说"您好,这里是××"。注意不要张嘴就问"你找谁?"若这样与欧美人打电话,对方很可能会觉得你不懂礼貌而挂上电话。

(3)讲话清晰、简练、准确、热情,讲话声音适中,忌矫揉造作。

(4)注意倾听对方讲话,既不要贸然打断,又不可沉默不语,要根据内容不断随以"是""对""嗯"等应声。

(5)做好电话记录。对重要的电话内容要认真做好记录,内容要周全、准确。涉及时间、地点、款项、人员等问题,一定要重点记录。为防止失误,对重要内容应予以复述核准,以免搞错。

(6)通话结束时,要待打电话一方先挂电话,然后再挂电话,挂电话前要说感谢或欢迎的话。此外,若受话当事人不在,可礼貌地说:"对不起,×××不在,有什么事我能代为转达吗?"若需要代转,就做好记录;若不需代转,可告知×××大概约什么时间在,到时可再打电话。为了做好电话接待,接待人员还要特别注意熟悉记住常用的通信电话号码。

(二)迎送接待礼仪

1.迎接客人

(1)首先根据来者身份、国籍、性别、年龄等状况安排好吃、住、活动日程、交通工具、兑换款币等事项。

(2)查明客人到达时间,提前15分钟到达机场、车站或码头,选择醒目合适的地点等候。若属外宾或高贵客人,要事先在机场、车站、码头安排贵宾室,以备稍事休息。

(3)客人到达,应主动热情地迎上前去,寒暄问候,携助提拿行李(一般帮提大行李,手提包则不必),办理入境手续。若与客人相识,则要事先写好迎客牌,工整地写上所接客人的单位、名字。客人到达时,先行自我介绍,或递上名片,首先解决相互称呼问题。

(4)引导客人乘车。把客人行李安排好后,即刻打开车门,安排客人上车。若乘小轿车,注意安排地位尊贵的客人坐在车后排右首位、接待人员坐在后座左首位或司机旁边。若乘面包车,则安排尊贵客人坐于司机后双人座上。车启动后,切忌沉默不语,可向来客讲解活动日程,介绍当地民俗风情、旅游景点、物价等。

(5)到达目的地后需协助客人妥善安排住宿及就餐时间、地点等事宜。考虑客人沿途劳顿,需要休息,接待人员不必久留,说好下次见面时间及有事联系的电话号码,即可离去。

2.欢送客人

(1)根据客人离去的时间,安排好购票、结算、赠送礼品、摄影留念、欢送宴会等事宜。赠送的礼品要注意携带方便,突出精神文化和地方特色,具有保存价值。

(2)送站人员要尽量帮客人将行李安顿好,分别时讲些"欢迎再来"的话,要目送飞机起飞或车船开动,待客人看不见时再行返回。

二、特殊团队接待礼仪

特殊团队就是指有别于一般旅游、观光活动的,具有其自身特点的旅游团队。在作业安排时,绝不能等同于一般观光团的操作,应根据他们的自身特点,有针对性地组织操作和接待。一般来说有以下几种特殊团队。

(一)新闻记者或旅游代理商接待礼仪

旅行社组织代理商或新闻记者参与旅游,目的是介绍自己组合的旅游线路,使其通过观察、了解并熟悉本社的业务和旅游目的地的旅游业基本情况,产生组团消费本社旅游产品的愿望,宣传并介绍本社的旅游业务。旅行社组织旅行代理商或新闻记者旅游团队时需注意以下几方面。

(1)精心设计最佳的旅游线路。旅行社应派专人预先按线路采访一下,并落实各地的准备工作。每个地方突出什么活动,交通、住宿、膳饮怎样安排等,要反复检查确认。

(2)邀请团在考察过程中的活动,尤其是交通、食宿、参观游览、文娱活动等,应与将来旅行社组团的活动基本一致。

(3)配备最佳导游。选择好导游,是邀请团活动成功与否的关键。要选择有经验且学识丰富的导游,讲解既深入浅出,又诙谐动听、妙趣横生,让代理商或记者们感到这是一次很好的艺术享受,回去后有助于更好地宣传,起到扩大影响、吸引游客的作用。

(二)大型团队接待礼仪

接待大型团队的旅游活动,其难度及要求都比一般旅游团队高。接待人员必须同时具备较高的业务水平、宏观控制能力与严密的工作作风,才能够圆满完成接待任务。应注意以下几方面。

(1)与各有关单位确认活动日程和确切的时间。

(2)检查接待人员的精神准备和物质准备,通知每人车号、客人数、房号。

(3)部门经理亲临机场或码头察看迎接团队的场地、乐队站立的位置、停车点。

(4)事先安排专人下榻饭店,与酒店客房部经理等共同检查房间内各种设施是否完好。

(5)与车队联系好出车顺序,车上贴好醒目的车号和标志。

(三)残疾人团队接待礼仪

接待残疾人旅游团队,最重要的是要有满腔热忱,随时注意保护其自尊心。在生活服务方面,一定要细心周到,想方设法为他们提供方便;在导游工作方面应尽量满足他们的要求;在日程安排方面,要考虑到他们的身体条件和特殊需要,时间应宽松些,所去景点应便于残疾人活动。

一个旅行社接待的组织能力和指挥能力是非常重要的,如果没有精心周密的设计和踏实的组织工作,将难以顺利、圆满地完成任何团队的接待任务。

【复习思考题】

1. 何谓旅行社公关沟通?
2. 旅行社公关沟通有哪些种类?
3. 公关沟通语言应具有哪些特色?

4.旅行社接待服务礼仪具有哪些要求?

实战模拟

模拟名称: 大型团队机场接待场景

模拟要求:

结合本章中团队接待服务礼仪知识,进行旅行社接待员、司机、游客等角色分工后模拟特定场景的接待工作。

第十一章 导游服务礼貌礼仪

学习目的

● 掌握导游服务流程中的礼仪要点
● 掌握导游服务常用礼仪语言
● 熟悉导游接待服务礼仪规范

基本内容

● 服务流程中的礼貌礼仪要点
● 导游服务常用礼仪语言：导游语言、欢迎辞、欢送辞、讲解艺术
● 导游接待服务礼仪规范：团队交接礼仪、客人安全服务礼仪、交运行李服务礼仪、带客游览服务礼仪、带客购物服务礼仪、与客沟通协调礼仪、处理特殊情况礼仪、送客离站服务礼仪

第一节 服务流程中的礼貌礼仪要点

导游（也称陪同）是旅行社的支柱。导游是旅游业从业人员中与旅游者接触最多的人，是旅游者的"指南针"，其言谈举止都会给旅游者留下深刻的印象。因此，导游人员要在业务技能水平方面有一个较为全面的掌握，对于导游过程中待人接物等基本礼貌礼仪知识也必须加以强化，具备这方面的本领，无疑会给导游工作带来很大的帮助。

(1)遵守时间是最重要的礼节。导游必须及时把每天的活动时间

安排清楚地告诉每个旅游者,并且随时提醒。导游必须按照规定的时间提前到达出发地点,按约定的时间与客人会面,如有特殊情况,必须耐心地向客人解释,以取得谅解。

(2)要尊重旅游者的宗教信仰、风俗习惯,特别注意他们的宗教习惯和禁忌。注意服务严谨,态度和蔼。要尊重老人和女士,对小孩多加关照。对残疾人要进行特殊服务,表现出热情、体贴而不是怜悯。对重点客人接待服务要有分寸,不卑不亢。对旅游团的领队要尊重,做到有事商量,主动听取意见,以礼待人,力求协调,通力合作。

(3)客人转移到酒店时,要提醒客人携带好随身物品。

(4)外出旅游时,应清点人数,但不宜用手指点;车子发动时,要提示客人坐稳;行车时一般可致欢迎辞,包括自我介绍,并祝愿各位在旅游期间身体健康、旅游活动愉快。导游人员讲话时音调轻柔甜美,音量适中,手势简练,举止大方。

(5)在参观旅游景点时,导游人员不可由于经常在某地参观,就把主人甩到一边,自己代替主人向客人讲解。翻译时要尊重主人的原意,听不懂主人或客人的话时,可请求其重复一次,尽量做到"信""达""雅"。翻译时还要注意自己站立的位置和举止。

(6)在游客邀请品尝风味小吃时,导游作为客人参加,切勿主宾颠倒,要注重进餐时的礼仪。

(7)欢送客人时,要致欢送辞,内容一般是友好的惜别祝颂,如"一路顺风""旅途愉快""希望再来中国",并主动征求意见,对服务欠缺要向客人表示歉意。最后主动与旅游者一一握手告别。

(8)对旅游者在旅游过程中的特殊要求尽量满足,根据有关规定不允许办理的事情应有礼貌地婉言拒绝。对旅游过程中发生的各种差错和事故,导游要冷静、耐心、礼貌地积极协助有关部门解决,外国客人会表示感谢,有时甚至会给钱酬谢,这时,导游人员应尽量谢绝。

(9)导游人员要做好服务工作,还要与司机、酒店、交通部门和商店的服务人员通力合作。

第二节　导游服务常用礼仪语言

一、导游语言

导游语言即指在导游活动中实际使用的语言。导游所使用的语言必须具有职业特点。导游语言,便是导游员在接待工作中所使用的具有丰富表达力的、生动形象的一种口头语言。因在导游活动时直接面对景点的游客,导游员往往没有时间字斟句酌,所以导游语言具有"快、急、难、杂"等特点。作为一名优秀的导游员,必须能够灵活地运用准确、高雅、悦耳的语言,生动形象地进行导游讲解,还要配以适当的体态礼仪。

(一)言之有礼

这是导游礼貌礼仪的突出体现。所谓言之有礼,就是指导游员的言语要文雅,谦虚敬人,并能够客气、耐心地接受旅游者的提问,令旅游者听后精神愉快。

(二)言之有物

导游讲解的内容要充实、有说服力,切忌空洞、夸夸其谈;导游员的语言应是客观事物的观念化,具有鲜明的思想性;语言的表达要平实,不追求词藻华丽。

(三)言之有据

导游员要有责任心,对自己所讲的话要负责,切忌弄虚作假;导游员的讲解必须有根有据,令人信服。遇到旅游者提问,要客观回答,实事求是,不得胡编乱造,张冠李戴。

(四)言之有情

导游员的讲解不单是信息的交流,同时也是与旅游者情感的交流。优秀的导游员在讲解时应投入感情,言语要友好,富有人情味,要让听者感到亲切、温暖。

(五)言之有理

导游员要诚实,不尚虚文。在导游讲解过程中遇到问题要讲道理,合情合理,以理服人。

(六)言之有神

成功的导游员在讲解时能够牢牢抓住所有游客的"神",即言者有神,言必传神。导游员必须精神饱满,声音传神,要多用形象化的语言,引人入胜。

(七)言之有喻

通过恰当的比喻,以熟喻生,以明喻暗,生动易懂,使听者备感亲切,留下深刻美好的印象。

(八)言之有趣

幽默是一种优美的、健康的品质,讲话诙谐风趣是导游语言艺术性的重要体现,它使导游讲解锦上添花,使听者欢愉,使气氛活跃,还能提高旅游者的游兴。

二、欢迎辞

欢迎辞是导游员与旅游团第一次见面时,为表达欢迎的意愿以及自我介绍时所作的简短的口头演说。欢迎辞好比一场戏的序幕、一篇文章的序言、一次演讲的开场白。导游员在接团时,致上一篇真诚热情的欢迎辞,很容易突破旅游者的心理防线,使自己与旅游团各成员的关系变得亲密,同时使自己处于主动有利的位置。具有专业水平的欢迎辞,一般需包括下面几个要素。

(1)首先问候客人,并代表单位表示热烈欢迎之意。

(2)介绍自己的姓名和职务,介绍参加接待人员的姓名和职务。如在游览车上,还应介绍司机的姓名及其所驾车的牌号。

(3)简单介绍当地风土人情和游览目的地的基本情况以及接团后的大致安排,使旅游者心中有底。

(4)表示自己工作的态度,即愿努力工作并解答大家的问题。

(5)祝愿客人旅行愉快,并希望得到客人的合作和谅解。

欢迎辞内容应根据团体、时间、地点、成员身份的不同而有所区别,不可千篇一律。总之,要使客人感到真挚、热情,又符合自己的身份。

> **小资料**
>
> **经典欢迎辞**
>
> ★风趣导游辞（一名导游员在接待一个由医生组成的旅行团时所致的欢迎辞）
>
> 　　各位朋友，你们好！我是东鑫旅行社的导游。我姓谭，单名一个捡字。大家一定奇怪我为什么叫这个名字，告诉大家一个小秘密，我的命是捡来的。我妈告诉我，我出生的时候是难产，多亏了医生，我才得以"死里逃生"，今天见到各位，我感到非常亲切：我从小就有一个心愿，长大后一定要为给我第二次生命的医生做点什么。今天，我终于有了这样一个机会，我一定会尽力而为，让大家玩得开心，游得尽兴……
>
> ★简洁导游辞（一名导游员在晚间接待一个旅行团时所致的欢迎辞）
>
> 女士们、先生们：
>
> 　　你们好！欢迎各位贵宾来三峡参观游览。我叫徐媛，是阳光旅行社的导游，这位是我们的司机赵先生。大家在三峡旅行期间，将由我和赵先生为大家提供服务。愿大家在三峡度过一段美好而难忘的时光。

三、欢送辞

欢送辞是旅行游览过程结束后，导游员为表示惜别、感谢合作、征求意见、期待重逢所作的口头演说。一段好的欢送辞，能给游客留下永久的怀念与美好的记忆。欢送辞主要包括以下几个方面内容。

（一）富有感情

致欢送辞时，不少游客都成了导游的朋友，多天的相处使大家变得依依惜别。此时，一篇饱含深情的欢送辞能给旅游者以心灵上的感动，给他们留下永久的记忆，有时甚至可以激发他们"故地重游"的愿望。要注意千万不要给旅游者留下"人走茶凉"的感觉。

(二)表示谢意

欢送辞里应当小结一下整个旅程,要称颂旅行是成功的、有趣的、值得怀念的。一次成功的旅游活动是旅游者与导游员双方共同合作、共同努力的结果。导游员提供的优质导游服务,旅游者会心存感激。同样,旅游者在旅游活动中的积极配合也给导游员的工作莫大的支持,所以欢送辞中,导游员应对旅游者表示深深的感谢。

(三)欢迎批评

在导游过程中对自己某些不当的言行表示抱歉,求得旅游者的谅解,而且在致欢送辞时,也应表示出"欢迎批评"的意思。征求意见、欢迎批评的态度往往给游客留下非常好的印象。人们在交往中十分注重真诚,而这样做,恰能表明我们的诚意和信心。

(四)期待重逢

引用些名言、谚语等有文采的语言,要表达的是一种愿意再见的情感,这是欢送辞的另一重要要素。对外宾千万别说"Goodbye",它是"告辞"之意,要说"再见(See you again)"。

小资料

经典欢送辞

★抒情导游辞(一名导游员在送别一个日本东京汉诗研究人员组成的旅行团时所致的欢送辞):

三天来,在各位的盛情和通力合作下,我们在重庆的游览就要结束了。在此,谨向各位表示深深的谢意!重庆和日本相距几千公里,但只不过是一水之隔。中国和日本是一衣带水的友好邻邦,我唯一的遗憾是不能按照日本古老的风俗,给你们一束古老的纸带,一头牵在你们手里,一头系在我们手里。船开了,纸带一分两半,但却留下不尽的思念。虽然没有这条有形的纸带,但却有一条无形的彩带,那就是友谊的纽带……

中国有句古话:"物唯求新,人唯求旧。"东西是新的好,朋友还是老的好。这次我们是新知,下次各位有机会再来重庆,我们就是故交了。祝各位万事如意、健康幸福、一路顺风!谢谢各位!

★总结导游辞(一名导游员与一个旅行团告别时所致的欢送辞)

各位游客,大家好!

少林寺的参观活动马上就要结束了,感谢大家一路对我的配合,欢迎大家有机会再到少林寺参观游览,学拳习武。好了,再次感谢大家,祝大家在接下来的日子里事事顺意,开心每一天!

四、导游讲解艺术

(一)选择合适讲解时机

针对旅游者不同的心理,应选择不同的讲解时机。一般选择在旅游者最渴望了解时、气氛最热烈时讲解。例如,一次一个旅游团在洛阳参观,在前往龙门石窟景区时,途中旅游车出现故障,到目的地后,导游员想以多讲解来弥补一下,结果不受大家欢迎。原来,旅游者此时想抓紧时间拍照。这时,如果导游员对最佳摄影景点进行介绍,再辅以典故说明,就会受到旅游者的欢迎。

(二)选择合适讲解地点

导游员应从景观、情趣和环境三方面来选择最佳讲解地点。有些景观只有在特定的角度才能体现其特征,如黄山的鳖鱼吞金龟、桂林的九马画山等,导游应选择最佳地点来进行讲解才能惟妙惟肖。

在选择讲解地点时还要兼顾其他旅游者,以不影响其他旅游者的正常参观活动为宜,不可在狭长的交通要塞、路口及景点入口处讲解,以免阻塞交通,防碍其他游客游览。

(三)选定讲解对象的特点

导游员讲解不可能面面俱到,因此针对不同的讲解对象,要选择最具代表性的方面、特点来讲。讲名山,要谈出各山之独特点,泰山雄、华山险、黄山奇、庐山秀;说人文景观,则要论出古建筑、园林、革命圣地等的艺术美和民族精神的社会美。

第三节　导游接待服务礼仪规范

一、团队交接礼仪

(一)接待准备

(1)陪同接受接待任务后,要认真阅读接待计划,从中掌握所陪团的基本情况,包括人数、姓名、性别、年龄、国籍、民族及领队情况等,了解该团的费用标准和住房情况,掌握团队的游览日程和行程计划,熟悉抵离时间、航班车次、接站地点等。

(2)学习对外宣传材料,掌握国家有关法律、政策方面的规定,了解旅游团所在国近期政治、经济、文化方面的情况。

(3)熟悉景点介绍,旅游团如有专业交流、考察、参观、座谈、访问活动安排,须认真阅读有关中外文专业活动资料。全陪还要认真熟悉沿途城市有关历史、地理、人口、风土人情等多方面的情况。

(4)地陪要适时核对接待车辆、就餐安排、交通购票等落实情况。要确定与接待车辆司机的接头时间和地点。

(5)地陪要做好接团的物质准备。如领取和备齐各种票证、导游图、导游胸卡、导游证、喇叭、导游旗、接站牌等。

(二)接站服务

(1)陪同要按规定着装,并至少提前10分钟抵达机场、车站、码头迎接客人,地陪接站要佩戴导游胸卡、打社旗和持接站牌。地陪要与司机约好客人上车地点,抵达后要立即与行李员取得联系,共同核对客人所住酒店、全团人数等。

(2)客人抵达后,陪同要主动持接站牌上前迎接,要和客人共同核对团号、实际抵达人数、名单及特殊要求等,对乘飞机抵达的旅游团,要协助客人集中并清点行李,填写行李交接单,将行李和交接手续一并交给行李员。如发现行李有损坏、挂失、索赔事宜等,应协助解决。对乘火车抵达的旅游团,地陪应向全陪索取行李托运单,交付行李员后方可离开。陪同待抵达客人全部到齐后,可带人前往乘车地方,扶助客人上车,客人落座后,要认真清点客人人数。

(3)在适当场合,或客人上车坐稳后,导游要向客人进行自我介绍,并介绍全陪、司机等。随后要向客人致欢迎辞。欢迎辞要力求简短、精彩,不可千篇一律,要视不同国家、不同旅游团而有所区别,但欢迎要热情,用词要适当,不可过于拘谨,也不可夸夸其谈,让人产生不信任感。

(4)在前往酒店的路上,导游除要介绍沿途景观外,还要主动向客人发放导游图,介绍日程安排、游览项目等。在向客人宣布日程安排前,应主动与领队交换意见,并询问客人有无其他要求等。

(5)在抵达酒店前,导游向客人详细介绍所住酒店的基本情况,如酒店历史、客房数、建筑面积、地理位置、娱乐设施、周围环境等。

(三)客人入住服务

(1)旅游团进入酒店后,导游要帮助客人办理住房登记手续,并向酒店提供客人名单。分发房号后,导游要了解客人住房位置、安全通道等,记住领队房号,同时将自己(全陪)房号告知领队。

(2)将客人送至房间后,适时带客人去餐厅用餐。

(3)行李到达后,要核对客人行李件数,协助将行李送至客人房间,同时查问客房情况,如设备是否完善、无损,房间是否洁净等。如行李出现丢失、被盗、破损现象,要与有关方面交涉及时处理。

(4)向客人收取要确认的机、车票和所须办理的签证、护照等,并向客人询问有无其他委托办理事项。根据客人要求,要尽力提供帮助,须转交内勤办理的事宜,要做到转交及时、交代清楚。

二、客人安全服务礼仪

(一)客人乘车安全服务

(1)导游要照顾好客人上下车,然后清点人数,客人到齐坐稳后再示意司机开车。汽车行驶中,不得停车让无关人员搭车,遇有不明身份者拦车,不得停车。

(2)导游要提醒司机注意行车安全。如发现司机身体欠佳、情绪不好或酒后开车时,要及时予以劝阻,并调换司机。如遇雨、雪、雾天或路况太差、路窄、坡度较大时,要劝告减速慢行,保证行车安全。

(3)待汽车停稳后,再招呼客人下车,向客人讲清下次乘车的时间和地点,向司机交代好下次活动的乘车时间、地点和日程安排。

(4)当发生车祸时,全陪、地陪、司机要全力救护客人,迅速将客人从车内救出,随后迅速拦阻过往车辆将受伤客人送至医院救护。如无过往车辆,要迅速打电话给接团社或急救中心、医院,请求火速救援。事发后,要向领导详尽汇报事故和救护过程,并妥善处理一切善后工作。

(二)客人住宿安全服务

(1)导游要了解客人所住房间的位置、领队的房号和酒店的安全紧急通道位置等,一旦发生情况,要能组织客人迅速、安全地撤离现场,尽量避免发生不必要的伤亡事故。

(2)要提醒客人锁好房门。不明身份者来访时,切不可贸然开门让对方进入房间。要提醒客人晚上外出注意安全,要看管好自己的财物,防止发生被抢被盗和人身安全问题。

(3)发生意外情况时,导游要沉着冷静,及时采取措施果断处理。如客人突发疾病,要迅速将其送往医院救治;如客人发生意外伤亡,要在做好客人救护工作的同时,保护好现场,并及时向接团社和公安部门报告情况,寻求处理办法等。

(4)全陪要与客人同住一个酒店,如有事需离开,必须通知领队、地陪或客人。

(三)客人就餐安全服务

(1)导游要带客人安全抵离餐馆。若在抵离过程中发现商贩或可疑人员追随、拦阻、围挤客人,要出面加以阻拦,并带客人迅速离开。带客人通过餐厅通道、楼梯时,如发现地面油腻、台阶破损、地毯卷曲,要适时提醒客人注意脚下安全。

(2)客人进餐时,导游要了解客人对餐饮的反映和供应情况。如发现有饭菜不洁、变质、发霉情况,要主动与餐厅主管进行交涉,要求其按标准重新提供,并向客人赔礼道歉。

(3)如发现客人就餐后出现头晕、头痛、恶心、呕吐等不适症状,导游除立即劝阻客人停止进餐外,要迅速护送客人前往医院就诊,同时尽快报告接团社和卫生检疫部门,妥善安排善后处理事宜。

(四)客人活动安全服务

(1)客人在参加游览、购物、观看文娱节目活动时,导游要适时提醒客人看管好财物,防止被抢被盗以致造成人身伤亡事故发生;导游要随时提醒客人注意行路安全,特别在游览登山时,要格外照顾好年老体弱者,要随同这些客人一道活动,给予充分关怀,热情提供帮助。

(2)导游要随时注意不让与本团无关的人随团活动。导游要始终跟随客人一起活动,要注意维持好活动秩序,经常清点人数,防止客人走失迷路。

(3)导游每天要向客人公布当日或翌日的天气预报,提醒客人增减衣服,防止客人出现不适。天气不好时,要及时了解前往地点是否安全。如遇刮风、下雨、下雪造成路况危险,要当即请示领导,变更活动计划,同时向客人做好解释工作。

(4)陪客人活动中一旦发生意外情况,导游要立即带领客人迅速撤离现场。如遇坏人威胁或伤害客人,导游应挺身而出,保护客人安全;如客人发现财物被抢被盗,导游应立即报告所在地管理部门或公安机关,配合开展侦破;如客人突发疾病,导游应将客人迅速送往医院救治,并向接团社汇报所发生的情况,请求派人前往医院看护病人并处理有关事宜,导游不得轻易给客人用药。

三、交运行李服务礼仪

(一)客人抵达行李服务

(1)旅游团客人抵达机场后,导游要协助客人提取、集中和清点托运行李,如发现行李有丢失、破损、被盗,要立即与机场联系交涉追查和索赔。清点行李后,认真填写行李交接单,记录团号、国籍、人数、行李件数、破损情况等,随行李一并交给行李员运离机场。对于乘火车抵站的客人,导游要向全陪或领队索取行李托运单,交给行李员后,方可离站。

(2)行李运抵酒店后,旅行社的行李员或导游要同客人一起认真清点,核对客人行李,并协助送至客人房间。

(3)导游要提醒客人在行李送至房间后,检查内部物品是否完好无损,如有丢失或损坏,应立即报告,要提醒客人最好将贵重物品寄存,或次日游览时随身携带,不得放于房间内,否则损失自负。

(二)客人离去行李服务

(1)旅游团客人即将离去前,陪同要告诉客人须分开整理托运行李和手提行李,客人的贵重物品,如现金、首饰、支票、证券、护照等,不得存放于托运行李中。手提行李归客人自己保管,乘火车、飞机、轮船时要随身携带,托运行李要上锁。

(2)旅游团客人离去前一天,导游要通知客人交送行李时间,并经清点后,与酒店行李员交接。双方要填写行李交接单,由酒店行李部门随行李一并交给地接社前来提取行李的行李员。

(3)在机场、车站、码头,旅行社的行李员要协助办理行李托运及挂行李牌等事宜。对乘飞机离开的客人,要协助客人在领取登机卡的同时办理行李托运手续,对旅行社负责办理行李托运的,地陪要取回行李提取单,交给全陪或领队,对出境客人,陪同要送客人携带行李进入海关。

(4)如发现遗漏行李和物品,陪同要及时将情况告知下站,并设法将行李物品托带送还客人。

四、带客游览服务礼仪

(一)出发前服务

出发前,导游应在客人用早餐时向客人表示问候,并了解客人身体情况,重申出发时间、乘车或集合地点,提醒客人带好必备用品,如手提包、摄像机、照相机及贵重物品、身份证明等。

(二)乘车服务

乘车出发时,导游应站在车门口照顾好客人上车,客人上车落座后,要清点人数,示意司机开车。车行驶后,导游要向客人问早安、报告天气情况和简短新闻,重申当天活动日程,重申旅游须知等。

(三)游览途中服务

在去旅游点的路上,导游要向客人介绍市容,进行市容导游,并回答客人的问题。旅游车到达景点前,要简要介绍即将参观的项目情况,还可根据客人特点、兴趣、要求,穿插介绍一些历史典故、风土人情、社会风貌等,以增加旅游者的游兴。到达景点时,要向客人宣布集合时间、停车位置等,一旦发生客人丢失,要按导游路线返回寻找,实在找不到,应和内勤、值班室联系进行查询。

(四)带客游览服务

带客游览过程中,导游要认真组织好客人活动,做到服务热情、主动、周到。讲解时要运用不同导游手法、导游艺术,通过穿插历史典故、神话传说等形式增加客人兴趣。讲解内容要准确(数字、事实准确无误),条理要清楚,语言要生动,手法要灵活。导游过程中,要注意给客人留有摄影时间。

导游要提醒客人注意人身安全,并提醒客人看管好所带财物,防止发生丢失、被盗现象,对于行路困难的地方,要陪伴照顾好年老体弱者,以防发生意外,客人需要帮助时,应尽可能使其满意。

(五)返回途中服务

全天活动结束后,在返回酒店的路上,导游要向客人宣布第二天的活动安排、出发时间、地点等,抵达酒店后,导游要主动向领队征求意见,对白天遇到的问题,要与领队和客人共同协商解决。

五、带客购物服务礼仪

(1)根据旅游团客人要求,合理安排客人购物。如旅游团多数人要求增加购物次数,经与领队协商并告接团社后应予以满足。如少数人无此要求,不得强加于人。如少数人有特殊要求时,一般自理出租车前往,但必须经过领队同意。

(2)带团购物必须去旅游定点商店,客人下车前,要向客人讲清停留时间和有关购物的注意事项。客人购物时,可陪同客人介绍商品,在服务人员不懂外语时,导游要协助服务人员做好翻译工作。

(3)如遇小贩强拉强卖,导游有责任提醒客人不要上当受骗。导游本人不向客人直接销售商品,不要求客人为自己选购商品,不从购物商店私拿回扣或变相索取小费,不带客人去非旅游定点商店购物或向客人推销伪劣假冒商品。

(4)对商店不按质论价、抛售假冒伪劣商品,导游有权维护消费者权益,向商店经理直接反映情况,要求商店向客人赔礼道歉,并退还、赔偿所购商品。

六、与客沟通协调礼仪

对导游人员而言,要使素质参差不齐的游客们都满意,必须做好沟通协调工作,尽可能照顾到各方,使他们玩得开心,游得尽兴。要做到这些就必须遵循一定的礼仪规范,重点应把握以下几个方面。

(一)摸准游客心理

俗话说:"凡事预则立。"一名合格的导游员,要圆满完成带团任务,尽量使每个游客玩得开心,游得满意,就应对接团成员的姓名、性别、年龄、职业身份、国籍及所属阶层等方面的情况进行详细的了解;善于察言观色,从游客的言谈举止洞察其性格特征、兴趣爱好、希望与要求,去处理好强与弱的关系、多数与少数的关系、劳与逸的关系等,合理安排旅游线路,合理分配景点停留时间,确定景点介绍的重点。

(二)搞好与领队的关系

领队是组团旅行社派出的代表,是旅游团全体游客的代言人。导游人员与领队搞好关系,得到领队的理解、合作和支持是导游人员带好旅游团的重要基础。导游人员要搞好与领队的关系,须注意做好以下几个方面。

1. 尊重领队,关心领队

导游人员要尊重领队的人格,尊重他的工作,尊重他的意见和建议,如遇到一些可显示权威的场合,应多让其出面。尊重领队还应注意遇事多与其磋商,以便导游人员掌握工作的主动权,尤其是在旅游计划发生变化、增加新的游览项目时,或游客与接待方导游人员出现矛盾时,导游人员要多与领队商量,实事求是地说明情况,争取他的理解和合作。一般情况下,只要导游人员真心诚意地尊重领队,领队也会理解导游人员的心情,从而采取积极合作的态度。

2. 支持领队的工作

当领队提出意见和建议时,接待方导游人员要予以足够的重视;当领队在工作或生活上遇到麻烦事,接待方导游人员要给予必要的支持和帮助;当旅游团出现纠纷或游客之间产生矛盾时,接待方导游人员一般不要介入,但必要时可助领队一臂之力。这样有助于互相产生信任感,有利于双方的合作。

3. 坚持原则,避免正面冲突

在带团的过程中,如出现接待方导游人员与领队意见不一致的情况,接待方导游人员要主动与领队沟通,力求及早消除误解,避免分歧扩大。一般情况下,接待方导游人员应尽量避免与领队发生正面冲突。对接待社或导游人员持不合作态度或制造麻烦的领队,接待方导游人员首先要做到不让其牵着鼻子走,以免被动;其次应采取适当措施,对领队的苛刻要求,用合情、合理、合法、合适的方式与之交涉。最好的方式是采用伙伴间的交谈,使之领悟,必要时也可以当着游客的面提醒他。在交涉中,导游人员应始终以理服人,不卑不亢,不与其当面冲突,更不要当众羞辱他,要适时给领队台阶下。事后要尊重领队,遇事多与其磋商,争取与他长久合作。

(三) 与游客多沟通

同游客进行沟通,包括意见沟通和感情沟通两个方面。前者是指导游人员在导游服务过程中与游客产生意见分歧时,导游人员应及时排除分歧,以求得与顾客的意见趋于一致。为此,导游人员要把自己的意图明确表达出来,让游客了解自己,同时也要设法让游客说出自己的真实想法,以达到互相了解,在此基础上求得意见的一致。后者是指导游人员要促进与游客之间的情感共鸣,即一方面要满足游客的正当需要,另一方面要尽量使自己的情感频率与游客的情感频率趋于一致,乐游客之所喜,急游客之所忧。

(四) 与游客建立伙伴关系

在旅游活动中,导游人员要争取与游客结为伙伴。要正确把握与游客交往的心理状态,尊重游客,与他们保持平行交往,努力与游客建立融洽的关系,使他们产生满足感和对导游人员的信任感。也只有与游客通力合作,旅游活动才能顺利进行,并达到预期的良好效果。为了达到这一目的,导游人员在带团过程中必须做到以下几点。

1. 尊重游客

作为导游人员首先要礼貌待客、热情提供服务,尊重游客的人格、意见和要求,在生活上要关心和帮助游客,在心理上要满足游客的获得尊重的需求。一般情况下,满意的游客也会尊重导游人员,自觉配合导游人员一起搞好旅游活动。

2. 保持微笑

微笑是调节与游客关系的润滑剂。导游人员向游客微笑,可以使游客心情向好的方向发展,改变游客对导游人员及所提供服务的评价,减少游客的投诉。只有微笑,才能广结良缘,事事顺利,微笑是导游人员在客人面前通过的"安全护照"。德国旅游专家哈拉尔德·巴特尔在《合格导游》一书中就曾指出:"在最困难的局面中,一种有分寸的微笑,再配上镇静和适度的举止,对于贯彻自己的主张、争取他人的合作会起到不可估量的作用。"

3. 使用柔性语言

导游人员与游客相处时必须注意自己的语言表达。柔和甜美的语言往往使人愉悦,具有较强的征服力,可以达到以柔克刚的交际效果。

(五)善于调节游客的情绪

情绪是对于客观事物是否符合本身需求而产生的一种态度和体验。在旅游活动中,由于有许多不确定因素和不可控制的因素,往往会使游客的情绪产生波动。导游人员调节游客的情绪,首先必须了解产生情绪的主客观原因。对产生消极情绪的因素了解得越详细、越透彻,就越容易解决问题,导游人员的工作就越主动。调节游客情绪、消除其消极情绪的方法很多,但归结起来基本上有三种,导游人员要根据不同情况酌情采用。

1. 补偿法

即从物质上或精神上给予游客补偿,以消除或弱化旅游者不满的情绪。

2.转移注意法

即当旅游团内出现消极现象时,导游人员就应设法用有趣的活动、新的事物和真挚的感情去刺激游客,或者用幽默风趣的语言、诱人的故事去吸引游客,从而转移他们的注意力,忘掉或暂时忘掉不愉快的事,恢复愉快的心情。

3.分析法

即将造成消极因素的原委讲清楚,并一分为二地分析事物的两面性及其与游客的得失关系。在此须提醒导游人员,使用分析法往往是不得已之举,一般不能滥用。

(六)保持、提高游客的游兴

调节游客的情绪,保持、提高他们的游兴并激发新的游兴,使其与导游人员的工作配合,是旅游活动成功的基本保证,也是导游活动成功的一个重要标志。要保持、提高游客的游兴,导游人员必须注意以下几个方面。

1.灵活、生动、幽默的讲解

通常情况下,灵巧、灵活、幽默、富有联想的讲解是激发游兴的手段;真挚、适时、方法多样的讲解是提高游兴的法宝;生动形象、别具一格的讲解则是增添游兴的浪花。因此,要保持提高顾客的游兴,在导游讲解中就应该始终以游客的兴趣为前提,就必须在讲解的技巧下功夫,努力使导游讲解"寓景与情、借景抒情、情景交融",达到"物我交融""物我同一"的境地。即便在增添新的游览项目或不得已改变游览内容时,也应该以精彩的介绍去激发游客产生新的兴趣。

2.关注游客的心理需求

导游人员在带团游览中要从游客的实际出发,根据游客的心理负荷、心理动机和审美情趣,处理好一些关系,安排好旅游日程,把握好游览速度和讲解节奏,让游客感到顺乎自然、轻松自如。

3.根据游客兴趣变换话题

在游览过程中,导游人员应根据不同游客的心理特点,选择不同的话题,如满足求知欲的话题、刺激好奇心的话题、购物的话题、娱乐性话题等。

(七)讲究沟通协调技巧

1. 回答问题的技巧

游客来自世界各地,其兴趣爱好、游览动机、历史文化背景、政治见解各不相同,他们有时提出的问题稀奇古怪,提问的方式也是五花八门。导游人员面对不同的问题应采取何种立场、态度和回答方式,这需要导游人员具有灵活运用语言的能力和临场应变能力。回答疑难问题可以运用以下技巧。

(1)是非分明。凡客人提出的涉及原则立场或大是大非或政治内容的问题时,导游人员一定要立场坚定,观点鲜明,予以得体的回答。当游客提出涉及我国民族尊严、国格、人格和国家大政方针的问题,如"一国两制""台湾问题"等,一定要是非分明,毫不避讳,按国家的立场观点予以正确的回答,澄清对方的误解。

(2)诱导否定。在对方提问之后,不要马上回答,而是先讲一点理由,提出一些条件或反问一个问题,有时对方会自我否定、放弃原来提出的问题。如在行车途中有几位游客闹着要导游人员讲几个荤段子活跃气氛,作为导游人员应首先申明自己的工作纪律:导游讲解禁止低级趣味,要遵守职业道德,维护职业形象。在这种情况下,提出要求的游客不会再坚持。

(3)曲语回避。在游客提出的问题很刁钻,让人回答肯定或否定都不妥的情况下,可以以静制动,或以曲折含蓄的语言予以回避。例如,一位美国客人问一位导游:"你认为是毛泽东好还是邓小平好?"导游人员巧妙地避开其话锋,反问道:"您能否告诉我是华盛顿好还是林肯好?"问话者哑然。

2. 拒绝的技巧

按照礼貌服务的要求,导游人员不应该轻易对游客说"不"。如何让客人在要求得不到满足时又能处之泰然,不至于陷入尴尬的境地,导游人员就应该学会使用拒绝的技巧。

(1)微笑不语。不论游客提出何种要求,即便是办不到或不可能,都不应直截了当地拒绝。但有时客人提出的一些要求,我们又不得不拒绝,此时,微笑不语为最佳选择。满怀歉意地不语,本身就向客人表达了一种"我真的想帮你,但是我无能为力"的信号。微笑不语有时还含有不置可否的意味。

(2)先是后非。导游人员必须就某个问题向游客表示拒绝时,可先肯定对方的动机,或表明自己与对方主观一致的愿望,然后再以无可奈何的客观理由为借口予以拒绝。

(3)婉言谢绝。婉言谢绝,是指以诚挚的态度、委婉的方式,回避他人所提出的要求或问题的技巧,即运用模糊语言去暗示对方,或从侧面提示对方,其要求虽然可以理解,但却由于某种客观原因不便答复。为此,只能表示遗憾和歉意,感谢大家的理解和支持。

拒绝游客的方法还有不少,如顺水推舟,即以对方语言的某一点为理由,顺其逻辑性给予拒绝。采用此方法显得极有涵养,既能达到断然拒绝的目的,又不至于伤害对方。

总之,多数情况下,拒绝游客是不得已而为之,但只要措辞得当、表达得法、态度诚恳,并掌握适当的分寸,客人会予以理解和接受。

七、处理特殊情况礼仪

(一)路线与日程变更

(1)对于改变旅游路线的要求,包括增减或变更参观城市,增减旅行天数或改变交通工具等,必须由领队提出,经与接团社研究认为有可能变更,并提出意见请示组团社后,陪同才可实施新的旅游计划。

(2)如个别旅游者要求在全团旅行结束后延长在华时间,又不须延长签证期限,经请示接团社、组团社后,可同意延长。需要延长签证期限的,由接团社办妥签证手续,延长期间费用由本人自理。如全团持集体签证,而有要求延长或中途离团者,必须尽早在出境前一站城市办妥分离签证,以免在抵达出境城市时因时间仓促而耽误全团出境。

(3)如遇接团社没有订上规定的航班、车次的机、车票,需要更改航班车次或日期,应向客人做好解释,并提醒接团社,及时通知下站。

(4)如遇天气或其他原因临时取消航班、不能离开所在城市时,应注意争取领队合作,稳定客人情绪,并立即与内勤联系,配合民航安排好客人当天的食宿。

(二)行李丢失和损坏

(1)在机场发现行李丢失,应凭机票及行李牌在机场行李查询处挂失,并保存好挂失单和行李单,与机场密切联系追查。

(2)抵达酒店后才发现行李丢失,应按行李交接手续从最近环节查起。

(3)行李损坏,应掌握谁损坏谁赔偿的原则。一时查不清责任,应答应给受损失者修理或赔偿,费用掌握在规定标准内,请客人留下书面说明、发票由地陪签字,以便向保险公司办理索赔。

(三)旅游者病危或死亡

(1)旅游者病危时,陪同要及时向接团社汇报,积极组织抢救。如旅游者在乘火车途中突发急症,应及时与乘务员联系,进行抢救或通知前方站准备抢救。

(2)旅游者死亡,应立即报告接团社、组团社和保险公司。

(四)旅游者财物被盗

(1)旅游者如丢失护照,陪同应首先详细了解丢失情况,找出有关线索,努力寻觅。如确实找不回,应尽快报告当地旅游社开具证明,由陪同协助客人快速照相,取得照片后去其护照国使领馆办理临时护照。没有使领馆的地区,到当地公安机关开具出境证明。

(2)迅速了解物品丢失前后经过,作出正确判断,是失主不慎丢失还是被盗。如有盗窃可能,要注意保护好现场,迅速向公安部门报告。

(五)交通事故

在途中突发交通事故,如撞车、翻车等,旅行社必须迅速派人前往出事地点,指挥现场救护,及时处理事故。同时,导游须采取如下措施。

(1)要立即将伤员送往距出事地点最近的医院抢救。陪同应立即向接团社和组团社汇报,并请示事后处理意见。

(2)保护现场,并尽快报告交通警察和治安部门。

(3)做好全团人员的安全工作,事故发生后,除有关人员留在医院外,应尽可能使其他团员按原定日程继续活动。

(4)做好事故善后工作。交通事故的善后工作将由交通公安和旅行社出面处理,导游应照顾好受伤游客,写好事后情况报告,请医院开具诊断和治疗书,请公安局开出交通事故证明书,以供客人向投保险种的保险公司索赔。

(5)交通事故处理就绪或该团接待工作结束后,导游应立即书写事故发生及处理的书面报告。

八、送客离站服务礼仪

(1)客人结束当地活动次日离去时,导游应提醒客人整理好自己的物品,打包好托运的行李,并通知客人交运行李时间、地点等,同时提醒客人和饭店结账,付清所住房间的电话、饮料、洗衣等一切费用。与客人分开前,要准确通知次日客人的出发时间、用餐时间及集合地点等。要通知饭店叫早。

(2)安排好上述各项工作后,导游要去内勤值班室办妥如下工作:凡乘国际航班的团须检查每张机票的起飞时间,同时取走有关确认证件;根据接团社工作安排,明确离站机票由谁负责(导游或行李员);凡乘火车的团队,导游除核对火车车次、开车时间、车厢外,还应领取站台票,如客人在火车上用餐时,还应根据标准备好垫付的现金或支票。

(3)导游要与领队一起核对行李件数,检查是否符合托运标准,同时和行李员、饭店行李办公室办好交接手续,在行李卡上写明团名、国籍、团员姓名、日期时间、航班车次、目的地、件数等。

(4)出发临行前,要提醒客人不要遗忘自己的物品,不要带走房卡。导游要将用完后客人的各种证件、护照和机票等,亲手交给客人或领队。客人上车后,要认真清点人数,一旦发现有个别人在规定时间未到集合地点时,应立即下车寻找,并与领队商量留人陪客人乘出租车前往。

(5)送国内、国际航班,要按航空公司规定时间提前到达机场,送火车须按铁路部门有关规定提前将客人送上车厢落座,千万不要忘记将行李托运单交给领队、全陪或客人。

(6)在火车起动后,导游方可离站。在机场,客人乘坐的航班有可能因故变化推迟时,应主动关心客人,必要时须留下与领队共同处理有关事宜。

【复习思考题】

1. 导游服务流程中的礼貌礼仪要点有哪些?
2. 导游服务常用礼仪语言有何要求?
3. 导游接站服务礼仪规范有哪些?
4. 客人安全服务礼仪规范有哪些?
5. 带客游览服务礼仪规范有哪些?
6. 导游送客服务礼仪规范有哪些?
7. 导游与客沟通协调礼仪规范有哪些?

典型案例

错失时机,寡不敌众

按计划小林的旅游团应该是晚上七点整在杭州市游湖赏月,但路上遇到了交通事故,到达杭州市的时候,已经是晚上八点半了,原来计划要坐的那班船早就开走了。小林和地陪先把客人带到餐厅去用餐,然后把情况通知了地接社。

正当小林一边吃饭,一边等着地接社的决定时,他听到客人在餐桌上就不能进行游湖的事议论开了。小林觉得客人有些议论也是正常的,就没有在意。吃完饭,小林刚刚走出餐厅,旅游团内的鲁太太就冲着他喊:"全陪,全陪!你过来一下。我们有话要对你说。"

小林走近客人,发现他们都绷着脸,觉得有些"不对头"了。鲁太太十分严肃地对小林说:"你知道,今天是中秋节。团圆之夜,我们不在家里呆着,不远万里来到这里,为的就是游湖赏月。报名的时候,旅行社口口声声保证我们今天晚上一定能够游湖赏月。你今天必须给我们安排这个节目!"

小林刚想解释,另一个游客就打断他的话,说:"你想说堵车吧?车是你们旅行社的车,走哪条路是你们旅行社定的,游船也是你们旅行社安排的,全都是你们旅行社的事!可能会遇到什么样的事,你们旅行社应该事先做好准备的。难道你们收了钱,就不管了吗？凭什么要我们来承担这个后果？"

小林耐心地对客人解释："我理解各位的心情，现在地接社也正在想办法。我们在这里要住两个晚上，今天不能游湖赏月，明天还可以去嘛，俗话说，十五的月亮十六圆……"

"你胡说些什么呀！告诉你，再敢胡说八道，那就别怪我骂人！八月十五中秋节游湖赏月，知道吧？过了十五，谁还要赏月！我知道，你们旅行社觉得再包租一条船费用太大，是不是？费用太大，就不让我们今天去游湖赏月，是不是？告诉你，如果今天晚上不给我们游湖赏月，我这里有全团的签名，我要去告你，告你们旅行社！我还要在报纸上把这件事登出来。你好好想想吧！你就把我的话告诉旅行社。"

小林还想解释，鲁太太把手一挥，说："别说了！这是我们大家一致的意见，对不对呀？"其他客人立即附和："对——"接着，还响起一阵掌声。

[评析]

本案例中，面对旅游过程中的突发事件，导游员小林没有掌握好解决问题的时机和技巧，而让事态一再扩大。当得知具有特殊意义的旅游行程被中断，客人们在餐厅里议论，此时是这次冲突事件的"酝酿阶段"，而客人们在大厅与小林争论是事件的"爆发阶段"。小林的失误在于，在他听到客人在餐桌上就不能进行游湖的事展开议论时，并没有立刻就发生的事情给客人一个合理的解释，反而觉得"有些议论也是正常的"，即没有及时发现旅游团的"骚动"正在形成，没有在它形成的过程中及时地劝导并加以阻止。当旅游者聚集在大厅，鲁太太带头向小林发难的时候，团队的"骚动"已经从"酝酿阶段"进入"爆发阶段"了。寡不敌众的小林这时再做劝导工作就非常被动了。

因此，当导游遇见类似突发事件时，应在第一时间给客人一个满意的解释和协调的方案，抓住解决问题的最佳时机采取行动，并特别关注旅游团中的"中心人物"，他们在可能发生的"骚动"的不同阶段发挥着举足轻重的作用。

第十二章 旅行社商务活动礼仪

学习目的

- 熟悉旅游展览会的特点与作用
- 掌握旅行社在展览会上的礼仪要求
- 掌握旅行社商务洽谈中的礼貌礼仪

基本内容

- 旅游展览会上的相关礼貌礼仪：旅游展览会的特点与作用、旅行社在展览会上的礼仪要求
- 旅行社商务洽谈礼貌礼仪：旅行社国内商务洽谈礼貌礼仪、旅行社国际商务洽谈礼貌礼仪

第一节 旅游展览会上的相关礼貌礼仪

一、旅游展览会的特点和作用

旅游展览会是各种旅游组织与企业通过实物、文字、图表来展现其成果、风貌、特征的一种公共关系专题活动。展览会是旅游组织与企业公共关系专题活动的一种重要形式，是旅游组织和企业推广产品和服务、宣传旅游组织成就、塑造形象的重要方式之一。

(一)旅游展览会的特点

1.综合运用多种传播媒介

旅游展览会上既有讲解、交谈、现场广播等声音传播媒介,又有宣传手册、介绍材料等文字媒介,还有宣传照片、幻灯片、录像带和影视片等图像媒介。这几种媒介有机地结合起来,以立体交叉的复合性方式同时调动公众的多种感官,给公众留下深刻的印象。

2.良好的沟通效果和宣传效果

由于直观的实物、精致的版面和艺术的造型,辅之以动态解说和优雅的音乐,使展览会产生一种引人入胜的感染力,因而使展览会比单纯的文字或口头的宣传更具说服力和宣传效果。旅游展览会能为前来观看的公众提供与酒店、旅行社、旅游景点等旅游组织与企业直接沟通和相互交流的机会。旅游组织与企业可直接了解公众的意见和态度。

3.效率高,省时省力

展览会期间,不论是现在的或潜在的社会公众均会慕名到场。一个展览会可以集中旅游各行业的不同展品,也可以集中同一旅游行业的同一旅游产品,因而为参观者提供了比较、选择的机会,也为旅游组织的宣传促销节省了大量的时间和费用。许多旅游企业也正是通过展览会建立了自己良好的形象,打开了产品的销路。

4.深受新闻媒介关注

旅游展览会是综合性的大型活动,往往能成为新闻媒介采访的对象,成为新闻报道的中心议题。新闻媒介对旅游展览会展品的传播,对公众会产生极大的影响。

(二)旅游展览会的作用

1.促进公众对旅游组织或企业的了解

展览活动具有真实性、知识性和趣味性的特点。生动的图片、形象的文字说明、声情并茂的讲解以及直观的实物展示,都直接地体现了旅游组织的特色和成就,能吸引广大公众的注意,从而增进公众对旅游组织或企业的了解,提高旅游组织或企业的知名度。

2.促进旅游产品的销售

一个成功的展览会也是一次成功的广告推介,旅游组织可以通过举办或参加各种旅游贸易展览会来促进旅游产品的销售,巩固与发展与业界朋友的关系。

3.促进旅游信息的交流

展览会的举办,能让参展的旅游组织或企业了解不同旅游需求的最新信息,同时也把旅游组织或企业自身的产品行情、推销手法等信息及时传达给公众,达到与公众多方交流、密切沟通的目的。

4.促进政治文化方面的沟通

旅游业是中国社会的窗口,充分利用展览这一专题活动形式参加各项国际旅游展览活动,能把中国的政治、文化和民族风情传播出去,并能招徕世界各地众多的宾客来华旅游,增进国际或地区间的政治文化交流。

二、旅行社在展览会上的注意事项

旅行社通过展览会的形式进行宣传主要有两种情况:一是旅行社自己举办展览会,二是旅行社参加由别人组织的展览会。要想充分利用展览会,达到旅游组织的宣传目的,就需要注意下列重要事项。

(一)参展内容要突出主题

围绕明确的主题,认真选择展品,精心布置陈列,合理配置展品。要求展板、实物与解说词之间的配置既不能重复,又不能脱节。展品的配置要有利于突出展览会的主题,不使用脱离主题的过分装饰、音响刺激、各式花招等,以免分散参观者对展品的注意力。

(二)宣传广告要吸引公众

要想将展览会的信息传播至特定公众,达到良好的宣传效果,需要以弄清、预测参观者的类型为前提和基础,有针对性地准备展览会的内容,以吸引参观者。近年来,越来越多的旅行社在展览会上利用播放景区宣传片、表演独特民俗文化节目、品尝当地特色小吃等形式,带给参观者最为生动立体的视觉、听觉、触觉、味觉等全方位体验感受,取得前所未有的显著宣传效果。但还要注意的是,旅行社应根据具体情况合理划分接待区域与表演区域,以避免出现展位杂乱等现象。

(三)资料介绍要充分准备

旅行社在参加展览前的准备工作中,要印制好参展需要的宣传资料,这些资料要做到图文并茂、资讯丰富、印制精美,主要内容应包括景点介绍、公司简介、旅游线路(或其他产品)等,并且应注有旅行社的主要联络方式,如公关、销售部门电话或传真、电子邮箱等。要在展销会签名处索取参展者名册、买家名录等展览会资料,提早准备正式商务信件,发给可能的买家,邀请他们在展销会期间光临展览会洽淡。还要选择好重点招徕的目标商,研究其需求结构、可能承受的价格水平、可能面对的其他竞争者的压力,制定出适当策略。

(四)接待服务要真诚良好

理想的旅行社接待人员应具备的条件是:懂得专业知识,能提供业务、产品方面的咨询服务,有较强的口头表达能力和接待能力,仪表端庄。在接待参观展览者时,不要用"雷达式"目光进行扫视,接待人员要尽快判断出参观者的意向,实现与参观者的良好沟通,让他们有机会说明其兴趣和需要。

(五)参展人员要恪尽职守

在展览会举办过程中,参展人员要坚守展台,切不可擅离职位。要充分利用展览会组织者举办的各种社交活动、专题报告会、信息交流会、研讨会等,最大可能地叙旧结新,广交朋友,争取主动,推广本旅行社形象和自己的产品。所有参展人员要注意行为举止和穿着形象,最佳选择是穿着本旅行社的制服或者深色西装、套裙,并在左胸佩戴表明本人单位、职务、姓名的胸卡,女士最好化淡妆。在大型展览会上,旅行社若安排有专业礼仪小姐迎送宾客时,礼仪小姐最好身穿色彩鲜艳的单色旗袍,胸披写有参展单位或主打展品名称的大红绶带。

参展人员应以微笑待客,认真倾听参观者提出的问题、意见,从中了解行情,搜集信息,对对方提出的有关旅游业务或其他类似产品问题,不能立即回答的,要向对方道歉,并送上小礼物,可留下他的地址,以便以后答复。在向参观者解说展品时,应因人而异,针对性地讲解,在实事求是的前提下注意扬长避短,在遵循"FABE"("F"是指展品特征,"A"是指展品优点,"B"是指客户利益,"E"是指可资证明的证据)原则下强调展品的独特之处,让参观者乐于接受,必要时也可邀请参观者观看与展品相关的影视资料。

(六)服务工作要善始善终

展览会结束后,为做好追踪工作,可多停留一二天,以便趁热打铁,对本地客户进行及时追踪,并拜会新旧客户,解决在展览会期间没来得及处理的问题。另外,及时整理参展时进行的调查,将同行组织产品行情推销手法及不同年龄、性别、职业者的不同旅游需求的最新信息整理出来,反馈并通报给旅行社,应用到本旅行社的营销策略及产品开发上去。

第二节 旅行社商务洽谈中的礼貌礼仪

旅行社的商务洽谈是指旅行社的公关营销人员为了拓展旅行社的业务,采取接待或者拜访的形式与相关企事业单位的业务人员进行业务磋商的活动。

一、旅行社国内商务洽谈中的礼貌礼仪

(一)旅行社商务接待礼仪

旅行社商务接待礼仪是其日常工作中的重要组成部分。有客来访,尤其是业务伙伴的到访,预示着新一轮的业务合作即将开始。作为接待方,旅行社必须全力体现出企业形象,增强其可信度。

1. 注重微笑与行礼

微笑是顾客的阳光,微笑是最好的服务,作为旅行社的商务接洽人员,要时时保持饱满的精神和面带微笑,并持关心对方的态度。行礼则是诚心的表现,商务洽谈最讲究真诚信用,所谓美丽优雅的行礼,不但是指在外形上要有规矩,而且还要有真心诚意的内涵。对客人存有感

谢并亲切的招呼的心态,对客人的服务自然地就能表现得得体合宜。

2.问候、说话要谦和亲切

对于来访的同行或业务伙伴,应该像招呼老朋友一样热情亲切地问候,让其感到对他们的重视。但是这种热情也要把握住分寸,过分的热情只会取得适得其反的效果,让客户产生一种高度戒备的心理。因此,对待不同的客户,要视具体情况采用不同的方式。

3.要认真细致地做好准备工作

当接洽人员确知旅行社将有客户来临时,首先要去会客室检查一下应该准备的工作是否有所遗漏。在约定时刻之前把一切准备工作做好。

4.平等待客,慎重洽谈

对来旅行社的客人应该平等对待,因为有差别地对待客人是很不礼貌的行为。客人未离开时不要谈论该客人的事。旅行社不应排除有些来访者的真正目的不在于进行商务洽谈,而在于打听情报或商业机密。因此,对于客人的询问要慎重处理。接待客人时,说话要谨慎,在会谈中有来客,要用字条代替传话,一来避免打断会场气氛,二来可保守机密。

5.随时等待客人

进行商务洽谈活动,如果不方便在旅行社接待,可以约客人到合适的场所会晤。必须注意的是,约客人见面,应该提早到达约定的场所。宁可等候客人,也不可让客人等主人。

"出迎三步,身送七步"是迎送客人最基本的礼仪。每一次见面结束,都要以"期待再次见面"的心情恭送对方离开。

6.用握手表示真诚

礼仪最基本的是要有发自内心的诚意。以诚感人,笑脸迎客,能得到来访者的好感,而且会使来客感到亲切。如果再加上很有礼貌的握手,更能增添彼此间的亲密感。

诚意是人际关系的基本要求,能表现出诚意的礼仪才是真正的礼仪。在握手的时候应注意:握手姿势要端正,并正视对方的眼睛。不要一边握手一边行礼鞠躬。如果对方是长辈,应由对方先伸手;如果对方是女性,除非女方伸手,否则不主动伸手。

7.姿态要优雅、规矩

一个人的言行举止就是其人格的表现。优雅的坐姿、规矩的站相、稳健的步伐是完善人格的基本表现。

(二)旅行社商务拜访礼仪

旅行社的商务洽谈活动是双向的,对方来访,应该热情真诚地接待。有时,为了抓住商机,旅行社也需要主动到相关单位拜访,争取业务合作。旅行社商务拜访同样要注重礼貌礼仪,给对方留下一个好印象。

1.拜访应先预约,尽量避免失约

上门拜访及商讨相互关系的事宜,是日常工作中常遇到的。访问前要先去信或电话联络,约定时间及地点。拜访时,应提前5分钟到达。因为许多人都以是否守时作为判断对方可否信任的初始标准。失约、迟到将失去别人的信赖。预知约定有变更时要尽早联络。

2.举止端庄,称呼得体

在进行面谈时,要随时注意自己的举止和称呼。一个人的外在举止行动,可直接表明其态度。如果一个人在洽谈时双手抱胸或颓然躺在椅子上,显然他对洽谈的内容是漠不关心甚至反感的;相反,如果一个人事先做了很好的准备,洽谈前先整理一下自己的仪表,事先漱口、洗手、整理好头发,随身携带手帕或卫生纸,然后用舒畅清爽的心情与人交流,则说明他对洽谈非常重视,这也是面谈的基本礼貌。

在拜访客户时,如果不知道对方的姓名或职务,应到服务台先作自我介绍并说明来意,礼貌地询问需要拜访客户的姓名及职务。见面时,待确定对方身份后,主动打招呼,以其姓氏加职位相称;若是拜访熟人,见面时应该面带微笑热情地招呼对方,另外,适当的寒暄也是必不可少的。

3.注意喝茶时的礼节

接待人员请客人就座后,便请客人喝茶,这是一种普通的礼仪。如果去拜访别人,怎样喝茶,不但事关礼仪礼貌,而且也是一门艺术。

对方恭恭敬敬地奉上茶水时,对捧茶过来的人要说声"谢谢",并且趁热浅尝一下。如视而不见并兀自吸烟,这是没有礼貌的行为,对主人特意奉上的东西一点都不沾口这也很失礼。喝茶时不要把茶垫一起捧起来,而要一边注意茶垫,一边用单手端起茶杯喝茶。喝茶时要做一次深呼吸使心平气和,这样才能保持清醒头脑,所谓"做事要积极,议事要和气"就是这个道理。

4. 用真诚的态度打动客户

不论商务谈判还是人际交往,最要紧的是要取得对方的信任。凡事都肯为对方代劳的服务态度,则是取得信任的先决条件。因此真诚的服务态度才是拓展生意的法则。

旅行社的商务拜访人员对客户诚心诚意的服务态度,就是要通过站在客户的立场,处处考虑并设法满足客户的需要来体现。诚心诚意是基本的行为礼仪,是令任何人都能接受的行为礼仪。

5. 利人利己,尊人尊己

俗语说:"利人则利己,尊人则尊己。"在现实的生活、工作中,要尊重对方,关心对方的心情,做好礼让对方的礼仪自然会给工作带来方便。

旅行社的商务拜访往往是为了某个目的,而这个目的往往是想获取经济利益。同样,对方与旅行社洽谈也希望从双方的业务合作中获取一定的经济利益,所以旅行社的商务拜访活动也要为对方提供方便和有利可图的空间。

二、旅行社国际商务洽谈中的礼貌礼仪

旅行社分为国内旅行社和国际旅行社。国际旅行社既可从事国外游客的入境旅游业务,也可从事国内游客的出境旅游业务。要做好国际旅游业务,则免不了要与外国同行打交道。因此,了解并掌握旅行社国际商务洽谈中的礼貌礼仪对于国际旅行业务的拓展至关重要。

(一)记住对方的名字

在人与人的交往中,能否记住某人的名字常常表现出对此人的重视程度。在进行商务洽谈时,见面后的第一件事是互通姓名,因此,要学会记住对方的名字。不同国家的人名有不同的特点,在称呼时也应注意加以区分。在国际商务洽谈中,学会记住对方的名字和正确地称呼对方是旅行社业务公关人员必须掌握的本领。

(二)正确地使用名片

与外国人打交道,名片是你的敲门砖,也是证明你存在的最有力的证据。进行国际商务洽谈,对方非常注重你的身份、地位以及所在旅行社的实力,以此来判断业务合作的前景。可见,首先不能忘记携带名片,其次还要注意名片的内容与正确的递接名片的礼仪。

(1)在名片上不要使用缩写,包括旅行社的名称、职位、头衔。

(2)如果去非英语地区,最好事先找印刷商在名片背后印上当地语言。

(3)在东南亚的大部分地区、非洲、中东国家(以色列除外),不能用左手赠送名片。

(4)在日本,不仅要用双手赠送名片,还要将名片的正面对着接收者,以便对方能一眼看清名片上的字。

(5)准备一个合适的名片夹。收下对方的名片后,不要随意放入口袋中,而应简略地看一遍名片的内容,根据名片上的职务称呼对方,并询问对方是否正确。待对方确认后将名片收入名片夹放入上衣口袋。

(三)掌握对方的风格和节奏

一个想要取得巨大成功的业务营销者,必须用外国客人所能接受的方式与之打交道。美国商人办事讲求快速和不拘礼节,但这种风格并不表明美国人缺乏工作的责任心。近几年来,北欧人如瑞典、挪威和丹麦人也仿效美国人的办事风格。但其他许多国家,认为美国人在商务活动中用名字来称呼人是一种无礼行为。特别在法国,法国人很注重礼节,尽管两个人在一起工作了好多年,已经非常熟悉,但仍然习惯用姓氏来互相正式称呼。大多数阿拉伯人不喜欢在没有获得二至三次机会了解谈判对手之前就进行严肃的商务谈判,也不喜欢被催促,不喜欢有最后通牒式的期限。

(四)协调与对方的时间观

不同国家的人在沟通中表现出的不同特点,主要来源于他们各自的时间观。人类学家霍尔先生将不同国家的时间观分为两大类。

第一类是单色时间观(Monochromic Time),其含义是指人们倾向于在一段时间里由一个人负责集中做一件事。他们将时间分成许多小的单位,如工作时间、停留时间、浪费时间,等等,关心工作的时间效率。属于低个人间关系文化类型国家的人,一般都信奉单色时间观。

第二类是多色时间观(Polychromic Time),其含义是指在一段时间里同时做几件事,有许多人负责或参与这件事。属于高个人间关系文化类型国家的人,一般都信奉多色时间观。如中东和拉丁美洲文化的特点就是"他们总是迟到"。

显然,当受单色时间观影响的人和受多色时间观影响的人会谈时,为了创造一种和谐的气氛,双方都要进行调整。如我国旅游企业营销者在与美国旅游者打交道时要注意守时,在与巴西、墨西哥旅游者打交道时要能容忍、谅解他们的迟到行为。

(五)接受对方推荐的食物

进行商务洽谈时,吃饭、宴请有着特定的意义。在餐桌上,人们不仅可以交流信息,还可以联络感情。在这种特殊场合,挑食现象是绝对不允许的,吃饭时不能轻易说"谢谢,但是不……"之类的话,不管你说得多么婉转,多么巧妙,拒绝某种食物总会造成不太好的影响。接受放在你盘子里的东西,就等于接受你的东道主,接受他的国家,接受他的公司。因此,不管食物多么不合你的口味、多么粗糙,也要愉快地接受它。正如一位常环球旅行的人所说:"旅行时要带一副铸铁般的肠胃,走到哪里,就吃哪里的饭菜。"

即使主人推荐的食物难以下咽,你也不要拒绝,无论如何也要吃几口。桌上有什么,你就吃什么,主人吃什么,你就吃什么。

(六)了解饮酒举杯礼仪

除伊斯兰世界不饮酒外,许多国家把酒作为各种场合广泛使用的饮料。尽可能并尽快地使客人醉倒是好客的一个普遍标志。有的地方,不这样做,不恪尽地主之谊,不去尽情劝酒都会被认为是不热情的表示,会使客人产生被冷落的感觉。任何场合下,干杯如同握手,主人举杯,其他人也要举杯。"不好意思,我不喝酒。"这样的答复会使主人尴尬。

(七)注重服饰穿戴礼仪

(1)服饰要与自己的身份、职业相协调。不同的社会职业有不同的行为规范,对衣着服饰的要求也应有所不同,旅行社业务公关人员的服饰应高雅、整洁、大方、庄重,并且突出特色。

(2)服饰要与所处的环境相协调。旅行社的国际商务洽谈往往安排在星级酒店或格调高雅的地方,周围的环境氛围正规、严肃,所以旅行社业务公关人员的着装要适合具体环境的要求,力求正规、庄重,给人以良好的印象。

(3)服饰穿戴要与自己的年龄、身材、个性、气质相协调。在这方面可以参考 TPO 原则。其具体内容是:T(Time)表示在不同时代、季节、日期穿不同的服装;P(Place)表示在不同的场所和地方、处于不同的位置(职位),着装应有所不同;O(Object)表示要根据不同的交际目的(标)、对象而选用不同服装。妆容浓淡、饰物佩戴也要遵守这一原则。

【复习思考题】

1. 旅游展览会的特点和作用是什么?
2. 旅行社在展览会上的礼仪要求有哪些?
3. 旅行社国内商务接待礼仪有哪些?
4. 旅行社国内商务拜访礼仪有哪些?
5. 旅行社国际商务洽谈中的礼貌礼仪要求有哪些?

实战模拟

模拟名称:旅游展览会

模拟要求:

结合本章关于旅游展览会上的礼仪知识,班级学生分组扮演三家不同旅行社和参观者等角色,进行旅游展览会模拟练习。

模拟结束后,分别请观摩的教师和扮演参观者的学生进行展位形象评价和接待人员素质评价。

第四编　综合提高

第十三章 旅游业顾客关系中的礼貌礼仪技巧

学习目的

● 正确掌握处理旅游业顾客关系的礼貌礼仪技巧
● 了解通过礼貌礼仪实现优质旅游服务的途径

基本内容

● 旅游业中的顾客关系与客我交往:客我交往的内涵、特殊性及基本策略
● 处理旅游顾客关系的基本理论:角色定位、双向沟通、三A原则、首因效应、亲和效应、零度干扰
● 旅游优质服务的内涵:整体服务、补位服务、无"NO"服务、感官服务
● 旅游业的规范服务与特色服务

第一节 服务礼貌礼仪与顾客关系的平衡

一、旅游业中的顾客关系与客我交往

旅游服务是旅游业中人情味最浓的因素,旅游礼貌礼仪只有配合

优质旅游服务贯穿于旅游业的各个方面和环节,才能真正打动人心。而客我交往是确立旅游服务的先决条件,要做好旅游服务工作,就必须学习和研究与客人打交道的学问。

(一)客我交往的内涵

客我交往是指旅游服务人员同游客之间为了沟通思想、交流感情、表达意愿、解决在旅游活动中共同关心的某些问题,而相互施加各种影响的过程。顾客关系正是建立在客我交往的基础上。

客我双方交往,目的在于解决共同关心的问题,为此双方彼此都会积极地给对方施加影响。常见的影响有三种。

1. 说服

说服即讲道理,就是通过给对方讲一系列有关知识和具体实事,使对方形成新的态度,改变其原有的某些观点和行为,从而消除其对劝说者的一些怀疑。

2. 提示

提示即无须任何论证而对对方施加影响,也就是说,提示者讲的话可以使人信以为真,不加任何怀疑地接受。

3. 诱导

诱导是指在与客人交往时,善于从对方可能采取的各种行为中引导出自己所期待的行为,即服务提供者把游客的需要变换成易于接待的形式而主动做的工作。"诱导"方法最重要之点,就是不强制对方去做,而是让对方自然而然地作出诱导者希望其作出的选择。

(二)客我交往的特殊性

由于旅游服务人员所处的特定角色以及游客所处的特定地位,客我双方的交往关系具有一系列特殊性。

1. 不稳定性

旅游服务是人对人的活动,具有不稳定的特性。由于服务的评价存在个人差异,即使提供相同的服务,但若接受这种服务的客人有差异,如客人社会地位、经济利益、文化背景、喜怒哀乐的情绪变化等不同,那么服务效果就可能产生差异。因此在旅游服务中很难形成"人投我以桃,我定报之以李"的互利关系,却容易出现"$1+1=0$"这种特殊现象,即一般的游客接受服务员的一般服务,其结果是既没有冲突,也没有美好的回忆。

2. 个体与群体的兼顾性

旅游服务人员接待的是一些个性心理相异、具有不同消费动机和消费行为的个体游客,因此,依据个体游客的个性消费特征向他们提供服务,就成为交往的主要方面。但在旅游活动中,同一阶层、同一文化、同一职业的人聚在一起组成同质旅游团,便又会在消费过程中出现从众、模仿、暗示、对比、感染等群体消费特征。

3. 有利性

绝大部分游客的消费动机是十分明确的,比如游客住宿、就餐、乘坐交通工具、打电话、游览古迹与风光等;又如游客年龄、性别、职业、国别、民族等信息线索也能为我们与游客更好地交往提供重要的参考资料和有利条件。

4. 主观性

由于旅游服务人员和游客心理上的差异,交往主体常常会根据自己的经验和已掌握的资料进行主观假设,这就容易违背客观实践性原则,会影响交往的效果。

(三)客我交往的基本策略

(1)旅游服务人员应从客人的心理状态出发,随机应变地采取对策,调整自我的言行。即在对游客还没有初步了解之前,言行要谨慎,最好先设法试探,尔后在交往中再判断他的心理状态。

(2)旅游服务人员应把自己的积极性作为基本的策略手段。欢笑和暂停就是缓解紧张情绪较好的措施。因为笑能使过于严肃的情绪得到缓和,暂停能使人在紧张中得到间歇,从而获得新的精神感受。

(3)在知己知彼的情况下,旅游服务人员再有针对性地选择劝游客进行消费,还是预防冲突。

(4)如果游客的情绪很好,旅游服务人员应努力发挥自己的积极性加以配合,进一步促进其消费和强化服务效果。

(5)如果游客情绪不好,显得激动并想和人争吵,其言行很难预料时,旅游服务人员应有分寸地限制自己外在的积极性和主动性,给游客提供最大限度的行动自由。回答问题尽量简洁准确,语气要平和,使游客有一种安慰之感,从而平息其激动情绪。

(6)面对消极冷漠的游客,旅游服务人员应充分发挥自己的积极性,同时行动要尽量谨慎,了解其内心真实情况后再投其所好。

总之,客我交往的艺术就是在无法改变客人的情况下,设法去改变他的行为的艺术。

二、旅游服务中处理顾客关系的基本理论

服务礼仪的基本理论,指的是运用服务礼仪的一般规律与技巧,它是对服务礼仪及其运用过程的高度概括与抽象。服务人员唯有综合掌握服务礼仪的基本理论,才能更好地领会、灵活地运用服务礼仪,并在实践中将其融会贯通。

(一)角色定位

人们在日常生活中,受社会分工所制约,而从事一定的职业,如职员、教师、企业家等,这就是人们所扮演的社会角色。

由于人们在生活中所处的不同角度,因而相应要求必须有适当的表现,也就是人们所必须扮演的生活角色。例如,一个男人在父母面前时,应当是一个孝顺的儿子;而在子女面前,他则要扮演一名慈祥的父亲。

另外,由于人们的性格不同,又有不同的性格角色,如暴躁型、活泼型、稳重型、敏感型等。对不同性格类型的人,以性格角色来直接区分,有时更为直观、形象。

定位,一般是指将人或者事物放在一定的位置上,并据此作出相应的评价。角色定位,实际上是社会舆论对处于某一特定社会位置之人的常规要求、限制和看法。角色定位理论认为,任何一个人要想在社会上取得成功,都必须首先为自己进行正确的角色定位。然后按照社会舆论对自己所要扮演的既定角色的常规要求、限制和看法,对自己进行适当的形象设计。

服务人员在工作岗位上最需要的角色定位,主要是确定自己的社会角色,而不是自己的生活角色或性格角色。

1. 服务角色

"角色"一词原指演员所扮演的剧中人物。角色在旅游服务中主要指某一个人物在某一位置上发挥某种作用,完成某一种任务的意思。旅游业员工所扮演的就是服务角色,他的作用和任务是从物质和心理上满足客人的需求。因此,旅游业员工,特别是一线服务人员走上工作岗位就要有像演员走上舞台的意识,所有的客人就是你的"观众"。你的"表演"客人都看得到,你的感情能激发客人的共鸣。在旅游业的"大舞台"上一投入工作,就应忘却其他一切与服务无关的思想、情绪和活动,绝不能把个人的、情绪带到工作中来。

2. 角色转换与调整

在服务过程中,服务人员对于自己与服务对象所进行的角色定位并非一成不变,随着双方相互接触的不断加深和服务工作的不断进行,应不断地有所变化、有所调整。但万变不离其宗,"服务人员"的基本定位是不变的。

旅游业员工在生活中并不是只"扮演"一个角色。在家里或许是女儿角色,与同学一起是朋友角色,上餐馆消费是顾客角色。根据其不同的社会和家庭环境,还有家长角色、丈夫(妻子)角色、领导角色,等等。但不管工作之外是什么角色,一上班就统一成了服务角色,这就是角色转换。但要实现这种转换不是易事,特别是在中国,由于社会的环境与旅游业的涉外环境反差很大,容易导致员工角色模糊,把社会角色自觉或不自觉地带到工作中来。如酒店中遇到客人辱骂,有的员工会受不了,厉声反驳:"在家里,我爸爸妈妈也不敢这样骂我。"显然酒店不是家里,他(她)没有搞清自己的角色位置。

另外,还有些年轻人爱到高星级酒店去当服务人员,以为越是高档酒店就越享受越舒服。事实恰恰相反,作为服务人员来说,酒店越高档,纪律越严,工作越细,劳动强度越大,工作要求越高。因为酒店不是供你享受,而是要你竭尽全力为宾客服务的。角色不清,就容易把自己的位置摆错,以致一受挫伤,就无法忍受。培养"得理让人"的涵养和气度,正是当前年轻服务员普遍缺乏而又亟须提高的一项行业素养。

> ### 典型案例
> #### 弄清对客交往中的自身角色定位
>
> 在一个下雨天,某四星级酒店迎来了一个旅游团。由于刚到目的地就碰上大雨,大家心情都不太好。这时,几位客人进门后,便大声地问服务人员:"洗手间在哪里?"服务人员觉得客人不太礼貌,就漫不经心地向洗手间的方向指了一下。客人们找了一下没找到,于是又过来生气地问服务人员:"你是不是指错了,我们怎么找不到?"这时,服务人员更加不高兴了,他一声不吭地把客人带到楼道的拐弯处。在客人进入洗手间的时候,服务人员嘟囔着:"完全是瞎子,长着眼睛都不会看!"谁知,这轻轻的一句话还是被进入洗手间的客人听见了,他们回来与服务人员吵了起来。经过一阵争吵,客人怒不可遏地把服务人员投诉到大堂经理处。结果,这位服务人员不仅得公开向客人道歉,还被扣发了当月奖金。
>
> [评析]
>
> 本案例中冲突的起因就是服务人员没有摆对角色位置。他以社会上人与人之间的"平等"观念来处理客我交往,认为人与人要相互尊重。客人不礼貌,先不尊重我,我为什么要对他好?最终就从角色的错误导入了服务的误区。但是作为服务角色,就不能"平等",例如酒店服务提倡"得理让人",只要客人不违反酒店规定和社会法规,就不能也不必与客人"平起平坐"讲道理,或针锋相对争个谁对谁错。

(二)双向沟通

双向沟通理论的中心内容是主张以相互理解作为服务人员与顾客之间进行相互合作的基本前提。因此,作为旅游从业人员,在服务过程中通过经验积累和不断完善恰当地运用一些沟通技巧,将会大大提高客我双方沟通的效果,更好地实现优质服务。例如,在运用语言进行沟通时,同样的话有不同的说法,从而产生不同的沟通效果。因为"同样"的话虽在形式逻辑上"等值",但若用不同的"说法"去说,在顾客心理上引起的反应,给人的"感觉"常常是很不一样的。设想你陪客人来到一个"丁"字路口,本来应该向左拐,他却向右拐了,这时你应该怎么说呢? 第一种说法:"请走这边!"第二种说法:"别,别走那边!"

你肯定会选择第一种说法,因为第二种说法虽然在逻辑上与前者"同义",但听起来却远不如第一种说法那样柔和、顺耳。在日常生活中,人们也许不必这样"谨小慎微",但是在旅游服务中与客人打交道时,"柔性"的、听起来"顺耳"的说法和"刚性"的、听起来"刺耳"的说法就一定要区分得很清楚。

一般说来,人们听到那些针对自己而又带有"否定""禁止"等一些"反意"的话时,往往从心理上难以接受。因此,服务人员应该尽可能地不说这些让人听起来觉得不舒服的"反意"的话。即使不得不说时,也应尽可能地将反话正说。让我们再举几个例子来比较一下,看看"反说"和"正说"是不是的确能产生不同的"心理效果"。

反说:"先生,这里不许吸烟!"
正说:"先生,那边有一间专门准备的吸烟休息室。"
反说:"对不起,您的房间还没有收拾好。"
正说:"请稍等,您的房间马上就收拾好!"
反说:"这一件您不用试!您这么胖,哪能穿得下?"
正说:"您试试那一件吧,我想那一件可能更合身。"

(三)三 A 原则

服务人员向顾客表达尊敬之意时,必须抓住如下三个重点环节,即接受对方、重视对方、赞美对方。

1. 接受服务对象(Accept)

主要表现为顾客来时,服务人员热情相迎,不可怠慢顾客、冷落顾客、排斥顾客、挑剔顾客、为难顾客。积极、热情、主动地接近对方,淡化彼此之间的戒备、抵触和对立的情绪,恰到好处地向对方主动表示亲近友好之意。例如,为顾客提供服务,切勿毫无缘由地上下反复打量对方,或者斜着眼睛注视对方,这种眼神,显然是排斥怀疑的态度。同顾客进行交谈时,即使见解与对方截然相反,也要尽可能地采用委婉的语气进行表达,而不宜直接与对方争辩、顶嘴或抬杠,针锋相对。

2. 重视服务对象（Attach）

主要表现为认真对待顾客，并且主动关心顾客。总而言之，要通过服务使客人真切地感受到自己备受关注，自己在服务人员眼中永远都是非常重要的。服务人员要真正做到重视服务对象，首先应当做到召之即来，有求必应，想对方之所想，急对方之所急，认真满足对方的要求，努力为其提供良好的服务，并且认真学习和运用以下三点。

（1）牢记客人的姓名。服务人员对于自己直接服务或接触过的以下四类人员的姓名，尤须牢记不忘。

一是非常非常重要的客人（VVIP），一般指国宾或本国的国家领导人。

二是非常重要的客人（VIP），通常指重要的外宾、政府的高级官员和社会各界知名人士。

三是重要的客人（IP），一般包括与本单位关系密切的其他单位的负责人、决策者以及政界、商界、军界、学术界和新闻界的负责人。

四是特殊的客人（SP），主要指的是经常前来消费、曾经有过投诉或有特殊要求、需要特殊关照的客人。

（2）善于用客人的尊称。服务人员在以尊称称呼顾客时，首先必须准确地对对方进行角色定位，力求使自己所使用的尊称可以为对方所接受。例如，以"小姐"去称呼一位中年家庭妇女，以"老板"去称呼一位大学教授，以"师傅"去称呼一位政府官员显然是十分不妥的。

（3）倾听客人的要求。倾听是指在他人阐述见解时，专心致志地认真听取。倾听的实质，就是对被倾听者最大的重视。例如，一次，国内一家航空公司的客机上来了一位外籍客人。他在头等舱里刚一落座，就开始对空中小姐的服务挑三拣四。他的行为马上受到了乘务长的注意。乘务长走近对方，主动倾听了客人对机上配餐、报纸的种种不满后，诚心诚意地请教对方："先生，您见多识广，国外著名航空公司的班机，您肯定坐过不少。请教一下，您认为我们在其他方面还存在着哪些不足？"这种在交谈中向他人认真请教问题的做法，既表示了对对方谈话的耐心倾听，又表示着对对方的尊重。在回答完乘务长的问题后，这位难以侍候的外籍客人便渐趋平静了。

3. 赞美服务对象(Appreciate)

实质上就是对客人的接受、肯定与重视。从心理上来讲,人们都希望自己能得到别人的欣赏与肯定,一个人在获得他人中肯的赞美时,内心的愉悦程度是任何物质享受都难以比拟的。但过犹不及,服务人员在赞美顾客时,要注意以下三点。

(1)适可而止。服务人员在具体运用赞美时,必须有所控制,适可而止,认真把握分寸。若是赞美之词用得太多太滥,不但会令人觉得肉麻,而且也会使赞美本身贬值。

(2)实事求是。赞美与吹捧是有所区别的,真正的赞美,是建立在实事求是的基础之上,是对他人优点长处的一种肯定与认同。吹捧则是无中生有或夸大其词地恭维和奉承,这从根本上就背离了旅游服务业"诚实无欺"的宗旨,发展到极端就是哄人、蒙人,因此绝对不可取。

(3)恰如其分。赞美要想被对方接受,就一定要了解对方的情况,赞美对方确有所长之处。比方说,赞美一位皮肤的确保养得不错的女士时,说她"深谙护肤之道",一定会让她非常高兴。

典型案例

细节决定顾客的第一印象

有一次北京丽都饭店来了一位法国小姐,这位法国小姐通过远程预订了房间,但是,由于旅游旺季,法国小姐预订的酒店已经客满了。于是,前台预订员小范只好为她寻找其他酒店。

这时,法国小姐点燃一支香烟,边抽边等候。预订员小范则在一旁操作微机,寻找合适的酒店。不一会儿,法国小姐突然左右摇摆,似乎在寻找什么。小范抬头一看,原来法国小姐烟头上的烟灰已经很长了,她正在寻找烟灰缸。柜台上本来就有烟灰缸,但是,烟灰缸正好放在另一头,客人没看到。于是小范停下手中的工作,说了声:"对不起!"然后起身走向柜台另一头,把烟灰缸拿了过来,放在法国小姐的前面。这时,烟灰正好掉了下来,不偏不倚地落在

> 烟灰缸里。法国小姐微微笑了。不一会儿,小范帮助法国小姐办完了订房手续,法国小姐微笑着对小范说:"小姐,我下次来北京还住丽都!"
>
> [评析]
>
> 　　案例中服务员小范非常重视服务对象,把服务对象置于首位,同时通过细微的服务使法国小姐受到了"第一关注",从而赢得了法国小姐对丽都饭店的偏爱。这件事虽然很小,但是,表现了小范强烈的服务意识,她能够敏锐地抓住客人的需求,自觉地为客人提供体贴入微的服务。这就是敬人"三A"所要求的。

(四)首因效应

　　首因效应是指人们在日常生活中初次接触某人、某物、某事时所产生的第一印象,通常会在对该人、该物、该事的认知方面发挥明显的、甚至是举足轻重的作用。对于人际交往而言,这种认知往往直接制约着交往双方以后的关系。因此,旅游从业人员在面对顾客时,应力求使对方对自己产生较好的第一印象。唯其如此,双方今后才会和睦相处,减少摩擦,顾客才会对服务人员的各项服务舒心满意,而不至于处处对其进行刁难,甚至吹毛求疵。第一印象形成之后,人们往往会产生某种心理定式。所以旅游从业人员必须意识到:重要的是要努力留给外界良好的第一印象,不佳的印象一旦形成,再想去采取补救性措施,就困难多了。

(五)亲和效应

　　人们在人际交往和认知过程中,往往存在着一种倾向,即对于自己较为亲近的对象会更加乐于接近。这种较为亲近的对象,俗称"自己人",是指那些与自己存在着某些共同之处的人。这种共同之处,可以是血缘、姻缘、地缘、学缘、业缘关系,可以是志向、兴趣、爱好、利益,也可以是彼此共处于同一团体或同一组织。在与"自己人"的交往中,人们大都会形成肯定的倾向,主要表现为对交往对象产生好感和积极的评价。所有这一切,又会进一步巩固并深化自己对对方已有的好感。

上述情况给服务人员最重要的启迪是:为了使自己的热情服务获得顾客的正面评价,在服务过程中必须积极创造条件,努力形成双方的共同点,使双方都处于"自己人"的情境之中,从而相互间萌生亲切感,并且更加相互接近,相互体谅。交往对象由接近而亲密、由亲密而进一步接近的这种相互作用,有时被人们称为亲和力。学习和掌握这一理论,主要应抓住以下两个要点。

1. 近似性

从理论上来讲,人与人之间的相似点,会给其交际关系的建立提供极大的方便,并且会给双方的正常交往带来积极的促进作用。

> **典型案例**
>
> **寻找共同话题,升华交往层次**
>
> 　　有家航空公司,一次执行接待外国一位王室成员的专机业务。但据说他举止轻浮,对女性很不尊重,一时间,不少空中小姐忧心忡忡。后来又了解到,这名王室成员酷爱诗歌,并正式出版过两部诗集。于是,航空公司不仅派专人买来他的诗集,而且还特意安排两名外语优秀、爱好诗歌的空中小姐,在那名王室成员登机后闲暇的时候,虚心向他讨教诗歌,并且请其在诗集上签名留念。结果,大家原本担心的不愉快的情况根本未曾出现,双方不但相安无事,而且那名王室成员在为他服务的空中小姐面前,也表现得彬彬有礼,颇有绅士风度。

2. 渐进性

亲和效应实际上是在首因效应产生之后,人们对于交往对象所形成的一种崭新的印象。亲和效应产生于人际交往的逐渐深入过程之中,这一点告诉我们,在服务过程中,力争创造一个良好的开端、为顾客留下一个良好的第一印象固然十分重要,但是如果做不到这一点,人际交往过程中初始印象的不足还有被补充、修改的可能。服务人员在发觉自己的服务问题之后及时采取必要的补救措施,同样也可以挽救不良影响。俗话说"不打不成交",说的就是人们在交往中逐渐冰释前嫌,反而可以成为朋友。

(六)零度干扰

所谓干扰服务对象,是指由于服务人员在服务过程中的某些表现,有意无意地扰乱了客人对服务的享受,破坏了客人的心境,甚至因此而使服务难以正常顺利地进行。干扰服务对象,不但会挫伤客人进行消费的积极性,而且也会使服务人员的服务效果大打折扣。

零度干扰亦称零干扰,其基本主张是:服务人员在向客人提供服务的过程中,必须将对方所受到的有形或无形的干扰减少到最低极限,也就是要力争达到干扰为零的程度。零度干扰理论的主旨,就是要求服务人员在服务过程中,为顾客创造一个宽松、舒畅、安全、自由、随意的环境。使对方在享受服务的整个过程里,尽可能地保持良好的心情,让对方始终能够逛得惬意、选得满意、买得称心。

1.保持适度的服务距离

不少消费者或许都有过这样的经历:当自己高高兴兴走进店堂准备对旅游商品进行了解、选择或是享用时,却因被一群服务人员围上来而大大地挫伤了积极性。有时,那些还会对亦步亦趋、紧紧尾随的服务人员产生逆反心理,当即"落荒而逃"。

心理学实验证明:人际距离过大,容易使人产生疏远之感;人际距离过小,则又会使人感到压抑或是被冒犯。服务人员在工作岗位上需要与顾客间保持的人际距离,可分为六种。

(1)服务距离。是服务人员与客人之间所保持的一种最常规的距离。它主要适用于服务人员应客人的请求,为其直接提供服务之时。在一般情况下,服务距离以0.5米至1.5米为宜。

(2)展示距离。即服务人员在客人面前进行操作示范,以便使客人对服务项目有更直观、更充分、更细致的了解。进行展示时,服务人员既要使客人看清自己的操作,又要防止对方妨碍自己的操作或是使客人遭到误伤,展示距离以1米至3米为宜。

(3)引导距离。指的是服务人员在为顾客带路时彼此间的距离。根据惯例,在引导时,服务人员行进在顾客左前方1.5米左右为宜。

(4)待命距离。特指服务员在客人尚未传唤要求为之提供服务时,与对方自觉保持的距离。在正常情况下,应当是在3米之外。只要服务对象视线所及,可以看到自己即可。

(5)信任距离。指的是服务人员为了表示自己对顾客的信任,同时也为了使顾客浏览、斟酌、选择或体验更为专心致志而采用的一种距离,即离开对方而去,从对方的视线中消失。采取此距离时必须注意:一是不要躲在附近,似乎是在暗中监视客人;二是不要一去不返,让客人在需要帮助时找不到人。

(6)禁忌距离。主要是指服务人员在工作岗位上与顾客之间应当避免出现的距离。其特点是双方身体相距过近,甚至有可能直接发生接触,即小于0.5米。这种距离,一般只出现于关系极为亲密者之间。

2. 热情服务无干扰

热情服务必须把握好具体操作的分寸。实际上就是要求在服务过程中谨记热情有度。所谓热情有度,主要是指服务人员在为服务对象热情服务时,务必把握好热情的分寸。若热情过度,不仅不合乎人之常情,而且还会使客人产生一定的心理压力,甚至会误认为对方是"来者不善",似乎有逼迫、哄骗之意。如客人会担心热情背后有没有什么企图,是商品质量差,还是要加收服务费等,反而害怕"挨宰"而不敢消费。服务人员尤其需要在语言上避免下列"热情过度"的现象。

(1)动辄询问客人"您需要什么"。假如对方在语言、表情、动作上均无此种要求时,服务人员不宜主动进行询问。因为对方或许只是进行一般性的浏览,或许还举棋不定,服务人员上前这么一激,反而会打断对方的思路,很有可能将对方"逼"走。

(2)主动邀请客人"进来看一看"。当一位客人在一家店铺门口驻足时,对其过分主动相邀,亦会扰乱对方的思绪。

(3)上前推荐介绍服务内容,请客人"试一试""用一用""尝一尝"。客人若对服务内容不感兴趣,服务人员主动上前硬性推荐介绍,则有"强迫服务"、强迫对方接受之意。

第二节　礼貌礼仪与旅游优质服务的衔接

一、旅游服务质量的内涵

旅游服务质量就是指旅游企业满足顾客要求的能力和程度,它由两部分构成。

(一)设施设备的服务质量

旅游服务企业所具备的物质条件以及物质条件的多少、质量的优劣高低,直接影响到服务质量。从国际惯例来看,有些硬件是基础,必不可少。如空调的制冷性能及噪声大小、电梯的速度及稳定、浴缸的清洁及防滑等情况,都要能达到国际标准的规定。

(二)员工的服务质量

员工的服务质量主要包括两个方面。一是第一线职工直接与客人接触时的服务质量,如餐饮服务、客房服务、前台服务、康乐服务等。二是通过设施、设备和用品间接表现出来,如卫生间、音响、地毯、空调、供水等。诸如此类,虽表现在物质条件上,但归根结底还是人的工作质量。

二、优质旅游服务的需求与供给

(一)游客对优质旅游服务的心理需求

1. 安全需求

这是客人最起码的又是最重要的需求。酒店里偷盗、失火、骚扰、食物中毒等都会使客人产生不安全感。譬如,客人到店,这是一个完全陌生的环境,心里不踏实,因此就会产生一种依赖心理,希望有人关心他、帮助他。而酒店环境对服务员工来说是再熟悉不过的了,根本不认为有什么需要帮助关心的,因此,就会掉以轻心,甚至觉得客人的担心是多余的、莫名其妙的。两种完全背反的心理状态碰到一起就会产生冲突,客人往往会觉得受了冷落,而服务人员却丝毫没有感觉。因此,对初来乍到的客人给予热情的问候、耐心的解答、周到的陪伴,不只是礼貌礼仪问题,更是一个服务质量问题,只有做到这一点才能使客人放下心来,感到所住的酒店是可信赖的。

2. 文明需求

文明需求是指客人要求旅游服务提供一个文明的环境,它既包括员工的文明礼貌行为,也包括环境的整洁、明朗、舒适。满足文明需求要从两方面着手:一方面是通过管理制度和服务规范的严格制约,另一方面是努力提高服务人员礼貌礼仪与文化素养。在一定程度上,后者比前者更重要。如有家高星级的酒店,服务员接待时能遵循规范,英语运用也不错,但当不接待客人时,互相之间满口脏话,令人闻之大感惊讶。

3. 便利需求

简言之,就是各个层次客人形形色色的需求都能很方便地得到满足。"便利"不仅包括旅游业正常的服务项目,也有种种特殊的、意外的和突发的需求。服务人员唯有站在客人的立场上,细致入微地去做才能达到要求。客人对许多服务是处在"要"与"不要"的摇摆之间的,服务人员若主动提供了,客人就需要;不积极提供,客人也就马虎过去了。如带婴儿来就餐,客人抱在膝上吃就很不方便,有些餐厅备有专门儿童椅,这种周到便利服务就会给母亲和其他客人留下良好印象。礼貌礼仪与优质服务的衔接就在于能发现客人的这些需求,并及时满足之。

客人的许多特殊需求是在服务规程中找不到的,有些甚至一时很难办到。这就要求旅游服务人员在日常工作中不断积累经验,妥善处理,尽量满足。如对菜肴质量不满意而要求打折扣、不肯付押金而要求开通长途电话等问题,服务人员都要在一般的礼貌礼节之外具备灵活的应变能力。

4. 时效需求

服务必须及时到位,不能拖沓。一般来说,身处异地的客人比天天重复同样工作习以为常的员工更容易产生焦躁情绪,尤其是延时、误点,客人会增加烦恼。因而在时效方面,一是要有精确的时间概念,二是要说到做到。如酒店中的 Room Service(送餐服务)、订出租车、预订机票等服务尤其要遵时守信。

(二)员工对优质旅游服务的供给

1.整体服务

客人对旅游服务的评价不是具体针对一个项目、某一位服务员,如果不满意,那就是对整个企业不满意。因此,全体员工要明确自己的地位——个人的文明礼貌与服务质量代表整个旅游企业。不管自己在任何岗位,碰到任何问题,都必须在企业的整体立场上去努力满足宾客需求。

整体意识与岗位责任制并不矛盾。整体意识并不要求服务员是全能的,也不要求越俎代庖去解决一切问题,而是在客人向你提出并不属于你本人、本部门的服务要求时,你必须代表饭店接待、安排、指引、解释,尽可能积极协助其他人(或部门)共同为客人服务。

2.补位服务

补位是实现整体服务的重要途径之一。任何服务员从个人而言,不可能包容一切服务,即使是他的本职岗位,也难免有个别的疏漏。关键在于在某一个工作区域的全体员工要有强烈的补位意识。A员工服务的疏漏,B员工马上补位,使客人的需求得到最终满足。在这个时候,不是先追究是谁的责任、谁的工作,而是从旅游企业整体出发,尽快解决客人的需求。

补位服务中最重要的就是依靠员工的眼睛。从服务要求来说,员工的眼睛永远不能离开客人,永远不能离开他的职责范围。工作中可能有片刻的停顿、站立,但眼睛不能长时间盯在一个地方。合格的旅游服务人员要求"眼勤",眼睛动态地在客人中间扫描,这样才能不漏掉客人一丝一毫的需求。

3.无"NO"服务

无"No"服务是指员工永远不在客人面前使用"没有"和"不"这两个词。客人提出某项服务,总是从他的需要出发,而不希望听到否定的回答。即使因客观条件所限,一时无法提供客人所需要的服务,也不能说"不"和"没有"。对无"NO"服务,可从两个层次来理解。

第一层次:本企业已具备的服务,要尽快直接或间接地给予客人满足,如果这项服务不是本部门或本岗位的,也要从整体服务出发,指点、引导客人;有可能的话,可以主动代为客人联系。如果这项服务超出了企业服务的范畴,但完成这项服务并无多大难度,那么也该予以满足。

第二层次:有些确实无法实现,或当时无法实现的服务,同样也不能说"NO",这个层次大致有三种情况。

(1)一时无法实现的服务。首先要使客人安心,告诉他这项服务通过努力是能够提供的,并告知确切的时间,不要让客人没完没了地等候。

(2)本企业确实无法提供的服务。首先不回答"NO",而且要婉转地指引客人在何处可以得到该项服务。若客人要求代为联系,应尽量周到详尽地帮忙,使客人能便利、放心地在其他地方获得服务。

(3)荒谬无理的要求,本企业无论如何是办不到的。处理这类"高难度"的要求,回答要灵活应变,视情况而定,但坚决不说"NO",可提示客人转向其他服务;言明积极办理,让客人等候,在此期间,劝说客人自己提出取消该项服务;提供相类似的服务,给予客人心理补偿;不回答可否,让客人看到你已尽心尽力,不好意思而取消;用微笑式的反问,请教客人自己提出变通的办法,等等。

4.感官服务

首位的感官是视觉印象,但并不只限于视觉,如听觉、味觉等都包括在内。如客人打电话到酒店找人,总机接线员与客人并不见面,但回答的礼貌礼仪与服务质量直接相关。文明礼貌礼仪的感官服务的许多细节与基本素质目前仍是我国旅游业较普遍被疏忽的一个方面。实际上,客人在没有接受服务之前,若有先入为主不好的感官印象,那么该旅游企业在客人心中的形象就会大大降低。

三、旅游业的规范服务与特色服务

(一)旅游业的规范化服务

规范化服务是为满足宾客普遍的、重复的、必要的基本要求而提供的服务,如酒店的客房铺床、餐厅引位、总台的入住接待等服务。

科学全面的服务标准是旅游企业实施规范化服务的前提。这首先是标准的科学性,它是指酒店的各项标准必须以科学技术和实践经验的综合成果为基础,把标准定在一个合理的水平上。目标过高,会使员工超负荷工作而无法保证工作质量,同时也会降低标准的权威性;目标过低,不仅起不到积极作用,还会因员工工作负荷不足而产生纪律松懈等现象。另外,规范化服务还应考虑到标准的严密性,对同类管理或服务工作中可能出现的各种不同情况,作出尽可能全面、详细的规定。例如,许多酒店对总机的礼貌礼节服务都有明确标准或规定,如铃响三声之内必须接听,并致以标准礼貌用语。多数酒店的标准在总机把电话转走后就没有下文了,这也就意味着这个电话不论有没有人接,总机就可以不管了。显然,这样的服务是远远不能令客人满意的。事实上,酒店还应有这样的规定:当总机把客人的电话转走后,在铃响几声没人接时,必须重新与客人通话,告诉客人他要找的人不在,并询问是否愿意留言,然后再提供相应的留言服务。

(二)旅游业的特色服务

1. 礼貌礼仪之外的超常服务

如果把规范视为旅游企业实现优质服务不变的、唯一的保证,那就大错特错了,因为这种服务没有特色。特色服务是由两个方面显示出来的:其一是规范中显示与众不同的内容,其二是规范与超常规的组合。旅游服务不同于工业生产的主要特点之一,就在于前者是人与人的交流,而后者仅是人对物的选择。是人,就有灵活性,一个规范不可能适应世上所有的客人。

规范与超常规之间不存在既定的模式,两者在具体服务中时有转换。一般而言,以规范为主,以超常规为辅;以规范保证基本的服务质量,以超常规显示有吸引力的服务特色。在一些酒店中,服务员认真地提供规范的服务,在餐厅,他们不时轻轻地斟饮料、派菜,并不时轻声地说着"对不起",这种情景不仅是服务员,连客人也觉得非常拘谨。虽然服务员带着"规范"的微笑提供着"规范"的服务,但总让人有一种和机器打交道的感觉。目前,有些人不愿去饭店,还有些宾客宁愿住公寓式酒店享受自助服务,就是因为觉得在酒店太拘谨。之所以有这样的感觉并不是大酒店服务不标准,而是太规范化、太程式化,使人感到压抑。因此,服务人员在规范化服务的基础上如何更细致、更好地满足客人的需要,值得深入研究和揣摩。

2.礼貌礼仪之外的情感投入

对情感服务的认识在于旅游服务不同于流水线上生产无生命的产品,旅游服务中有员工情感的注入,存在着企业与宾客之间的情感交流。确切地讲,旅游企业的服务不会是"天衣无缝"的,有了情感,客人便能理解、原谅服务中的一些小差错、小纰漏;反之,客人常会"小题大作"或"借题发挥"。

目前,酒店的星级标准以及旅游企业的规章制度和服务规范只是解决了一个技术标准问题。感情交流是无法用死板的文字来规定的。然而旅游服务在宾客印象中的好坏,很大程度上又取决于员工把感情倾注到服务工作中的程度。有一次,全国许多省市的餐饮部经理集中考察某大城市的酒店餐饮业,考察完毕后征求意见,令人意外的是星级最高、服务最规范、历史最悠久的酒店,在评价排行榜上名落孙山。从服务来说,该酒店服务很规范,从倒茶、托盘、斟酒到上菜、派菜,一系列服务都很标准,包括微笑和敬语也都礼貌文明。但餐饮经理们都异口同声地反映"缺少气氛"。这个"气氛"实际上就是指"情感"。其间,他们又考察了一家港资酒店餐厅,规范方面虽略逊一点,但服务员个个八面玲珑,斟酒时穿插得体的俏皮话,"关键时刻"服务员还会偶尔举杯敬酒,敬酒在规范中虽是不允许的,但他们能巧妙运用,制造轻松气氛。经理们一致反映这晚情绪最高、服务最好。"好"就好在"情绪高"。结果这家餐厅被评为第一。

如果把旅游业规范化和超常规的服务称为服务艺术的话,那么服务中的情感投入和情感交流就是一门服务技术了。

【复习思考题】

1.何谓旅游业的客我交往?具有哪些特点?
2.旅游业员工在处理顾客关系时应掌握哪些基本要求?
3.角色定位、首因效应和亲和效应对旅游服务有何启示?
4.你怎样理解优质旅游服务?
5.如何理解旅游业中规范服务与特色服务的关系?

第十四章 旅游投诉处理中的礼貌礼仪运用

学习目的

● 掌握预防旅游投诉的相关心理准备与礼貌意识
● 正确识别判断顾客类型并了解顾客投诉的心理
● 掌握处理旅游投诉的正确方法

基本内容

● 预防旅游投诉的必备礼貌意识:顾客永远是对的、正确认识"对"与"错"
● 旅游服务中顾客类型的识别判断及相关服务技巧
● 旅游投诉分析:投诉原因分析、投诉心理分析
● 旅游投诉处理的对策及方法

第一节 预防旅游投诉的礼貌意识与心理准备

一、真诚接受"顾客永远是对的"

"客人就是上帝",这是对客人的最高尊称。服务员要真正做到尊重"上帝",就必须对"上帝"有一个正确的认识。

(一)为什么说"顾客永远是对的"

一些旅游服务人员对"客人总是对的"这句话总是想不通:"哪有这回事?谁能一贯正确?谁能'总是对的'?""既然客人'总是对的',那我们呢?我们'总是错的'?""干了这一行就总没有'对'的时候了,还讲理不讲理呀?""客人总是对的",这是服务业提出的一个较为响亮的口号,它表示了服务人员对客人的一种尊重。事实上客人并不总是对的,"人非圣贤,孰能无过?"客人也有不对的时候。提出这样一个口号的理由很简单:因为客人希望自己"总是对的",不希望自己"有时候是对的,有时候是错的",所以服务人员应该满足他们的心愿,让他们"对的时候是对的,不对的时候也是对的",总而言之"总是对的"。服务业提出"客人总是对的"这一口号,并不意味着"服务员总是错的",而是要在"客人不对自己对"的时候,服务员要尊重客人,把"对"让给客人。

游客外出旅游,从其实质来看,不只是为了领略湖光山色,也不单纯为了品尝美酒佳肴,在很大程度上多是为了获得享受和体验。因此,不要忘了客人是来"花钱买享受"的,不是来"开展批评和自我批评""接受再教育"的。"认错"对客人来说绝不是一件愉快的事,而旅游服务人员的职责正是要让客人高高兴兴地来,高高兴兴走,自始至终不要发生任何不愉快的事。提出"客人总是对的"这一口号,就是要提醒旅游服务人员,不管发生了什么事情,只要客人还是"客人",没有变成需要送到公安部门或安全部门去处理的人,都不要说客人"不对",更不要逼迫客人承认自己"不对"。

如何理解客人的"对",又如何处理客人的"错"?这是服务意识中的一个核心问题。有些人把偷盗、伤人、贩毒、嫖娼之类问题也纳到"对"与"错"的范围里来辩论,这是不正确的。因为这类问题已超出了旅游企业自身经营管理的范畴,是触及刑法的犯罪,与客人正常和特殊的需求在本质上完全不同,故不属于文明礼貌与服务讨论的内容。

(二)正确认识"对"与"错"

"客人永远是对的",但从旅游企业整体角度或在某一位具体的服务人员眼里,真真切切地觉得客人是错的,那么怎么来认识"对"与"错"这一对矛盾呢?

第一,绝大多数情况下,需要从企业自身找原因。由于许多企业营销意识不强,不是站在客人的需求上考虑服务,因此,一旦客人提出了超出企业所能提供服务的要求,就认为客人"错"了。实际上"错"的恰恰是企业自己,因为没有满足客人的需求。例如,一位外宾下榻国内某二星级酒店,有一天外出办事,气温较高,一路劳顿后回酒店想洗个热水澡。一开水龙头没热水,于是客人便找服务员反映。服务员反唇相讥:"中国二星级酒店没有24小时供应热水的规定,你有钱就去住高星级的,没钱就别发牢骚。"客人被羞辱,找总经理投诉。这件事初看来服务员没说"错",国家旅游局对二星级酒店的标准确实没有要求24小时供应热水。但问题是客人需要热水,因此,服务员就不能先考虑自己对不对,而是要先为客人考虑。按礼貌礼仪的要求,优质的服务可以专为客人去烧洗澡水;中等的服务可先拿一瓶热水,再解释原委,请客人先擦把身;最起码的服务也应是对客人表示理解,并给予安慰。这三种方法虽然客人的满意程度不同,但都是以"客人是对的"这个立场来处理的。

第二,要充分理解客人的实际想法和心理状态。有些看似"出格"的态度和要求,在客人立场上看却是无可指责的。如外宾因飞机晚点而迁怒酒店的例子就是如此。

第三,根据人际关系的理论揭示,人与人接触中有70%会产生误会,只有30%才能相互理解。"对"与"错"的争执往往就由误会引起,在东西方文化背景差异很大的情况下误会更多。一旦误会发生,首先要肯定客人是对的,然后再寻找原因,最终,也是按"客人是对的"的前提解决问题。例如,一个冬天,几位内地偏远地区的客人到沿海某大城市酒店就餐,端上的砂锅因上面复盖着很厚一层油,压得下面滚烫的热气冒不上来,客人误会了,指责砂锅不烫。服务员非常机灵,连连点头说送回厨房加热,最后原锅端回,用汤匙拨弄一下让热气透出来给客人看,同时笑容可掬地对客人说:"对不起,现在烫了,请用吧。"服务员给客人面子,酒店不仅没有损失,还赢得服务周到的美名。

第四,许多场合下,很难争出谁是谁非,或者说,根本不存在谁是谁非。对待同一个问题,可以有多种解决方法,无所谓对与错。从酒店整体利益出发,要避免这种无谓的争执。譬如说,客人到店因不了解情况对某项服务不满意,在大堂里吵吵嚷嚷。此时此刻,最重要的是保持酒店的整体形象。因为周围围观者和过路客并不关注谁对谁错,大多是"看热闹",对他们而言留下的只有酒店秩序混乱的坏印象。在这种情况下,赶快"认错",已不只是个别员工的小事,而是关系到酒店声誉的大事。最及时的办法是把客人拉到一边,先认错,稳住他,然后逐步个别解决,这样就把不良影响降低到了最小。

第五,客人在有些场合也会真的出错。如酒后胡言,举止粗鲁之类的事时常会发生。这就要求旅游服务人员有良好的心理素质和灵活应变能力,妥善处理,如采取回避、多人服务、保安配合、用开玩笑的语言缓解气氛转移注意力、适当的物质补偿等多种方式。这些方法的共同点在于不争论客人之过错,只求尽快消除矛盾。在这种场合下,一提客人的错,就如"火上浇油",客人肯定会跳起来。若以客人"对"为前提,则有利于平稳局势。

我们强调"客人总是对的",并不是说服务员不应当受尊重,或由于强调"客人总是对的"而使人产生客人与服务员是不平等的错觉。在许多服务人员当中就流传着这样一些话:"客人坐着你站着,客人吃着你看着,客人玩着你干着"等,好像确实很不平等。但旅游服务工作,首先应考虑对方的"客人"身份这一社会角色,社会角色是"非个性"的,而作为服务员这一社会角色,就必须恭恭敬敬地为客人这一角色服务,尊重客人。

(三)把"对"让给客人的方法

在旅游服务中,把"对"让给客人的方法很多,比如说,服务中包容客人的过错,自己主动承担责任的宽容做法;或大事化小,小事化了地让;或对客人的言行从好的方面解释性地让;或在某项服务中还不能肯定是谁对谁错的时候,先假定是自己的错,然后再去进一步核实,以求找到有力证据的保留余地地让;或从企业声誉和长远利益着眼,得理也要让,等等。

二、旅游服务中顾客类型的识别判断

在旅游服务过程中,准确地识别不同性格类型的顾客以便采用相应的应对与服务策略是十分重要的。宾客的性格或情绪通常会在其使用的言词、语调、仪表仪容、身体语言上有所反映。

(一)言词所反映出的性格、情绪

线索：	含义：
"服务员,请您……"	自然、随和、令人愉快的
"您能否……?"	令人愉快、高兴的
"想要……"	清楚明确的期望,可能是愉快的或要求很高
"我需要……"	清楚明确的期望,可能是愉快的或要求很高
"我说的是……"	困难的、要求很高
"我听到的不是这样的!"	不耐烦、沮丧、争议、生气

(二)语调所反映出的性格、情绪

线索：	含义：
慢、低	自然、随和、高兴或疲倦,不是兴奋的情绪
欢欣的	高兴、愉快
讽刺	不耐烦、不高兴、找麻烦
强烈的	要求很高
大声的、爽快的	高兴、兴奋或豪爽

(三)仪表仪容反映出的性格、情绪

线索：	含义：
仪表整洁	体面、令人愉快,有较高的期望
运动衫、牛仔裤	可能在度假,比较随便,轻松愉快
领带纠结,西装多皱	疲倦,不舒服,不在意的
衣着怪异,发型潮流	若非艺术人物便多为怪异的、自以为是的人物

(四)身体语言所反映出的性格、情绪

线索：	含义：
挺直胸膛	坦率、直爽、不说废话
弯腰驼背	疲倦、压抑、不高兴、思考
膝盖晃动	不耐烦
手指关节作响,玩弄筷子等	不耐烦、焦急
走路迅速	热情,但要求很高
说话或倾听时扬起眉毛	开心、思考或不相信对方

踱步	闲散、不慌不忙、随和
歪头倾听	集中注意力，感兴趣的
手放在口袋里玩弄零钱	焦虑、不自在
双臂交叉	"防御"，表示不喜欢这个场面和别人谈话的内容
手指指着对方	气愤、心烦意乱、疲倦、冷漠的
眯着眼睛	不在乎，不能集中注意力

三、处理顾客关系的服务技巧

不同性格类型的顾客在享用服务过程中有不同的心理需求。因此，文明礼貌礼仪服务必须与具体的服务技巧相配合，才能最终为客人提供真正令人满意的服务。

(一)急躁型宾客

急躁型顾客的特点大致为：对服务的任何项目均要求快捷、迅速（以他心里的时间尺度为准）；服务员要有问必答；对服务员提出要求时，喜欢定性的语言，有时还会喜欢用手势加强语气；当对服务不满意时，会表现得异常生气，甚至大声斥责；但他们同时具有心直口快、处事大意、事过就忘的特点。当这类客人对服务提出投诉时，只要及时适当地解决，他们就会转怒为喜，连声称谢。因此，服务员对急躁型顾客提供服务时，要动作迅速，语言简练。对客人提出的任何要求均给予准确回答，同时提供时间信息。例如，客人点一份七成熟的牛排，服务人员应说："好的，先生，七成熟牛排，我记下来了，牛排需要20分钟的制作时间，请您等候。"当然，言而有信更重要，如果对急躁型顾客使用欺骗性语言，他们会立即爆发不满的情绪。例如，一道菜肴还要等10分钟，而服务人员看客人着急，就说"您稍等，菜肴马上就到"，这样只能使事情更糟。

要想使急躁型顾客对服务满意，除以上各项外，还可以为客人额外做点事。如协助他挂放大衣；客人谈生意，要记录信息时，立即递上备用的纸笔；当他离开餐厅时，提前为他准备好随身带的物品等。当顾客感受到这些时，他们会较其他类型的客人给予更多的回报，他们会立即表示出对服务的高度评价,声称下次再来,并成为回头客。

(二)活泼型宾客

活泼型宾客初次相识就给人一种随和、好相处的感觉,创造出一种活泼氛围。他们谈吐诙谐,为人随和,处事果断,性格开朗,他们对服务员文明有礼,喜欢像朋友般地相处。对于此类顾客,服务员应主动表现乐于相处,并以此赢得顾客的好感。对活泼型顾客可以采用更积极的推销。例如,推荐一份优惠实在的套餐,或主动介绍餐厅的特色菜肴等,均能得到客人的赞同,使客人感觉到服务员确实在设身处地地为他着想,从而使顾客产生好感。

活泼型顾客通常也是健谈者,这给服务员创造了很好的与客人沟通的机会,服务人员可以投其所好,对来旅游的活泼型顾客谈及此地的旅游概况、观赏景点、地方美食、民俗风情及交通状况等方面的内容(但要注意闲谈不能影响正常工作)。当然,服务的效率、服务的环境、用具的清洁、服务员的素质,也是活泼型顾客所需要的。

另外,由于活泼型顾客较善于表达自己的观点,他们会将自己的良好或坏的感受都告诉他们的亲朋好友,因此,他们对旅游企业声誉有着极大的影响力。当对服务非常满意时,他们会成为旅游企业的义务宣传员;而对服务不满意时,他们也会毫不保留地告诉他人。

(三)稳重型宾客

这类宾客通常老成持重,少言寡语,讲究绅士风度,与服务员交往喜欢采用互相尊重的态度,即使对服务极不满意,也能很好地自控,不失理智。对这类宾客,服务员一定要举止端庄,温文尔雅,并经常使用礼貌语言。

通常稳重型宾客,对服务的要求较高,因为他们虽不愿多提要求,但其内心很可能有许多对服务的思考。因此,对稳重型宾客更要在服务中严格遵循服务规程与标准。例如,在餐厅营业高峰,稳重型顾客通常不愿举手召唤服务员,提出服务要求,他们的想法通常是:既然服务不周到,就算了,不必找麻烦。但他们的内心会产生不悦的情绪。所以,服务人员要先行预计宾客的需求,在其未提出要求以前采取行动,这是提供优质服务的行之有效的方法。餐厅越是繁忙,服务员越要及时观察客人用餐的情况,提供主动、热情的服务。处理稳重型宾客的投诉,需要更高的技巧,因为他们不到忍无可忍是绝不提出投诉的。所以这类宾客的投诉,最好由部门经理亲自解决,以表示企业对其投诉的重视,并确保解决问题的方法和最后结果令顾客满意。

(四)忧郁型宾客

这类宾客虽然占的比例极少,但不能忽视对他们的服务。忧郁型宾客的特点是心境冷漠,不爱说话,面部表情木讷,有一种消级情绪,内心深处常自我责备,在与人不得已的接触中流露出回避的态度。这类客人有两种可能:一是最近曾遭遇到伤心的事情,情绪处于极度低落状态;另一种则是患有抑郁症。他们对服务的态度则可能表现得很挑剔,以此冲淡内心的悲痛不快,或干脆用来发泄不满。对这样的顾客,服务员需要自始至终以不厌其烦的态度,尽可能细心、周到地提供服务。如果客人对极小的服务差错也表现得极为挑剔,服务员也应真诚地表示歉意,并立即改过。只有这样,才会使他觉得心情舒畅而少找麻烦。同时,表示歉意也是服务员自我保护的良好方法。

也有的忧郁型宾客从步入大门到结账都不肯多说一句话,对服务员的服务采取完全漠视的态度,他们很可能在感情上严重受挫,更需要别人对他们表示关注与关心。因此,服务员应尽可能地对忧郁型宾客表示友善,多找机会对他们微笑,询问顾客问题时,要用轻而缓的语调,如果他第一次没听见,可适当提示,再用同样的语调重复一遍。

旅游业从业人员每天接触很多各阶层人士,做到面面俱到并不容易,只能时时提醒自己,以真诚之心、殷勤之礼、周到服务对待客人,最终赢得客人的信赖。

第二节 旅游投诉的原因分析与处理对策

一、旅游投诉的原因分析

旅游服务投诉是指游客将他们主观上认为由于服务工作上的差错

引起的麻烦和烦恼,或者损害了他们的利益等情况向服务人员提出,或向有关部门反映。客人投诉在某种意义上是对企业服务的评价,是企业服务质量提高的动力,因此必须认真处理。

(一)客人投诉的原因

客人的投诉原因是多方面的,一般说来多为服务人员对客人不尊重,态度不好,工作不负责任,服务技能低,产品价格高,服务质量差,设施不配套,服务项目少,与他人发生纠纷等。

(二)客人投诉的心理

1. 求尊重的心理

游客采取投诉行动,其基本出发点是希望别人认为他的投诉是对的和有道理的,渴望得到同情、尊重,希望旅游服务企业向他表示道歉并立即采取相应的补救行动等。

2. 求发泄心理

游客利用投诉的机会把自己的烦恼、怨气、怒火发泄出来,以维持其心理上的平衡。

3. 求补偿的心理

希望通过投诉得到他人对自己的重视,希望旅游企业能补偿他们的精神或物质损失。

二、旅游投诉的处理对策

对于处理解决宾客投诉,国际旅游业,特别是一些著名的跨国酒店集团所采用的方法基本是一致的,其出发点是:平息顾客的激动情绪,迅速解决顾客问题。这里我们引用世界最佳饭店——香港文华大酒店(The Mandarin,HongKong)处理宾客投诉的六项基本原则加以说明。

(一)承认宾客投诉的事实(Get the Facts)

为了准确地了解宾客所投诉的问题,必须认真听取客人的叙述,使客人感到企业管理者十分重视他提出的问题。倾听者要注视客人,不时地点头示意,让客人明白"企业在认真听取我的意见",而且听取客人意见的代表要不时附和:"我理解,我明白,一定认真处理这件事情。"为了使客人能逐渐消气息怒,投诉的接待人或主管应以自己的语言重复客人的投诉或抱怨,若遇上认真严肃的投诉客人,在听取客人意见时,还应做一些记录,以示对客人的尊重及对反映问题的重视,同时也给企业解决投诉提供依据。

(二)表示同情和歉意(Sympathize and Apologize)

首先要让客人理解,企业非常关心他的处境并诚心了解那些服务是否令他满意。如果客人在谈问题时表示十分认真的态度,作为投诉接待人,即值班经理,就要不时地表示对客人的同情。如"我们非常遗憾、非常抱歉地听到此事,我们理解你现在的心情……"

假若企业应对客人的抱怨或投诉事宜负责,或者将给予宾客一定的赔偿,这时值班经理就要向客人表示歉意并说:"我们非常抱歉,先生。我们(酒店)将对此事负责,感谢你对我们酒店提出的宝贵意见。"

(三)同意客人要求并决定采取措施(Agree and Act)

作为值班经理,应理解和明白客人为什么抱怨和投诉;同时当决定要采取行动纠正错误时,一定要让客人了解并同意将采取的处理决定及具体措施内容,切勿盲目采取行动。

首先要十分有礼貌地告知客人将要采取的措施,并尽可能让客人同意你的行动计划。例如,可以按下列的方式征求客人对你采取改进措施的意见:

"××先生,我将这样去做,您看是否合适?"

"××太太,我们将这样去安排您的要求,你是否喜欢?"

"××先生,假若我这样去做,你看可以吗?"

(四)感谢客人的批评指教(Thank the Guest)

如果客人遇到不满意的服务,他不告诉酒店,也不做任何投诉,但是他作为下榻过酒店的客人,会讲给其他客人或朋友,这样就会极大地影响酒店的未来客源市场,影响了酒店的声誉。所以,当酒店遇到客人的批评、抱怨甚至投诉的时候,不仅要欢迎,而且要感谢。酒店的通常做法是这样的:

"××先生,感谢您给我们提出的批评、指导意见,非常感谢您!"

"您及时让我们知道服务中的差错,这一点太好了,非常感谢您,××先生。"

"谢谢您,××夫人,你指出我们服务项目的欠缺和不足,使我们及时发现并得以纠正。"

(五)快速采取行动,补偿客人投诉损失(Act promptly)

当客人完全同意你作为值班经理所采取的改进措施时,你就应立即行动,一定不要拖延时间。耽误时间只能进一步引起客人不满,因为时间和效率就是对客人的最大尊重,也是客人的最大需求,如果光说不干就是对客人的漠视,也会引起新的不满。

(六)追踪客人投诉的具体落实情况(Follow up)

要使处理宾客投诉获得良好效果,最重要的一环便是落实、监督、检查已经采取的纠正措施。首先,要确保改进措施按计划实施。其次,要使服务水准及服务设施均处于最佳状态,并且事后再用电话问明客人的满意程度。对待投诉客人的最高恭维,莫过于对他的关心。许多对旅游企业怀有感激之情的客人,往往是那些因投诉问题得到妥善处理而感到满意的客人。投诉客人的最终满意程度,主要取决于企业对他公开抱怨后的特殊关怀和关心程度。另外,旅游企业所有的管理人员和服务员也应相信:来店客人包括那些投诉的客人都是有感情的,也是通情达理的;对企业的广泛赞誉及其社会名气来自企业本身的诚实、准确、细腻的感情及勤奋服务。

服务人员掌握以上六个原则与顺序只是初步要求,为了更好地处理客人的投诉,还应不断进行建立信心的训练、处理危机的训练及改进错误的训练。只有这样,才能持续不断地加强客人对旅游企业的满意程度。

【复习思考题】

1. 如何理解"顾客永远是对的"这一行业口号?
2. 如何处理客人"对"与"错"的关系?
3. 把"对"让给客人的具体方法有哪些?
4. 从哪些方面来判断客人的类型?
5. 处理旅游投诉应遵循的六个程序是什么?

典型案例

当客人被车门轧伤后

东南亚某现代化大都市,春光明媚,鲜花盛开,整座城市被装饰得生机盎然。市里正在举行各种各样的宴会和庆典活动,各大酒店挤满了身着盛装的绅士淑女。当地某一流酒店门前豪华轿车川流不息,好不风光!酒店贵宾汉斯太太坐着一辆奔驰车离店。当门卫推上门时,只听汉斯太太"哎哟"一声,门卫忙把门打开,可已经来不及了,汉斯太太的手指被门轧了一下,而且伤得很厉害。"你是怎么关门的?"汉斯太太怒气冲冲地责问门卫。"对不起,夫人!可我是看您落座后才关门的。"门卫解释说。"你还要强辩!"汉斯太太更是怒不可遏,嗓门又提高了几度。

第二天,汉斯太太通过律师向酒店投诉,并提出赔偿1000美元治疗费及精神损失的要求。汉斯太太坚持认为这一事故纯粹是由门卫的失职造成的。作为客人,对于酒店服务人员的过失行为所造成的损害要求给予赔偿,是理所当然的。

酒店方面根据门卫的陈述,认为当时汉斯太太确实已完全坐进了车内,两手也放在了里面。门卫是在看清状况、确认不会发生事故之后才把门推上的。汉斯太太是在门卫关门时不小心把手伸了过去才导致这次事故。这一本不该发生的事故起因于客人的无意行为,因此,把责任归咎于酒店是不公平的。

[评析]

从本例来看,客人受了伤,酒店总负有不可推卸的责任。具体地说,不论事故发生的原因是什么,开门、关门是门卫的职责,专门司职开关门的人却因为关门给客人造成了不该发生的事故,这只能说是门卫的失职所致;而且从根本上说应归咎于门卫所属酒店的过错,如教育不力、管理不善等,所以,酒店不能不赔偿汉斯太太的损失。

退一步说,门卫在处理汉斯太太受伤的态度和方法上,也是不冷静、不正确的。如果换一种积极主动的态度,效果就会好得多。

试想,要是当门卫看到客人的手被轧时,马上赔礼道歉说:"夫人,是我失手了,真对不起!"一边立即从口袋里掏出雪白的手绢,为客人包扎止血,并且带客人去酒店的医务室,情况就会朝另一方向发展。门卫诚恳道歉的态度必然会使汉斯太太大为感动,这时对门卫的过失,她不会再说什么,投诉、赔偿之类的念头也就烟消云散了。

另外,日本东京都某酒店也发生过一起门卫关门轧伤客人手的事故,闯祸的门卫就是采取了主动认错的态度,还坦率地报出了自己的姓名。客人果然原谅了门卫的过失,自己离开酒店去找认识的医生治疗,几天后还寄来了一封信,对那位门卫的行为表示敬佩和赞赏,并高度评价了酒店的服务质量和从业人员的管理水平。可见,对待过错,采取正确的态度和方法,有时还可以"因祸得福"呢!

附录:《中国饭店行业服务礼仪规范》(试行)

前 言

本规范是对《中国旅游饭店行业规范》的深化和补充,适用于在中国境内开办的各种类型的饭店,含宾馆、酒店、度假村等。

本规范由中国旅游饭店业协会发布并负责解释。

本规范主要起草人:王伟、蒋齐康、许京生、徐锦祉、张志军、段建国、景晓莉、梁英、付钢业。

本规范于2007年10月11日发布,自发布之日起试行。

总 则

第一条 为全面提升中国饭店行业员工的整体素质和服务水平,塑造文明礼貌的职业形象,培养爱岗敬业的职业道德,以礼仪促规范,中国旅游饭店业协会依据《星级饭店访查规范》和《中国旅游饭店行业规范》,特制定《中国饭店行业服务礼仪规范》(以下简称《规范》)。

第二条 《规范》所指饭店,是指在中国境内开办的各种类型的饭店,含宾馆、酒店、度假村等(以下简称"饭店")。

第三条 《规范》所称服务礼仪,是指饭店员工在岗服务全过程中应具备的基本素质和应遵守的行为规范,包括仪表规范、仪态规范、见面常用礼仪规范、服务用语规范及不同岗位服务礼仪规范等。

第四条 《规范》应成为饭店员工自觉实践行业服务礼仪的基本原则。

第一篇 基本礼仪规范

第一章 仪表规范

第五条 饭店员工应容貌端正,修饰得体,衣着整洁美观。

第六条　饭店员工应保持面部洁净、口腔卫生。女员工可以适度化妆以符合岗位要求。

第七条　饭店员工应保持头发干净,长短适宜,发型符合岗位要求。

第八条　饭店员工应保持手部清洁,指甲长短适宜,符合岗位要求。在不违反具体岗位要求的情况下,女员工可以涂无色指甲油。

第九条　饭店员工应统一着装。工装干净整洁、外观平整、搭配合理,并符合饭店形象设计要求。

第十条　饭店员工应佩戴胸卡。胸卡应标明饭店标志、所在部门、员工姓名等。从事食品加工工作的员工可将胸卡内容绣在上衣兜口处。鼓励有条件的饭店为具备外语、手语接待技能的员工佩戴特殊胸卡。

第十一条　饭店员工佩戴饰品应符合岗位要求。饰品应制作精良,与身份相符。

第十二条　从事食品加工工作的员工应佩戴专用的工作帽、口罩、手套等,不应涂指甲油。从事食品加工工作的员工和工程部员工应穿无扣服装,不佩戴任何饰物。

第二章　仪态规范

第十三条　饭店员工应体态优美,端庄典雅。

第十四条　饭店员工站立时,应头正肩平,身体直立,应根据不同站姿调整手位和脚位。

第十五条　饭店员工入座应轻稳,上身自然挺直,头正肩平,手位、脚位摆放合理,应合理使用不同坐姿。

第十六条　饭店员工下蹲服务时,应并拢双腿,与客人侧身相向,应合理使用不同蹲姿。

第十七条　饭店员工应行走平稳,步位准确,步幅适度,步速均匀,步伐从容。

第十八条　饭店员工使用引领手势时,应舒展大方,运用自然得体,时机得当,幅度适宜。

第十九条　饭店员工应合理使用注视礼和微笑礼。与客人交流时,宜正视对方,目光柔和,表情自然,笑容真挚。

第三章 见面常用礼仪规范

第二十条 饭店员工自我介绍时,应目视对方,手位摆放得体,介绍实事求是。介绍他人时,手势规范,先后有别。

第二十一条 饭店员工与客人握手时,应明确伸手的顺序,选择合适的时机,目视对方,亲切友善。把握握手的力度,控制时间的长短,根据不同对象做到先后有别。

第二十二条 饭店员工行鞠躬礼时,应面对受礼者,自然微笑,身体前倾到位。行礼时,应准确称谓受礼者,合理使用礼貌用语。

第二十三条 饭店员工应在不同场合向客人施行不同的致意礼。行礼时,次序合理,时机得当,自然大方。

第四章 服务用语规范

第二十四条 饭店员工应遵守公认的语言规范,应针对不同的服务对象使用不同的服务语言,服务用语应符合特定的语言环境。

第二十五条 饭店员工为客人服务时应使用对方易懂的语言,使用规范的服务用语,称谓恰当,用词准确,语意明确,口齿清楚,语气亲切,语调柔和。

第二十六条 鼓励饭店员工掌握和运用外语、手语,为不同需求的群体更好地提供语言服务。

第二篇 通用服务礼仪规范

第五章 对客通用服务礼仪规范

第二十七条 饭店员工迎送客人时,应选择合理的站位,站立端正,微笑着目视客人。正确使用肢体语言和欢迎、告别敬语。用客人姓名和尊称称呼客人。

第二十八条 接打电话时,应讲普通话及相应的外语,发音清晰,语速适中,音量适宜,力求通过声音传递愿意为客人服务的信息。电话铃响 10 秒内应及时接听电话,先自我介绍,并致以诚挚问候,结束通话时应向客人真诚致谢,确认客人已完成通话后再轻轻挂断电话。

第二十九条 饭店员工应合理设定和使用手机振动或铃声。铃声应与工作身份相匹配,音量适宜,内容健康向上。

第三十条 向客人递送登记表格、签字笔、找零等物品时,应使用双手或托盘,将物品的看面朝向客人,直接递到客人手中。递送带尖、带刃的物品时,尖、刃应朝向自己或朝向他处。递送时,应正确使用肢体语言和礼貌用语。

第三十一条 递赠名片时,应将名片的看面朝向对方,用双手直接递到对方手中。收受名片时,应双手捧收,认真拜读,礼貌存放。递接名片时,应正确称谓对方,及时致谢。

第三十二条 如果在接待服务场所,服务人员多次与同一位客人相遇,应使用不同的问候语。在走廊遇到客人或必须从客人面前通过时,应缓步或稍停步,向旁边跨出一步,礼貌示意客人先行。

第三十三条 进出有客人的房间时,服务人员应站立端正,平视门镜,敲门并通报身份。见到客人时应礼貌问候。离开房间到门口时,应面对客人退出房间。开关房门动作应轻缓。

第三十四条 引领客人出入无人服务的电梯时,引导者应先入后出。在电梯轿厢内,引导者应靠边侧站立,面对或斜对客人。中途有其他客人乘梯时,引导者应礼貌问候。出入有人服务的电梯时,引导者应后入先出。

第三十五条 客人有任何合理需求时,服务员应尽力满足,不能满足时,应帮助客人通过其他途径解决。

第六章 处理特殊情况服务礼仪规范

第三十六条 受条件制约,饭店无法满足客人要求时,应向客人表示理解和同情,并婉拒客人。

第三十七条 接待投诉客人时,应诚恳友善,用恰当的方式称呼客人。倾听客人说话时,应目视客人,及时将投诉事项记录下来。对客人愿意把问题告诉自己表示感谢,把要采取的措施及解决问题的时限告诉客人并征得客人同意。事后及时回访,确认投诉得到妥善处理。

第三十八条 当出现火灾等紧急情况时,服务人员应根据饭店突发事件处理程序及时处理。处理时,应保持镇静,语气坚定,语调平缓。应安抚客人,向客人传递安全的信息。接到上级的疏散命令后,应疏散有序,忙而不乱。

第三十九条 当客人受伤或突发疾病时,服务人员应根据饭店突发事件处理程序及时处理。处理时,应保持镇静,适时安抚客人。

第四十条 饭店紧急停电时,服务人员应镇静自若,及时向客人说明停电的原因和来电的时间。应及早安抚受到惊吓和被困在电梯内的客人,并真诚道歉。

第三篇 前厅服务礼仪规范

第七章 机场、车站、码头迎送客人服务礼仪规范

第四十一条 饭店应制作接机、接站标志牌。标志牌应制作规范,符合饭店的形象设计。接站、送站车辆的规格应符合客人事先的要求。

第四十二条 接站人员应提前到达指定地点迎候客人,平稳举拿标志牌,抬头挺胸,站姿端正,微笑着目视出站口。

第四十三条 见到客人应主动问候,应正确称呼客人的姓名或职务,应得体地进行自我介绍。

第四十四条 为客人提拿行李时,应轻拿轻放、保证完好,应尊重客人的意愿提供行李服务。

第四十五条 为客人引路时,接送人员应与客人保持适当的距离,应根据客人的性别、职位、路况和环境等因素选择合适的站位和走位。

第四十六条 接站、送站车辆应按照交通法规的规定合理停放,停靠位置应方便客人上下车。

第四十七条 接送人员应根据不同车辆选择合理的站位,迎送客人上下车。安排座位应符合座次礼仪并照顾客人的意愿。开关车门动作应轻缓,应适时为客人护顶,且护顶时应尊重客人的宗教信仰。

第四十八条 与客人告别时,接送人员应保证客人的行李准确完好,应根据客人的走向随时调整站位,微笑着注视客人,祝客人一路平安。客人走出视线后再转身离开。

第八章 行李服务礼仪规范

第四十九条 门童应选择合理站位,站立端正,随时迎候客人。

第五十条 车辆驶近饭店大门时,门童应主动迎上前去,用规范的手势引导车辆停靠在方便客人上下车和行李运送的地方。下雨时,应带着雨伞迎候在无雨棚区域下车的宾客。为客人打开车门时,应站在车门一侧为客人护顶、撑伞。

第五十一条 车辆停稳后,门童应按照座次礼仪拉开车门。如果客人乘坐的是出租车,应等客人付账后再拉开车门,微笑着注视客人,亲切地问候客人。

第五十二条 客人上下车时,门童应适时为客人护顶,且护顶时应尊重客人的宗教信仰。

第五十三条 装卸行李时,应轻拿轻放,数量准确,摆放有序,并得到客人的确认。应保证随身行李不离开客人的视线范围。

第五十四条 引领客人前往接待台进行入住登记时,行李员应用外侧手提拿行李,在客人侧前方行走,时常用规范的手势示意客人前行的方向。

第五十五条 客人办理入住登记手续时,行李员应站在一米以外,站姿端正,注视客人,随时等候为客人服务。

第五十六条 引领客人去客房时,行李员应靠边侧前行,并与客人保持适当的距离。

第五十七条 到达客房后,行李员应按照客人的要求摆放行李。行李的正面应朝上,提手应朝外。应让客人确认行李的数量和完好状态。

第五十八条 离开客房到门口时,行李员应面对客人退出客房,与客人告别,轻轻关上房门。

第五十九条 客人离店需要行李服务时,行李员应准时为客人提拿行李,并将行李整齐摆放在客人指定的地点。

第九章 入住登记、结账服务礼仪规范

第六十条 接待员、收银员见到客人应主动问候。获知客人姓名后,应用姓氏或尊称称呼客人。

第六十一条　接待员介绍饭店产品时应实事求是,用恰当的语言,站在客人的角度,为客人提供参考建议。

第六十二条　回答客人询问时,应有问必答,态度和蔼。对不了解的事情,应向客人表示歉意,表现出愿意帮助客人的意愿,并提供后续服务。

第六十三条　对住店客人和非住店客人应一视同仁,对客人的光临应致以真诚的谢意,感谢客人提问,欢迎客人再次光临。

第六十四条　收费结账时,服务员应耐心细致、准确快捷。用现金结账的,应让客人核实收付金额,保证账目准确。

第六十五条　收银员应将账单、发票装入信封,用双手呈递给客人,请客人确认无误。

第六十六条　结账完毕,收银员应真诚地向客人表示感谢,欢迎客人再次光临,目送客人离开。

第十章　总机服务及商务中心服务礼仪规范

第六十七条　话务员接打电话时,应使用普通话或相应的外语。发音清晰,语调柔和,语速适中,音量适宜,语言简练,表述准确,耐心倾听。

第六十八条　电话铃响10秒内,话务员应及时接听电话,先问候客人并报饭店名称。

第六十九条　转接电话时,如果无人接听或电话占线,话务员应及时告知来电者,并主动提供留言服务。

第七十条　转接外线电话时,话务员应保护住店客人的私人信息。

第七十一条　提供叫醒服务时,话务员应保证在预定的时间准时叫醒客人。叫醒的语言应简练,语音甜美柔和。

第七十二条　商务中心提供打印、复印服务时,应将客人的文件码放整齐,注意文件保密,迅速、准确服务。向客人递送文件时,应微笑着注视客人用双手递送。

第四篇 客房服务礼仪规范

第十一章 客房清洁及维修服务礼仪规范

第七十三条 清洁客房或进行简单客房维修时,应选择在客人外出时进行,并尊重客人的住宿习惯。进入客房前应按铃三次并报告本人身份,等候客人开门或确定房内无人再用工作钥匙开门。清洁房间时应开启客房房门。如需当着客人清洁客房,应尽量避免打扰客人,并严格按操作标准提供迅速、快捷的服务。提供相关服务时,应尊重客人隐私和住宿习惯,不翻看客人的文件,不对客人的物品和活动表示好奇。一般不宜改变客人物品的摆放位置。

第七十四条 饭店装修或维修客房时,应用敬启信或通告的方式真诚地向客人致歉,感谢客人的理解和支持,并及时为客人提供附加值服务。

第七十五条 维修人员应着装干净,维修物品应摆放有序。提拿动作轻缓,尽量不影响客人休息。给客人造成不便时,应主动向客人致歉。维修时,宜使用维修专用物品和设备,不应随意使用客房物品和设备。

第七十六条 维修完毕,维修人员应主动清扫维修垃圾,及时通知客房部整理客房,使客房尽快恢复原状。客房部应及时回访客人,对给客人造成的不便再次向客人致歉。

第十二章 客房其他对客服务礼仪规范

第七十七条 饭店应按客人要求和相关程序提供擦皮鞋服务,遵守承诺,按时送还。

第七十八条 客人需要洗涤或熨烫衣服时,客房服务员应及时收取客衣,并按时送还,按规定将洗涤好或熨烫好的衣物挂放整齐。

第七十九条 客人租借用品时,饭店应热情受理。服务员应向客人礼貌申明相关租借规定。如果无法提供租借用品,应主动提供建议,尽量帮助客人解决问题。

第八十条 提供房内免费饮品服务时,应尊重客人的需求和偏好,按时将有免费标志的饮品送至客房。

第十三章　客房送餐服务礼仪规范

第八十一条　送餐车应干净整洁,符合卫生要求。车轮转动灵活,推动方便,无噪声。餐具应与食物匹配,干净、整齐、完好。

第八十二条　送餐员应站在离餐车一定距离处介绍菜品。送餐完毕,祝客人用餐愉快。

第八十三条　送餐时,如遇客人着装不整,送餐员应在门外等候,等客人穿好衣服后再进房送餐。

第十四章　公共区域清洁服务礼仪规范

第八十四条　公共区域卫生间应干净无异味。服务员见到客人应礼貌问候,适时回避。因清洁工作给客人带来不便时,应向客人致歉。客人离开时,服务员应主动为客人开门。

第八十五条　清洁公共区域时,服务员应保持专业的工作状态,步履轻盈,动作熟练。遇到客人应暂停工作,礼貌问候,礼让客人。客人在工作区域谈话时,清洁员应礼貌回避。

第八十六条　使用清洁设备时,服务员应保证设备整洁完好,不乱堆乱放。提拿工具应注意避让客人,提拿方式安全、得当,并符合礼仪规范。

第十五章　特殊情况客房服务礼仪规范

第八十七条　住店客人生病时,饭店应派人及时探访,应真诚询问客人状况,按工作程序及时提供必要的帮助。探访人应把握探望时间,尽量不打扰客人休息。

第八十八条　客人财物在客房内丢失时,饭店应派人及时到达现场,安抚客人,表示同情,及时为客人提供帮助,并尽快将调查、处理结果通知客人。

第八十九条　客人损坏饭店物品时,饭店应派人及时到达现场,首先查看客人是否受伤,然后再检查物品的损坏情况。及时修补或更换被损坏物品,查明物品损坏原因,根据实际情况处理索赔事宜,做到索赔有度。

第九十条　员工损坏客人物品时,饭店应派人及时到达现场,赔礼道歉,安抚客人,然后认真查看物品损坏状况。分清责任后,应就员工的过失再次向客人诚恳致歉,及时与客人协商赔偿事宜,跟踪处理结果。

第五篇　餐饮服务礼仪规范

第十六章　餐前服务礼仪规范

第九十一条　客人到餐厅用餐,领位员应根据不同客人的就餐需求安排合适的就餐座位并祝客人用餐愉快。引领入座应一步到位,手势规范,走位合理,步幅适度。

第九十二条　餐厅应备足酒单、菜单,保证其整洁完好。领位员应选择合理的站位,目视客人,用双手呈递酒单、菜单。服务的次序应符合中西餐就餐程序。

第九十三条　客人入座后,餐厅服务员应选择合理的站位,按次序为客人铺放口布。铺放动作应轻巧熟练,方便客人就餐。

第九十四条　向客人推荐菜品时,应使用规范的手势,尊重客人的饮食习惯,适度介绍酒水。

第九十五条　书写菜肴订单时,服务员应站立端正,将订单放在手中书写。下单前,应向客人重复所点菜品名称,并询问客人有无忌口的食品,有些西式菜品还应征求客人对生、熟程度的要求。

第十七章　餐间服务礼仪规范

第九十六条　厨房出菜后,餐厅应及时上菜。传菜时应使用托盘。托盘干净完好,端送平稳。传菜员行走轻盈,步速适当,遇客礼让。

第九十七条　西餐的上菜速度应与客人的用餐速度相适宜。热菜和冷菜应分别放入经过加热或冷却处理的餐盘中。

第九十八条　值台服务员应根据餐桌、餐位的实际状况,合理确定上菜口。上菜时,应用双手端平放稳。跟配小菜和作料的,应与主菜一并上齐。报菜名时应吐字清晰、音量适中。

第九十九条　摆放菜肴应实用美观,并尊重客人的选择和饮食习惯。

第一百条　所有菜肴上齐后,应告知客人菜已上齐,并请客人慢用。

第一百零一条 需要分菜时,服务员应选择合理的站位,手法熟练,操作卫生,分派均匀。

第一百零二条 服务员应以尽量少打扰客人就餐为原则,选择适当的时机撤盘。撤盘时,应遵循饭店相关工作程序,动作轻巧,规范到位。

第一百零三条 为客人提供小毛巾服务前,应对毛巾进行消毒,保证毛巾温度、湿度适宜,无异味。服务员应随时巡台,及时撤下客人用过的毛巾。

第一百零四条 客人抽烟时,服务员应用饭店配备的专用器具及时为客人提供点烟服务。划燃火柴和熄灭火柴应远离客人。如果用打火机点烟,应事先调好火苗的大小。

第一百零五条 服务员应根据实际情况,以不打扰客人为原则,为抽烟客人适时更换烟灰缸。服务时,应使用托盘,先征询客人意见,得到许可后再服务。

第一百零六条 餐厅服务员应随时观察客人用餐情况,适时更换骨碟。更换骨碟时,应使用托盘,先征询客人意见,得到许可后再服务。操作手法应干净卫生,撤换线路和新骨碟的摆放位置应方便客人用餐。

第十八章 酒水服务礼仪规范

第一百零七条 服务员应尊重客人的饮食习惯,根据酒水与菜品搭配的原则,向客人适度介绍酒水。下单前,应重复酒水名称。多人选择不同饮品的,应做到准确记录,服务时正确无误。

第一百零八条 斟倒酒水前,服务员应洗净双手,保证饮用器具清洁完好,征得客人同意后,按礼仪次序依次斟倒。斟酒量应适宜。续斟时,应再次征得客人同意。

第一百零九条 服务酒水时,服务员应询问客人对酒水的要求及相关注意事项,然后再提供相关服务。

第一百一十条 服务整瓶出售的酒品时,应先向客人展示所点酒品,经确认后再当众开瓶。斟倒饮料时,应使用托盘。

第一百一十一条 调酒员面客服务时,应做到操作卫生,手法娴熟。客人间谈话时,调酒员应适时回避。客人对所调制的酒水不满意时,应向客人致歉,争取为客人提供满意的服务。

第一百一十二条　服务热饮或冷饮时,应事先预热杯具或提前为杯子降温,保证饮品口味纯正。服务冰镇饮料时,应擦干杯壁上凝结的水滴,防止水滴滴落到桌子上或客人衣服上。服务无色无味的饮料时,应当着客人的面开瓶并斟倒。

第十九章　明档制作服务礼仪规范

第一百一十三条　厨师明档制作前,应按规定穿好工装、戴好工帽和口罩,保证灶面清洁卫生,作料容器干净整洁。

第一百一十四条　制作时,厨师应尊重客人的意愿,严格按配量烹饪,做到手法熟练,操作卫生。

第一百一十五条　服务时,一般应遵循先点先做的原则。

第一百一十六条　受到客人称赞时,应真诚致谢,并主动征求客人对菜品的意见。

第二十章　宴会自助餐服务礼仪规范

第一百一十七条　宴会自助餐台设计应突出主题,造型新颖,餐台布局实用美观。摆放菜点时,应按照人们的就餐习惯,按就餐顺序依次摆放。

第一百一十八条　客人用餐时,服务员应及时巡视,随时添加餐具、食品和饮料,适时提供更换烟灰缸服务和添加饮料服务。

第一百一十九条　服务员应随时保持餐桌整洁,适时撤走客人用过的餐具。撤餐具时,应礼貌示意,征得客人同意。

第二十一章　餐后结账服务礼仪规范

第一百二十条　服务员应随时留意客人的用餐情况,客人示意结账时,应及时提供服务。账单应正确无误,呈递动作标准、规范。

第一百二十一条　客人付账时,服务员应与客人保持一定距离,客人准备好钱款后再上前收取。收取现金时应当面点验。结账完毕,服务员应向客人致谢,欢迎客人再次光临。

第一百二十二条　结账后客人继续交谈的,服务员应继续提供相关服务。

第二十二章　特殊情况用餐服务礼仪规范

第一百二十三条　接待要求比较特殊的客人时,服务人员应耐心、诚恳。客人对服务工作提出意见和建议时,应真诚地向客人致谢。提供后续服务时,应保证服务态度和服务质量的一致性。

第一百二十四条　有急事的客人用餐时,服务员应提供迅速便捷的服务,向客人介绍容易制作、符合口味的菜品,告知客人每道菜品所需的制作时间,并做好随时结账的准备。

第一百二十五条　如服务员因工作原因导致客人衣物污损,应真诚地向客人道歉并立即报告上级。饭店在征求客人意见后,应及时为客人提供免费洗衣服务,并尽快将洗好的衣物送还客人。

第六篇　康乐服务礼仪规范

第二十三章　康乐服务通用服务礼仪规范

第一百二十六条　见到客人,服务员应礼貌询问客人准备消费的项目,请客人出示消费卡或房卡。收递物品应用双手,不方便用双手时,应用右手。

第一百二十七条　更衣室服务员应按递物礼仪向客人递送更衣柜钥匙,提醒客人妥善保管钥匙。

第一百二十八条　服务员应用规范的手势为客人指引更衣室方向。客人进入更衣室后,更衣室服务员应微笑致意、主动问好,用规范的手势为客人指示更衣柜的位置。客人更衣时,服务员应适时回避。客人更衣完毕,服务员应提醒客人妥善保管钥匙。

第一百二十九条　服务员应在不影响客人的情况下,做好浴室的清洁工作。

第一百三十条　康乐场所提供饮品服务时,服务员应按照礼仪规范呈递饮品单。服务饮品前应洗手。端送饮品或撤换用过的餐具时应使用托盘。服务员应随时留意活动场所动静,及时回应客人需求。

第二十四章　康体服务礼仪规范

第一百三十一条　康体游乐场所未开场前,服务员应主动问候客人,耐心回答客人询问,并做到准时开场。如因超员需要限制游玩人数时,服务员应向客人做好解释工作,并对客人的配合表示感谢。

第一百三十二条　服务员应随时巡视场地,主动为儿童和年纪较大的客人提供服务和帮助。救生员应随时观察场所内状况,发现客人违反安全规定时,应礼貌劝阻。

第一百三十三条　服务员进行场内的清洁消毒工作时,应尽量避免打扰客人。

第一百三十四条　健身教练和球类项目服务员在对客服务时,应主动进行自我介绍,应准确称呼常客的姓名。

第一百三十五条　指导客人训练或给客人作陪练时,应随时注意观察和掌握客人锻炼情况,及时做好提醒和服务工作。

第一百三十六条　服务员应向客人耐心介绍桑拿浴、温泉浴的洗浴方法和注意事项。对于无人陪同的年长客人或初次消费的客人等,应特别关注客人的安全。

第二十五章　娱乐服务礼仪规范

第一百三十七条　客人较多时,服务员应主动疏导客人,使用规范的手势,礼貌地为客人引路。

第一百三十八条　客人玩游艺机时,服务员应主动提供换币服务。对于初来的客人,服务员应主动指导操作方法,介绍游戏规则。

第一百三十九条　游艺机出现故障时,服务员应真诚地向客人致歉,并及时给客人调换。

第一百四十条　在卡拉OK厅和舞厅,为客人服务酒水和小食品时,应根据服务场地的实际情况,采用正确的服务方式,避免遮挡客人视线。服务员应主动为客人提供查找歌名和点歌服务。

第一百四十一条　服务员应适时为客人提供饮品服务,根据需要更换烟灰缸、撤换杯具,不断巡视,随时满足客人的服务需求。

第一百四十二条　在客人接受服务期间,服务员应减少不必要的服务干扰。临近营业时间结束时,服务员应以礼貌的方式提醒客人,并继续提供服务,直至客人结账离去。

第七篇　其他对客服务礼仪规范

第二十六章　会议服务礼仪规范

第一百四十三条　服务员为客人倒水时,应站位合理,手法熟练,操作卫生,倒水量适宜,端放茶杯动作轻巧。

第一百四十四条　重要会议使用贵宾接待室的,服务员应提供敬茶服务。敬茶时应使用托盘,按照礼仪次序依次服务。端放茶杯动作轻巧。如果茶几较低,服务员应单腿弯曲采用蹲式服务,蹲姿应优雅大方。

第一百四十五条　服务员应随时留意会场状况,及时回应客人需求。

第一百四十六条　会场应设专职清洁员负责卫生间的保洁和服务工作。

第一百四十七条　会场衣帽间应有明显的标志牌,衣架干净完好、数量充足。客人存放衣服时,服务员应礼貌问候,按递物礼仪递接存衣牌,并提醒客人妥善保管贵重物品。拿取客人外衣时,不倒拿,不拖擦。

第一百四十八条　会议间歇,与会客人到休息区休息时,清洁员应暂停工作,适时回避。遇客问候,随时礼让。

第一百四十九条　饭店应为客人提供车辆进出登记服务、计时收费服务和车位预留服务。停车场管理员应礼貌问候客人,并用规范的手势引导车辆。

第二十七章　营销服务礼仪规范

第一百五十条　饭店营销部门的工作人员定期拜访客户时,应提前预约,着装整洁,主动进行自我介绍。与客人交谈时,应认真聆听,及时回应,并将手机调至静音状态。结束交谈时,应向客户礼貌致谢,对占用客户的宝贵时间表示歉意。

第一百五十一条　宴请客户时,应提前到达就餐地点迎候客人。点菜时,应尊重客户的饮食习惯,不铺张浪费。

第一百五十二条　带领客户参观饭店时,应提前准备,有序安排,引领礼仪应规范、到位。介绍饭店时,应实事求是,关注客户兴趣,把握时间,适时结束参观。

第一百五十三条　营销人员在办公室接待来访客人时,应热情友好,落落大方。倒水、递名片、握手应符合礼仪规范。

第一百五十四条　营销部预订员接听客人预订电话时,应根据客人需求推荐合适的产品,做到热情友好,善解人意。预订员收发业务信函时,行文应规范,称谓准确,回复及时,文字简练,通俗易懂。

第一百五十五条　接待大型旅游团队时,负责协调关系的饭店相关营销人员,应提前做好接待准备工作,及时和领队、导游沟通,尽量节约客人出行时间。

第一百五十六条　饭店若安排人员提供拍照、摄像服务时,应遇客礼让,提拿摄像器材规范到位,不妨碍客人行走和交谈。

第一百五十七条　饭店有外事接待活动时,应派专人协调各项事宜。与客方会见、会谈时,主方与会人员身份应与客方与会人员身份对等,座次安排符合礼节。交谈时,主方应认真聆听,积极回应。宴请客方时,应尊重客方饮食习惯,菜量适宜,避免浪费。主方敬酒布菜时,应把握尺度。主方与会人员就餐时应优雅大方,符合就餐礼仪。

第二十八章　商品销售服务礼仪规范

第一百五十八条　营业员应微笑问候前来浏览商品的客人,随时准备为客人服务。

第一百五十九条　为客人服务时,营业员应善于观察客人的眼神和表情,把握时机向客人展示商品。介绍商品应实事求是,不夸大其词。递送商品应符合递物礼仪规范。

第一百六十条　回答客人询问时,应亲切自然,有问必答。无法回答客人问题时,应向客人真诚致歉,并提供其他咨询途径。

第一百六十一条　对购物客人和非购物客人,营业员应一视同仁,不厚此薄彼。

第一百六十二条　营业时间快结束时,营业员应继续耐心提供服务,直到客人满意离开。

第一百六十三条　接待退换货的客人时,服务人员应真诚友善,按退货制度热情、快捷地为客人办理退货手续。

第二十九章 残疾人服务礼仪规范

第一百六十四条 问候肢体残疾客人时,服务员应亲切友好,表情自然。客人乘坐轮椅的,服务员应保证与客人目光平视。问候盲人客人时,服务员应在一定距离处通过声音提示让客人及时辨听周围情况。提示时,语气柔和,语调平缓,音量适中。问候聋哑客人时,服务员应微笑着注视客人,通过眼神向客人传递平等、友好的信息。

第一百六十五条 为肢残客人提供引领服务时,应走最短路线,做到走平路时适当关注,走坡路时适当帮助。引领盲人客人行走时,应事先征得其同意。向盲人客人指示方向时,应明确告诉客人所指人或物相对于客人的方位,不使用指向性不明的表述。

第一百六十六条 引领残疾客人乘坐电梯时,引导者应适当关注肢残客人,积极帮助盲人客人。引领盲人客人上下楼梯或乘坐自动扶梯时,引导者应先一步上下,然后回身照应客人。引领过程中,引导者应不断通过声音提示和放缓脚步的方式,及时提醒盲人客人前面的路况。

第一百六十七条 引领盲人客人入座时,应把客人带到座椅旁,让客人自己调整桌椅间距离。

第一百六十八条 引领盲人客人乘车时,引导者应告诉其车辆停靠的位置相对于客人的方位。开关车门、帮客人上下车、给客人护顶等,都应有声音提示。引导者与客人同车的,应向客人描绘沿途景色。

第一百六十九条 给残疾客人办理入住登记手续时,服务员应主动协助残疾客人,优先、迅速办理入住手续。给残疾客人排房时,应尽量安排较低楼层或其他方便出行的无障碍客房。

第一百七十条 残疾客人到餐厅用餐,服务员应将客人引领至方便出入且安静的餐位。为肢残客人服务时,餐具和食品应就近摆放。为盲人客人服务时,服务员应阅读菜单,并细致解释,帮助客人逐一摸到餐具的摆放位置。上菜时,应向盲人客人描述菜肴的造型和颜色,告诉客人食物放置的相对位置,并随时帮助客人。

第三十章 其他对客岗位服务礼仪规范

第一百七十一条 饭店保卫工作人员应着工作装上岗,站姿端正,配饰齐全。

第一百七十二条　采购员在接待供应商时,应谦和有礼、热情大方。与客人交谈时,应将手机调至静音,认真倾听对方谈话。交谈结束后,应礼貌送别。

第一百七十三条　车队司机应保证车辆干净整洁。接送客人时,应着装规范,提前到达,站立迎候,适时提供行李服务和护顶服务。应遵章守法,安全驾驶,按时将客人送达指定地点。客人到达目的地后,应提醒客人带齐物品,对客人乘坐本车表示感谢,目送客人离开后再上车。

第一百七十四条　饭店总值班经理对客人应礼貌热情,对员工应关心体贴。应以身作则,言而有信。巡视检查员工工作时,应尊重员工劳动成果,应为下级排忧解难。处理各类突发事件和疑难问题时,应镇静自如,反应迅速,措施得当。

参考文献

[1] 杨军,陶犁.旅游公关礼仪(修订版)[M].昆明:云南大学出版社,2000.

[2] 蔡万坤.饭店宾馆优质服务知识[M].北京:航空工业出版社,1993.

[3] 张四成.现代饭店礼貌礼仪[M].广州:广东旅游出版社,1996.

[4] 宋晓玲.饭店服务常见案例570则[M].北京:中国旅游出版社,1996.

[5] 王连义.怎样做好导游工作[M].北京:中国旅游出版社,1997.

[6] 蒋一帆.酒店服务180例[M].上海:东方出版中心,1996.

[7] 陈国成.导游与导游艺术技巧[M].北京:旅游教育出版社,1990.

[8] 王伟,纪玉国.旅游、宾馆的公关[M].青岛:青岛出版社,1996.

[9] 金正昆.服务礼仪教程[M].北京:中国人民大学出版社,2001.

[10] 王明波.导游心理学[M].北京:中国旅游出版社,1996.

[11] 李祝舜,李丽.旅游公共关系[M].北京:高等教育出版社,1999.

[12] 丛杭青.公关礼仪[M].北京:东方出版社,1995.

[13] 邹金宏.现代饭店餐饮服务与培训[M].广州:广东旅游出版社,1998.

[14] 李斌.国际礼仪与交际礼节[M].北京:世界知识出版社,1982.

[15] 侯宪举,等.实用中外礼仪[M].西安:西安交通大学出版社,1989.

[16] 耿建华.国际交往礼节趣谈[M].天津:天津人民出版社,1989.

[17] 蒲爱梅.国际社交礼仪规范[M].北京:世界图书出版公司,1990.

[18] 郝铭鉴,等.中国应用礼仪大全[M].上海:上海文化出版社,1991.

[19] 金正昆,周俊安.涉外交际礼仪[M].北京:科学普及出版社,1991.

[20] 胡世福.旅游服务业接待礼节礼貌常识[M].北京:高等教育出版社,1991.

[21] 刘裔远,等.实用礼宾学[M].上海:立信会计出版社,1993.

[22] 舒安娜.现代交际礼仪手册[M].郑州:河南科技出版社,1994.

[23] 张爱文,张德江.谈判礼仪[M].北京:经济科学出版社,1995.

[24] 吴宝华.礼貌礼节[M].北京:高等教育出版社,1995.

[25] 胡世福.旅游服务接待礼节礼貌常识[M].北京:高等教育出版社,2011.

[26] 金正昆.现代商务礼仪教程[M].北京:高等教育出版社,1996.

[27] 潘肖珏.公关语言艺术[M].上海:同济大学出版社,1991.

[28] 李柠.电话礼仪[M].北京:中国财政经济出版社,1996.

[29] 王振槐.国际商务礼仪[M].北京:中国审计出版社,1997.

[30] 张文.酒店礼仪[M].广州:华南理工大学出版社,1997.

[31] 刘玉学,刘振强.涉外礼俗知识必读[M].北京:中国旅游出版社,1990.

[32] 张文俊,魏莉.礼貌修养[M].北京:中国旅游出版社,1993.

[33] 黄斌.企业商务应酬礼仪指南[M].北京:企业管理出版社,1994.

[34] 李天民.现代国际礼仪知识[M].北京:世界知识出版社,

1994.

[35] 毕裕华.交际与礼貌.上海[M]:上海译文出版社,1995.

[36] 何浩然,冯贵荣.实用礼仪教程[M].北京:中国商业出版社,1995.

[37] 李柠主.国际商务礼仪[M].北京:中国财政经济出版社,1995.

[38] 王琦珍.礼与传统文化[M].南昌:江西高校出版社,1995.

[39] 金正昆.国家公务员礼仪教程[M].北京:高等教育出版社,1996.

[40] 林隆.礼仪修养与现代生活[M].北京:中国城市出版社,1996.

[41] 程润明,程洁.国际商务礼仪[M].上海:上海外语教育出版社,1996.

[42] 舒伯阳,刘名俭.旅游实用礼貌礼仪(第一版)[M].天津:南开大学出版社,2000.

[43] "会展策划与实务"岗位资格考试系列教材编委会[M].会展概论.北京:旅游教育出版社,2005.

[44] 薛建红.旅游服务礼仪[M].河南:郑州大学出版社,2002.

[45] 孙艳红.旅游礼宾原理与实务[M].河南:郑州大学出版社,2004.

[46] 李欣.旅游礼仪教程[M].上海:上海交通大学出版社,2004.

[47] 田关占.旅游礼仪[M].成都:西南财经大学出版社,2001.

[48] 蒋炳辉.导游带团艺术[M].北京:中国旅游出版社,2001.

[49] 金鑫,邱小轻,冯桂芳.导游服务英语[M].广州:广东旅游出版社,2006.

[50] 杨宏建.酒店服务礼仪培训标准[M].北京:中国纺织出版社,2006.

[51] 孙乐中.导游实用礼仪[M].北京:中国旅游出版社,2005.

[52] 许凌志,李华丽.酒店服务员培训与管理[M].广州:广东经

济出版社,2004.

[53] 孙雪琼.旅游饭店客房服务实训教程[M].福州:福建人民出版社,2004.

[54] 章洁.新编现代酒店礼仪礼貌服务标准[M].北京:蓝天出版社,2004.

[55] 陈静和.礼仪与服务艺术[M].厦门:厦门大学出版社,2004.

[56] 张四成,王兰英.现代酒店礼仪规范[M].广州:广东旅游出版社,2003.

[57] 金正昆.服务礼仪[M].北京:北京大学出版社,2005.

[58] 金正昆.公关礼仪[M].北京:北京大学出版社,2005.

[59] 金慧中.跟我学礼仪[M].北京:中国商业出版社,2005.

[60] 何丽芳.酒店礼仪[M].广州:广东经济出版社,2005.

[61] 陈姮.旅游交际礼仪[M].大连:大连理工大学出版社,2005.

[62] 薛群慧,邓永进,庄新成.现代旅游接待礼仪[M].北京:北京大学出版社,2006.

[63] 陈刚平.旅游社交礼仪[M].北京:旅游教育出版社,2006.

[64] 谢苏.旅游社交礼仪[M].武汉:武汉大学出版社,2006.

[65] 栗书河.饭店服务礼仪训练手册[M].北京:旅游教育出版社,2006.

[66] 严菲,武瑞.形体礼仪[M].北京:机械工业出版社,2007.

[67] 林隆.110个国家的礼仪风俗[M].北京:中国城市出版社,2007.

[68] 陆永庆,王春林,郑旭华.旅游交际礼仪[M].大连:东北财经大学出版社,2007.

[69] 盛霞.旅游商贸实用礼仪[M].北京:科学出版社,2007.

[70] 黄英,苑丽红.旅游与酒店礼仪[M].广州:广东经济出版社,2008.

南开大学出版社网址：http://www.nkup.com.cn

投稿电话及邮箱： 022-23504636　　QQ：1760493289
　　　　　　　　　　　　　　　　QQ：2046170045(对外合作)
邮购部： 022-23507092
发行部： 022-23508339　　Fax：022-23508542

南开教育云：http://www.nkcloud.org

App：南开书店 app

　　南开教育云由南开大学出版社、国家数字出版基地、天津市多媒体教育技术研究会共同开发，主要包括数字出版、数字书店、数字图书馆、数字课堂及数字虚拟校园等内容平台。数字书店提供图书、电子音像产品的在线销售；虚拟校园提供 360 校园实景；数字课堂提供网络多媒体课程及课件、远程双向互动教室和网络会议系统。在线购书可免费使用学习平台，视频教室等扩展功能。